高等职业教育土建类“十四五”规划**“互联网+”**创新系列教材

建筑制图基础与CAD

JIANZHU ZHITU
JICHU YU CAD

主 编 朱 平 刘 靖
副主编 魏秀瑛 欧阳志 罗美莲

中南大学出版社
www.csupress.com.cn
·长 沙·

内容简介

为适应我国现阶段高职教育改革的需要，本书按照国家示范性高职院校课程建设的要求，采用任务驱动教学法组织编写。全书采用国家标准《房屋建筑制图统一标准》(GB/T50001—2017)，以任务为主线，对原有的知识进行合理的重构，形成了全新的具有职业教育特色的内容体系。在每个任务中将主要知识融入任务实施过程中，精简传统知识点，强化识图与绘图技能训练。书中每项任务都采用统一编写思路，即：任务提出→任务分析→必备知识和技能→任务评价，脉络清晰，特色鲜明。全书分为5个模块：模块一，识读和绘制简单建筑图样；模块二，绘制建筑形体投影图；模块三，绘制建筑构件剖、断面图；模块四，识读和绘制建筑施工图；模块五，CAD绘制建筑图样。

本书可作为高等职业技术院校建筑工程技术专业及土建类其他相关专业的教材，亦可供成教学院、网络学院、电视大学等同类专业学生选用。

高等职业教育土建类“十四五”规划“互联网+”创新系列教材编审委员会

主　任

王运政　胡六星　郑伟　玉小冰　刘孟良　陈安生
李建华　谢建波　彭浪　赵慧　赵顺林　向曙

副主任

（以姓氏笔画为序）

王超洋　卢滔　刘文利　刘可定　刘庆潭　孙发礼
杨晓珍　李娟　李玲萍　李清奇　李精润　欧阳和平
项林　胡云珍　黄涛　黄金波　龚建红　颜昕

委　员

（以姓氏笔画为序）

于华清　万小华　邓慧　龙卫国　叶姝　包蜃
邝佳奇　朱再英　伍扬波　庄运　刘小聪　刘天林
刘汉章　刘旭灵　许博　阮晓玲　孙光远　孙湘晖
李为华　李龙　李冰　李奇　李侃　李鲤
李亚贵　李进军　李丽田　李丽君　李海霞　李鸿雁
肖飞剑　肖恒升　何珊　何立志　佘勇　宋士法
宋国芳　张小军　张丽姝　陈晖　陈贤清　陈翔
陈淳慧　陈婷梅　易红霞　金红丽　周伟　赵亚敏
徐龙辉　徐运明　徐猛勇　卿利军　高建平　唐文
唐茂华　黄郎宁　黄桂芳　曹世晖　常爱萍　梁鸿颉
彭飞　彭子茂　彭秀兰　蒋荣　蒋买勇　曾维湘
曾福林　熊宇璟　樊淳华　魏丽梅　魏秀瑛　瞿峰

出版说明 INSTRUCTIONS

遵照《国务院关于加快发展现代职业教育的决定》(国发〔2014〕19号)提出的“服务经济社会发展和人的全面发展,推动专业设置与产业需求对接,课程内容与职业标准对接,教学过程与生产过程对接,毕业证书与职业资格证书对接”的基本原则,为全面推进高等职业院校土建类专业教育教学改革,促进高端技术技能型人才的培养,依据国家高职高专教育土建类专业教学指导委员会高等职业教育土建类专业教学基本要求,通过充分的调研,在总结吸收国内优秀高等职业教育教材建设经验的基础上,我们组织编写和出版了这套高等职业教育土建类专业“十四五”规划教材。

高等职业教育教学改革不断深入,土建行业工程技术日新月异,相应国家标准、规范,行业、企业标准、规范不断更新,作为课程内容载体的教材也必然要顺应教学改革和新形势的变化,适应行业的发展变化。教材建设应该按照最新的职业教育教学改革理念构建教材体系,探索新的编写思路,编写出版一套全新的、高等职业院校普遍认同的、能引导土建专业教学改革的“十四五”规划系列教材。为此,我们成立了规划教材编审委员会。教材编审委员会由全国30多所高职院校的权威教授、专家、院长、教学负责人、专业带头人及企业专家组成。编审委员会通过推荐、遴选,聘请了一批学术水平高、教学经验丰富、工程实践能力强的骨干教师及企业专家组成编写队伍。

本套教材具有以下特色:

1. 教材依据国家高职高专教育土建类专业教学指导委员会《高职高专土建类专业教学基本要求》编写,体现科学性、创新性、应用性;体现土建类教材的综合性、实践性、时效性等特点。

2. 适应高等职业教育教学改革的要求,以职业能力为主线,采用行动导向、任务驱动、项目载体,教、学、做一体化模式编写,按实际岗位所需的知识能力来选取教材内容,实现教材与工程实际的零距离“无缝对接”。

3. 体现先进性特点。将土建学科的新成果、新技术、新工艺、新材料、新知识纳入教材,结合最新国家标准、行业标准、规范编写。

4. 教材内容与工程实际紧密联系。教材案例选择符合或接近真实工程实际,有利于培养学生的工程实践能力。

5. 以社会需求为基本依据,以就业为导向,融入建筑企业岗位(八大员)职业资格考试、国家职业技能鉴定标准的相关内容,实现学历教育与职业资格认证相衔接。

6. 教材体系立体化。为了方便老师教学和学生学习,本套教材建立了多媒体教学电子课件、电子图集、教学指导、教学大纲、案例素材等教学资源支持服务平台;教材采用了“互联网+”的形式出版,读者扫描书中“二维码”,即可阅读丰富的工程图片、演示动画、操作视频、工程案例、拓展知识。

高等职业教育土建类“十四五”规划“互联网+”创新系列教材

编审委员会

前言 PREFACE

随着经济的快速发展，我国对高职技能人才培养提出了更高的要求，李克强总理强调要突出“着力培养高技能人才”这一重点，如今技能人才短缺已经成为制约中国经济高质量发展的瓶颈。根据市场调研，建筑工程类专业学生毕业将走向施工员、造价员、监理员等工作岗位，无论哪个岗位都要求具备较强的工程图识读和绘制能力。

“建筑制图基础与 CAD”作为建筑工程类专业学生进校第一门建筑图学课程，应为学生识读和绘制建筑施工图打下坚实的基础。但目前高职院校建筑制图课程的教学，往往受传统学科型教育的影响，安排了大量的制图理论，而忽略了这些制图理论究竟是做什么用的问题，在基础制图中学到的知识很难与专业施工图识图对接。据后续专业课教师反映，学生虽然已经学过了建筑制图课程，但有相当一部分学生看不懂建筑施工图纸，甚至需要从头讲解，从而大大地影响了教学质量。所以建筑制图课程要改革首先就要打破传统教学模式，突出高职教育“重实践、重应用、重动手能力”的特点。现在建筑制图课程安排的学时越来越少，如何在少学时的情况下，既能提高学生识读和绘制工程图的能力，以满足后续专业课和学生顶岗能力的需要，又能提高学生对本课程的学习兴趣，这成了课程改革的重点。

为了更好地与后续专业课接轨，服务于专业课，提升学生识读和绘制建筑施工图的能力，笔者根据我国现阶段高职教育改革特点，按照国家示范性高职院校课程建设的要求，并结合多年从事“建筑制图基础与 CAD”课程的教学经验及教学改革的实践，编写了这本体现任务驱动训练模式的教材。本教材在教学内容上，以“必需、够用、实用”为原则精选教学内容，删除了画法几何，点、线、面的投影，圆柱体、圆锥体截切相贯这类传统的教学内容，将“建筑制图”和“建筑 CAD”的课程内容融合，以建筑制图内容为主线，结合 CAD 教学。这样既巩固了所学的制图内容，又将所学内容运用到 CAD 绘图中，让学生学会按标准手工绘图的同时也能准确地绘制 CAD 图。在教学方法上，采用“任务驱动”教学法，强调学生在真实情境中的任务驱动下，在探究完成任务或解决问题的过程中，在积极讨论的氛围中进行学习。教师在学习活动中扮演了情境的制造者、资源的提供者、活动组织者及方法指导者等角色，以学生为主体、以能力培养为目标，帮助学生明确学习目的，培养学生自主学习的兴趣，提高分析、解决问题的能力。

本书在编写过程中，以任务为主线，对原有的知识进行合理的重构，形成了全新的具有职业教育特色的内容体系。本书的编写有以下几个特点：

(1)采用任务驱动模式，选取建筑图样或建筑构件为典型任务，明确学习目的，让学生从制图课程开始就接触专业，为后续的建筑施工图识图打下良好的基础。

(2)将主要知识点融入任务实施过程中，精简传统知识点，强化识图与绘图技能训练，让学生在完成任务的过程中掌握必备的知识和技能，真正做到教、学、做合一。

(3)本书设置了二维码微课视频，并适时采用三维立体图，生动直观，帮助学习者理解。

(4)书中每一任务都采用统一思路，即：任务提出→任务分析→必备知识和技能→任务评价，脉络清晰，特点鲜明。

(5)全书采用国家标准《房屋建筑制图统一标准》(GB/T50001—2017)。

(6)教材配有《建筑绘图技能实训》，每个模块都有相应的习题练习(除模块四)，让学生及时巩固必须掌握的知识点。

本书包括5个模块：模块一，识读和绘制简单建筑图样；模块二，绘制建筑形体投影图；模块三，绘制建筑构件剖、断面图；模块四，识读和绘制建筑施工图；模块五，CAD绘制建筑图样。全书通过20个任务使学生掌握必备的建筑制图及CAD绘图知识。

本书由湖南高速铁路职业技术学院朱平、刘靖任主编，模块一由湖南高速铁路职业技术学院魏秀瑛编写，模块二由湖南高速铁路职业技术学院朱平编写，模块三由湖南高速铁路职业技术学院罗美莲编写，模块四由湖南高速铁路职业技术学院刘靖编写，模块五由湖南高速铁路职业技术学院欧阳志编写，全书由朱平统稿。在编写过程中陈雅蓉、唐新老师对本教材提出了许多宝贵的意见，在此表示衷心的感谢。

由于时间仓促，编者水平有限，不妥之处难免，恳请读者批评指正。

编 者

2021年2月

目 录 CONTENTS

绪　论

一、建筑图样概念及其在生产中的作用

建筑图样是一种以图形为主要内容的技术文件，用来表达工程建筑物的形状、大小、材料及施工技术要求等。

在现代化生产中，建筑图样作为不可缺少的技术文件，起着十分重要的作用，被喻为工程界的“语言”。例如在建造房屋、桥梁及制造机器时，其形状、大小、结构很难用文字表达清楚，设计人员要画出图样来表达设计意图，生产部门则依据设计图纸进行制造、施工。对于工程技术人员，学好这门“语言”，正确地绘制和阅读工程图样，是其进行专业学习和完成本职工作的基础。

二、本课程的任务及要求

本课程是建筑类专业一门非常重要的专业基础课，通过完成各个任务，掌握建筑图样绘制的基础知识、投影作图原理、建筑工程图的常用表达方法、建筑施工图的形成原理、CAD 绘图基础知识，为建筑类专业学生学习后续专业课程提供工程图学的基本概念、基本理论、基本方法和基本技能。

通过本课程的学习，学生应牢固掌握投影的基本概念和基本理论，熟练掌握手工作图和 CAD 绘图的基本方法和基本技能；通过制图标准的学习和贯彻，培养学生能严格按国家标准来绘制工程图样；通过由物到图、由图到物的思维锻炼，努力提高自己的工程图示能力和空间构形的空间思维能力，进而达到熟练识图和绘制简单建筑工程图样的目的。

三、本课程的特点及学习方法

本课程内容丰富、逻辑严密、表达严谨、实用性强。在学习过程中应掌握好正确的学习方法：

1. 勤动手

在课堂上认真听，跟随老师动手练，课后按时完成作业。通过多动手练习，加深理解，更牢固地掌握好基本知识点。

2. 多思考

本课程的逻辑严密。学习过程中要不断地温故知新，多加思考，解题时不能盲目，每作一步都应有理论或方法作依据，逐步做到由物到图、由图到物的思维锻炼。

3. 按标准

图样是重要的技术文件，绘图时要严格遵守制图标准或有关规定，要有严谨的态度。在自我严格要求中才能培养自己认真细致的工作作风。

只要掌握了好的学习方法，勤奋学习，就能克服学习中的困难，取得好的学习效果，为今后的学习和工作打下坚实的工程图学基础。

模块一　识读和绘制简单建筑图样

【知识目标】

- 了解常用制图工具仪器的使用和保养方法
- 掌握用制图工具仪器绘制建筑图样的方法
- 理解《房屋建筑制图统一标准》(GB/T 50001—2017)的重要性
- 掌握《房屋建筑制图统一标准》(GB/T 50001—2017)的主要规定

【能力目标】

- 能正确使用制图工具仪器绘制建筑平面图形
- 能查阅和运用《房屋建筑制图统一标准》(GB/T 50001—2017)
- 能按《房屋建筑制图统一标准》(GB/T 50001—2017)规定准确绘制建筑图样

任务一　绘制院落灯饰平、立面图

一、任务提出

院落灯饰立体图如图 1 - 1 所示，在 A4 图纸上绘制院落灯饰平、立面图。(不标尺寸)

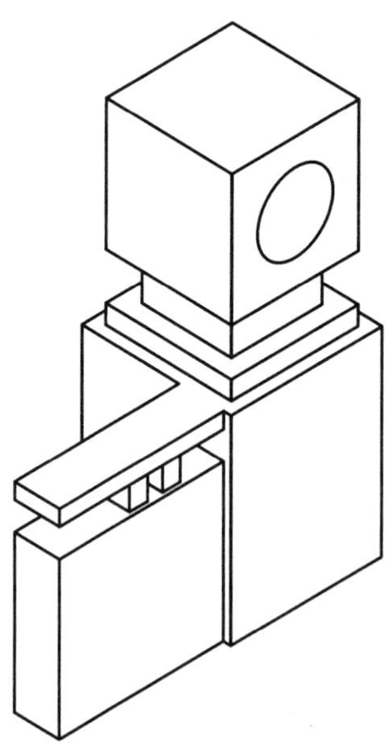

图 1 - 1　院落灯饰立体图

二、任务分析

如图 1－2 所示为院落灯饰平、立面图样。下面的图样是院落灯饰水平投影图，上面的图样是院落灯饰正立面投影图，两个图样在绘制时保持长对正关系。本图采用 A4 图幅，立式使用，要求尺寸正确，线型运用正确，可见轮廓线用粗实线，不可见轮廓线用中虚线，圆的中心线、形体的中心对称线用细单点长画线。要正确识读和绘制该图样，必须首先掌握《房屋建筑制图统一标准》（GB/T 50001—2017）中有关图纸幅面、线型、线宽、字体等内容的基本规定，掌握绘图工具和仪器的正确使用方法。

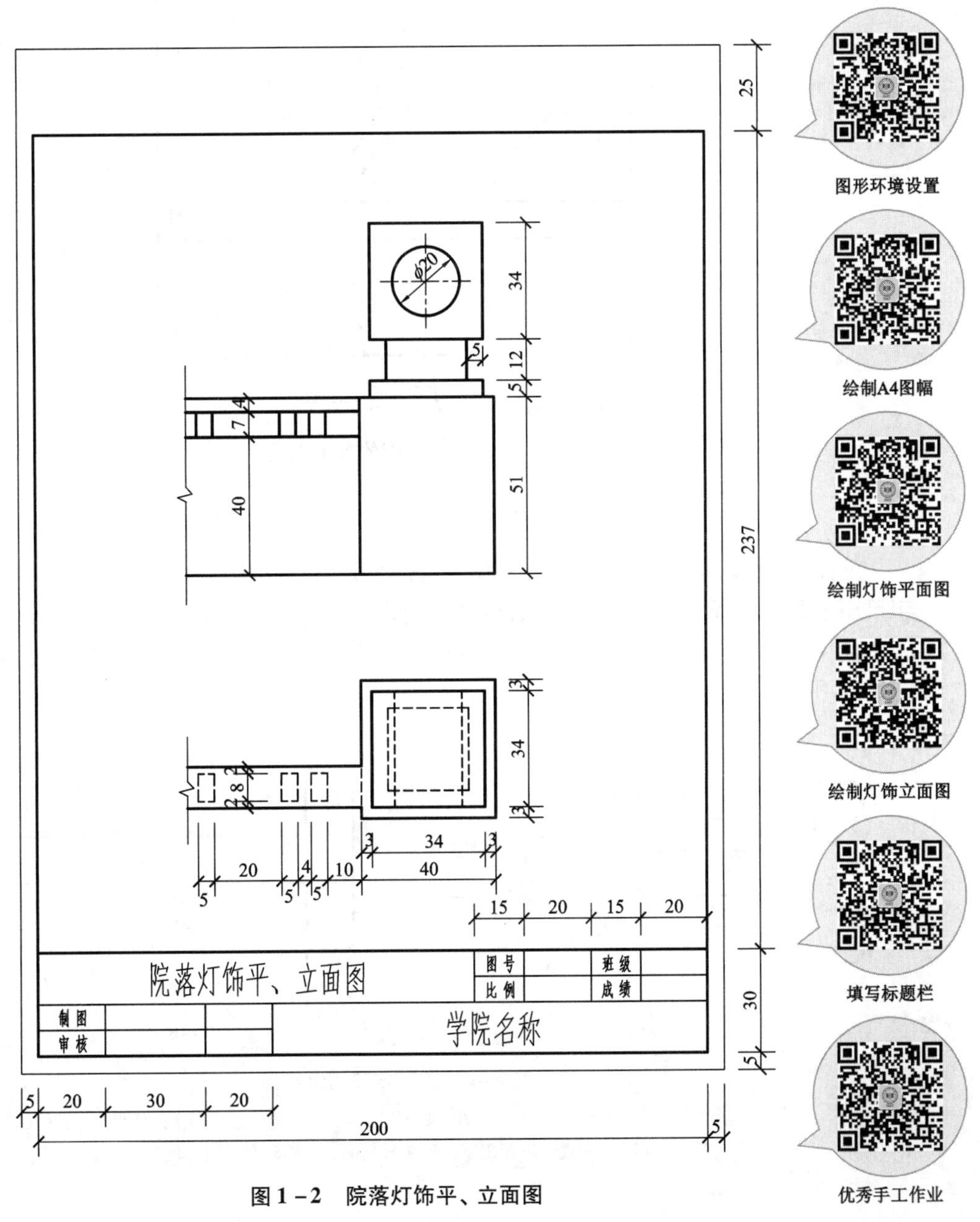

图 1－2　院落灯饰平、立面图

三、必备知识和技能

1. 绘图工具介绍

(1)图板

如图 1－3 所示，图板是铺放图纸用的。要求板面平整光滑，工作边(图板左侧边)平直，需要用专用的透明胶带固定图纸，不要用图钉、小刀等损伤板面，并避免墨汁污染板面。

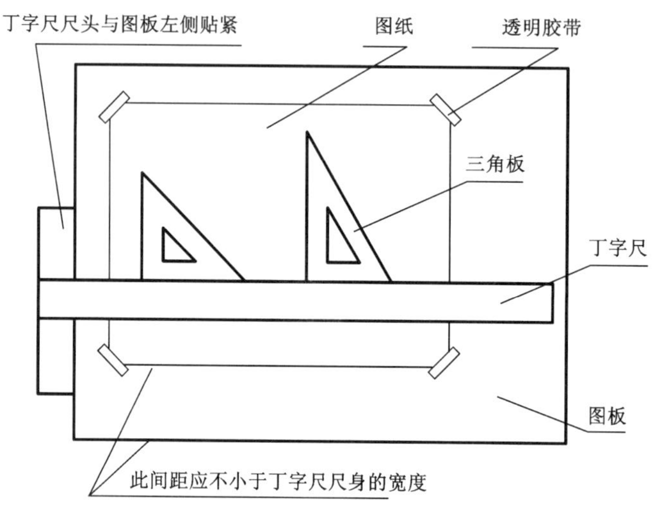

图 1－3　制图的常用工具

(2)丁字尺

如图1－4 所示，丁字尺由尺头和尺身两部分垂直相交构成，尺身的上边缘为工作边。丁字尺用于画水平线，并与三角板配合画线。要求尺身与尺头垂直，尺身平直，刻度准确。

使用丁字尺作图时，必须保证尺头与图板左边贴紧。用丁字尺画水平线的手法，如图 1－4所示。

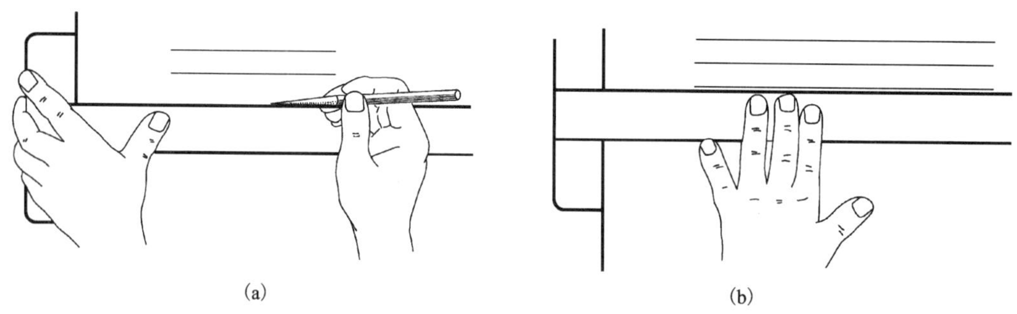

图 1－4　用丁字尺画水平线

(a)左手移动丁字尺尺头至需要位置，保护尺头与图板左边贴紧，左手拇指按住尺身，右手画线；
(b)当画线位置距丁字尺尺头较远时，需移动左手固定尺身

(3)三角板

三角板用于画直线。一副三角板有两块，如图1－3 所示。三角板与丁字尺配合，可以画出各种特殊角度的直线，如图1－5 所示。

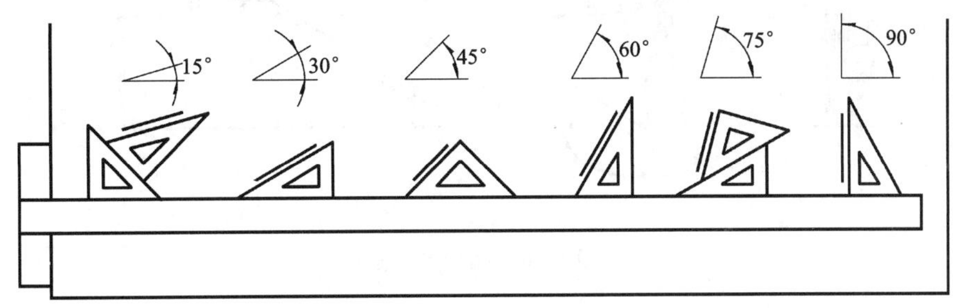

图1－5　画15°、30°、45°、60°、75°、90°角斜线

竖直画线时应注意从下往上画线，如图1－6 所示。

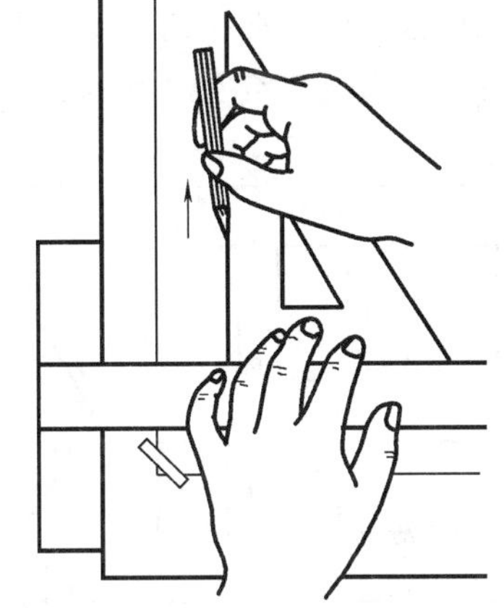

图1－6　用三角板画铅垂线

用三角板作图，必须保证三角板与三角板之间、三角板与丁字尺之间靠紧。

(4)绘图笔

绘图笔有绘图铅笔和绘图墨水笔。

绘图铅笔：为满足绘图需要，铅笔的铅芯有不同的硬度，用硬度符号表示。如“HB”表示中等硬度，“B”表示稍软，而“H”表示稍硬，“2B”更软，“2H”则更硬。软铅芯适合画粗线，硬铅芯用于画细线。根据不同的用途，木杆铅笔及圆规铅芯需要的形状如图1－7 所示。

木杆铅笔的削法是先用小刀削去木杆，露出一段铅芯，然后用细砂纸磨成需要的形状。在整个绘图过程中，各类铅芯要经常修磨，以保证图线质量。

绘图墨水笔：又叫针管笔，用于画墨线。使用时，应使笔杆垂直于纸面，并注意用力适当，速度均匀。下水不畅时，可竖直握笔上下抖动，带动引水通针通畅针管。较长时间不用时，应用水清洗干净。清洗时，一般不必取出通针，以防弯折。

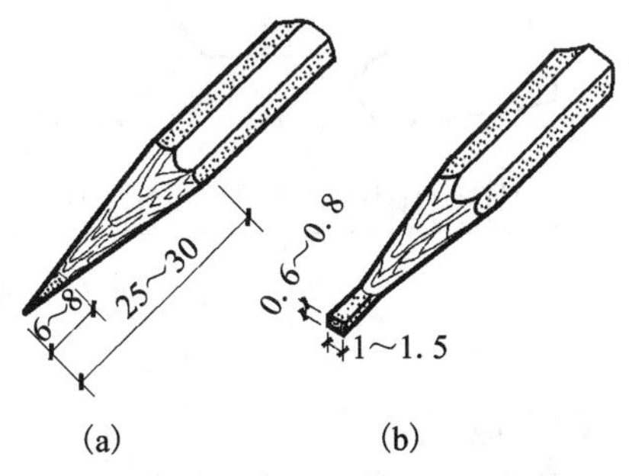

图1－7　绘图铅笔

(5)圆规及分规

圆规是画圆或圆弧的主要工具。常见的是三用圆规，如图1－8 所示，定圆心的一条腿应选用有台肩的一端放在圆心处，并按需要适当调节长度；另一条腿的端部则可按需要装上有铅芯的插腿、有墨线笔头的插腿或有钢针的插腿，分别用来绘制铅笔线的圆、墨线圆或当做分规用。

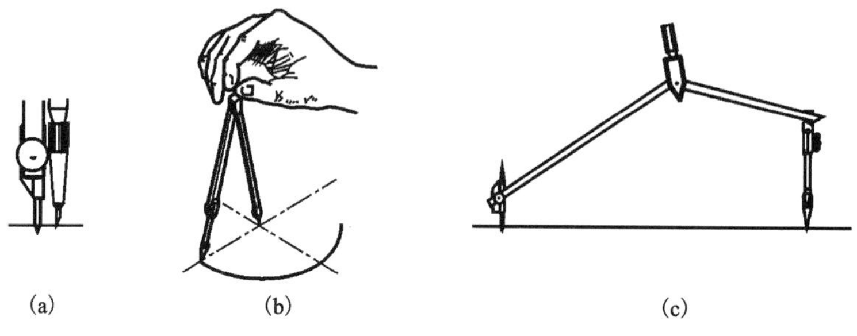

图 1-8　圆规的用法

分规的形状与圆规相似，但两腿都装有钢针，用它量取线段长度，也可用它等分直线段或圆弧。

(6)模板

制图模板上刻有常用的图形、符号及字体格子等，可以提高作图效率。模板的种类很多，如图 1-9 所示为学生用模板。

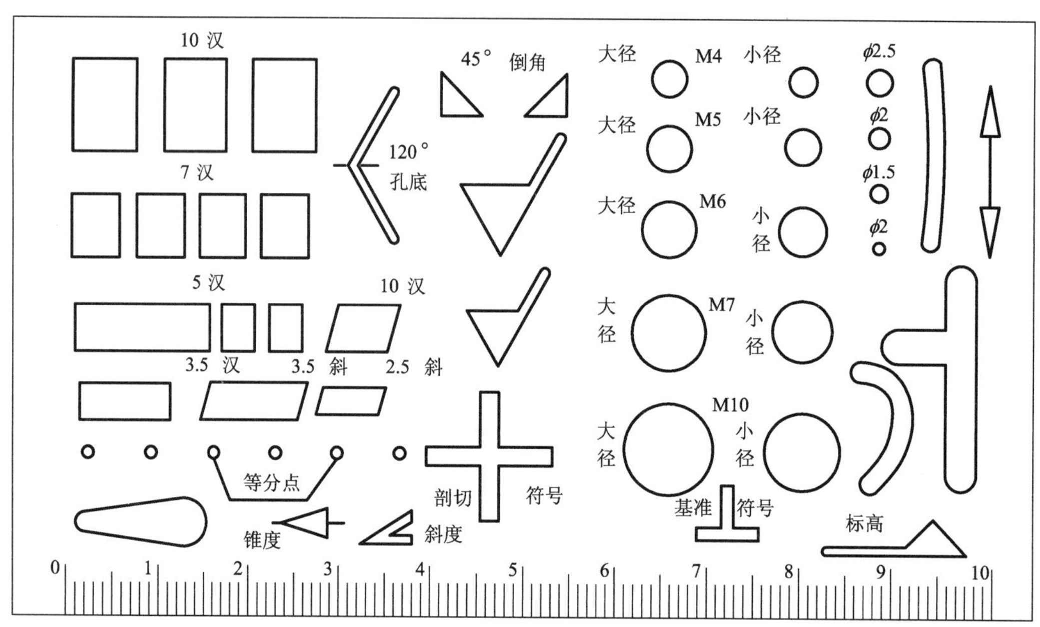

图 1-9　学生模板

(7)其他用品

绘图橡皮——用于擦除铅笔线。

擦图片——用于保护有用的图线不被擦除，同时提供一些常用图形符号，供绘图使用。

小刀和砂纸——用于削、磨铅笔。

刀片——用于刮除墨线和污迹。

透明胶带——用于固定图纸。

2. 制图基本国标相关规定

(1)图幅、图框

为了便于保管和装订图纸，制图标准对图纸的幅面及图框尺寸作了统一规定，如表 1－1 和图 1－10 所示。

表 1－1　图幅及图框尺寸

尺寸代号	图幅代号				
	A0	A1	A2	A3	A4
$b \times l$/(mm × mm)	841 × 1189	594 × 841	420 × 594	297 × 420	210 × 297
c/mm	10			5	
a/mm	25				

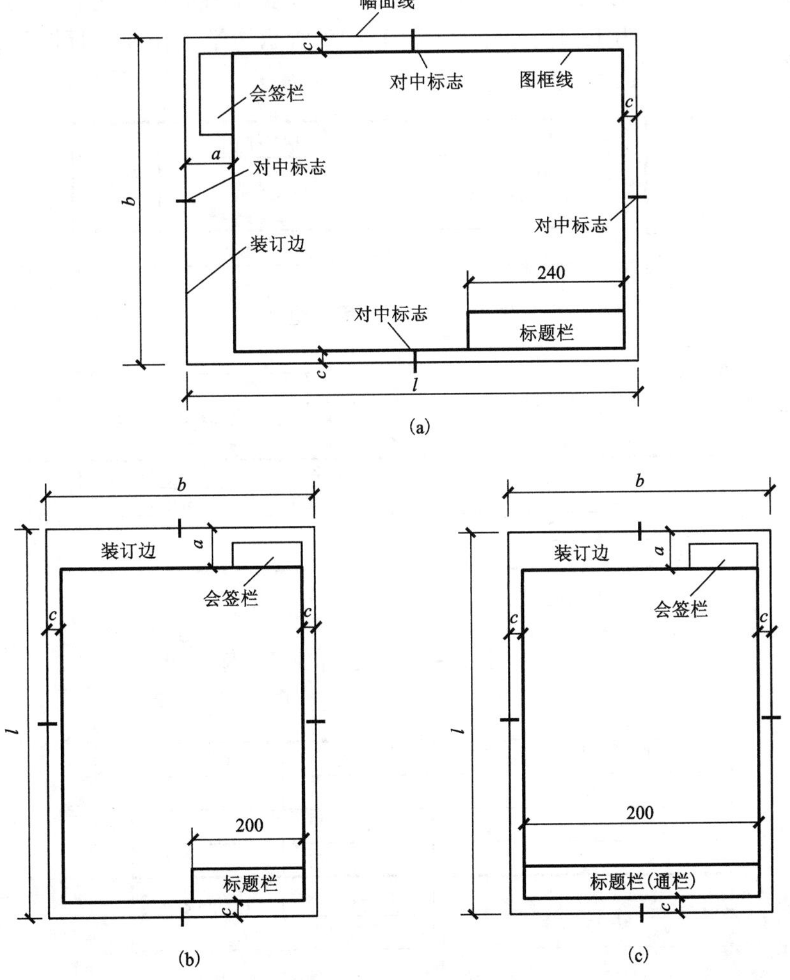

图 1－10　图幅格式

(a)A0 ~ A3 横式幅面；(b)A0 ~ A3 立式幅面；(c)A4 立式幅面

当表 1 - 1 中的图幅不能满足使用要求时，可将 A0 ~ A3 图纸的长边加长后使用，加长后的尺寸应符合制图标准的规定。A4 图纸不应延长。

制图时，图纸以短边作为垂直边为横式，以短边作为水平边为立式，A0 ~ A3 图纸宜横式使用，必要时也可以立式使用；A4 图纸只能立式使用。

图框是图样的边界，图框线的宽度应符合表 1 - 2 的规定。

表 1 - 2　图框线、标题栏线的宽度

mm

图幅代号	图框线	标题栏外框线	标题栏分格线
A0、A1	b	$0.5b$	$0.25b$
A2、A3、A4	b	$0.7b$	$0.35b$

(2)标题栏、会签栏

标题栏、会签栏是用来标明图纸名称和审核签字的区域，通常外框用粗实线，内部线用细实线。标题栏在图纸中的位置如图 1 - 10 所示。应根据工程的需要选择标题栏、会签栏尺寸、格式。图 1 - 11 所示为工程用标题栏，图 1 - 12 所示为学生作业用标题栏，图 1 - 13 所示为会签栏。

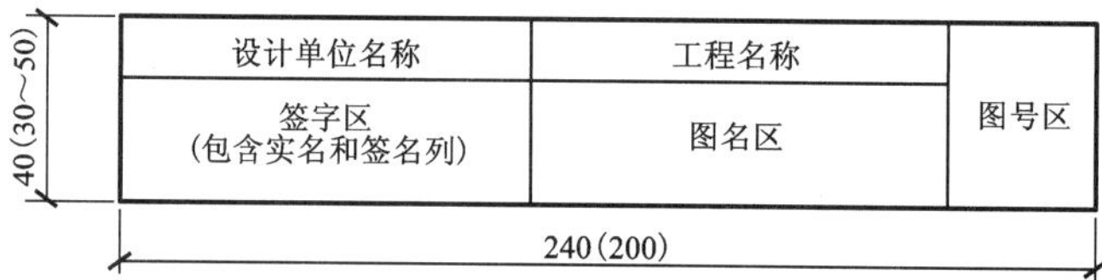

图 1 - 11　工程用标题栏

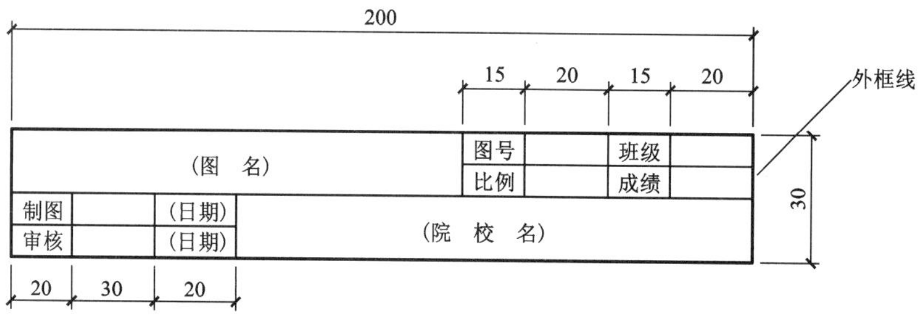

图 1 - 12　学生作业用标题栏

注：图名、院校名为 10 号字，其余均为 7 号字。

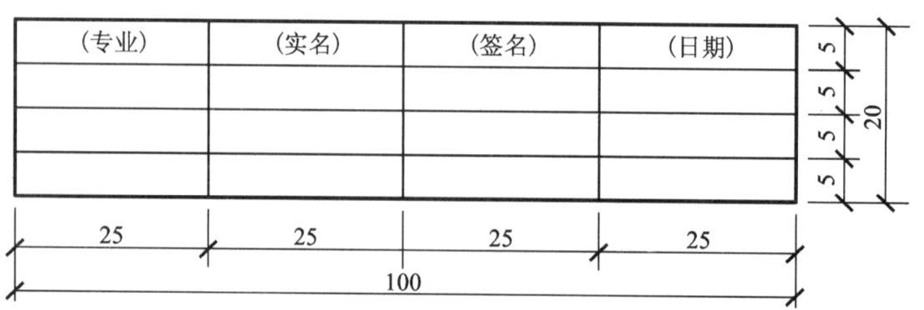

图 1 - 13　会签栏

注：栏内由各专业设计人员填写，学生作业无须画出会签栏。

(3)图线

通常在建筑制图范围提到图线，首先要求考虑的就是线宽和线型两大要素，任何工程图样都是采用不同线型与线宽的图线绘制而成的。建筑工程制图中的各类图线的线型、线宽、用途如表 1－3 所示。

表 1－3 图线的名称、线型、线宽及其用途

名称		线型	线宽	一般用途
实线	粗		b	主要可见轮廓线
	中粗		0.7b	可见轮廓线
	中		0.5b	可见轮廓线、尺寸线、变更线
	细		0.25b	图例填充线、家具线
虚线	粗		b	见各有关专业制图标准
	中粗		0.7b	不可见轮廓线
	中		0.5b	不可见轮廓线、图例线
	细		0.25b	图例填充线、家具线
单点长画线	粗		b	见各有关专业制图标准
	中		0.5b	见各有关专业制图标准
	细		0.25b	中心线、对称线、轴线等
双点长画线	粗		b	见各有关专业制图标准
	中		0.5b	见各有关专业制图标准
	细		0.25b	假想轮廓线、成型前原始轮廓线
折断线	细		0.25b	断开界线
波浪线	细		0.25b	断开界线

每种图线一般由粗、中粗、中、细四种宽度的图线组成。图线的基本线宽 b，宜按照图纸比例及图纸性质从 1.4 mm、1.0 mm、0.7 mm、0.5 mm 线宽系列中选取。每个图样，应根据复杂程度与比例大小，先选定基本线宽 b，再选择表 1－4 中相应的线宽组。同一张图纸内，相同比例的各图样，应选用相同的线宽组。

表 1-4 线宽组 mm

线宽比	线宽组			
b	1.4	1.0	0.7	0.5
0.7b	1.0	0.7	0.5	0.35
0.5b	0.7	0.5	0.35	0.25
0.25b	0.35	0.25	0.18	0.13

注：1. 需要缩微的图纸，不宜采用 0.18 mm 及更细的线宽。

2. 同一张图纸内，各不同线宽中的细线，可统一采用较细的线宽组的细线。

图线绘制注意事项：

1）虚线、单点长画线或双点长画线的线段长度和间隔，宜各自相等。

2）单点长画线或双点长画线，当在较小图形中绘制有困难时，可用实线代替。

3）单点长画线或双点长画线的两端，不应采用点。点画线与点画线交接或点画线与其他图线交接时，应采用线段交接。

4）虚线与虚线交接或虚线与其他图线交接时，应采用线段交接。虚线为实线的延长线时，不得与实线相接。

5）图线不得与文字、数字或符号重叠、混淆，不可避免时，应首先保证文字的清晰。

（4）字体

图样中除了用图形来表达物体的形状外，还需标注各部分的尺寸或用文字来说明它的规模大小、技术要求等。

图样上的文字必须用黑墨水书写，并应做到：笔画清晰、字体端正、排列整齐、标点符号清楚正确。

文字的字高，应从如下系列中选用：3.5 mm、5 mm、7 mm、10 mm、14 mm、20 mm。字高大于 10 mm 的文字宜采用 True type 字体，如果需要书写更大的文字，其高度按$\sqrt{2}$的比值递增。习惯上将字体的高度值称为文字的号数，如字高为 5 mm 的文字，称为 5 号字。

图样及说明中的汉字，宜优先采用 True type 字体中的宋体字型，采用矢量字体时应为长仿宋体字型。矢量字体的高宽比宜为 0.7，True type 字体的高宽比宜为 1。

图样中的汉字应采用国家公布的简化汉字，并写成长仿宋体。汉字的字高应不小于 3.5 mm。在图纸上书写汉字时，应画好字格，然后从左向右、从上向下横行水平书写。

长仿宋体字的书写要领是：横平竖直，起落分明，填满方格，结构匀称。长仿宋体字的高宽关系如表 1-5 所示，基本笔画与字体结构如图 1-14 所示。

表 1-5 长仿宋体字的高宽关系 mm

字高(即字号)	20	14	10	7	5	3.5
字　　宽	14	10	7	5	3.5	2.5

图样及说明中的字母、数字，宜优先采用 True type 字体中 Roman 字型。数字和字母有正

体与斜体两种，当需写成斜体时，其斜度应是从字的底线逆时针向上倾斜 75°。数字和字母有直体与斜体两种。数字和字母的字高应不小于 2.5 mm。图 1－15 为书写示例。

分数、百分数和比例数的注写，应采用阿拉伯数字和数字符号。当注写的数字小于 1 时，应写出个位的“0”，小数点应采用圆点，齐基准线书写。

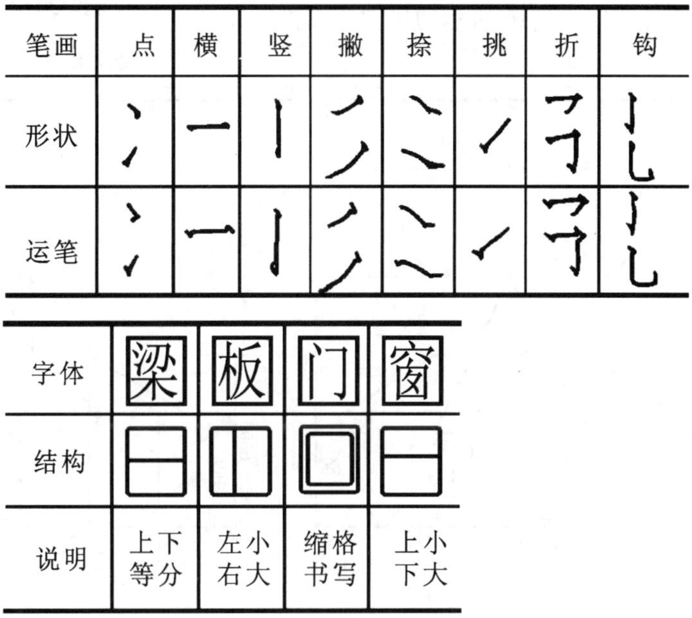

笔画	点	横	竖	撇	捺	挑	折	钩
形状								
运笔								

字体	梁	板	门	窗
结构				
说明	上下等分	左小右大	缩格书写	上小下大

图 1－14　长仿宋体字结构

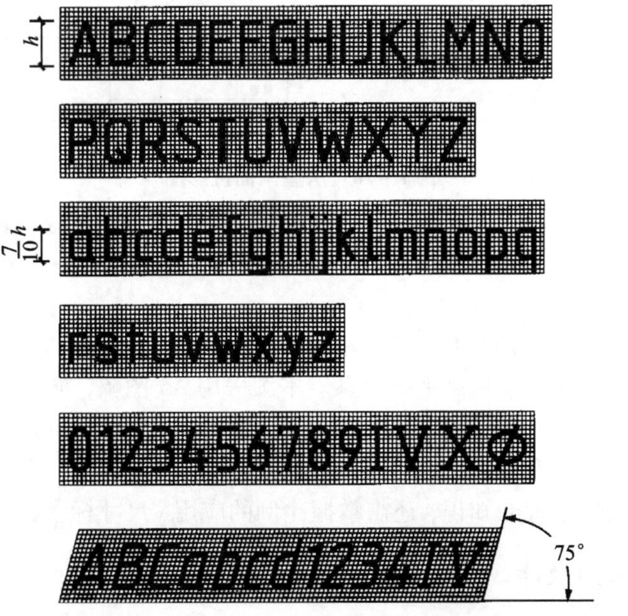

图 1－15　英文字母、阿拉伯数字、罗马数字示例

任务二　绘制房屋两面投影图

一、任务提出

在 A3 图纸上绘制如图 1－16 所示的房屋两面投影图。

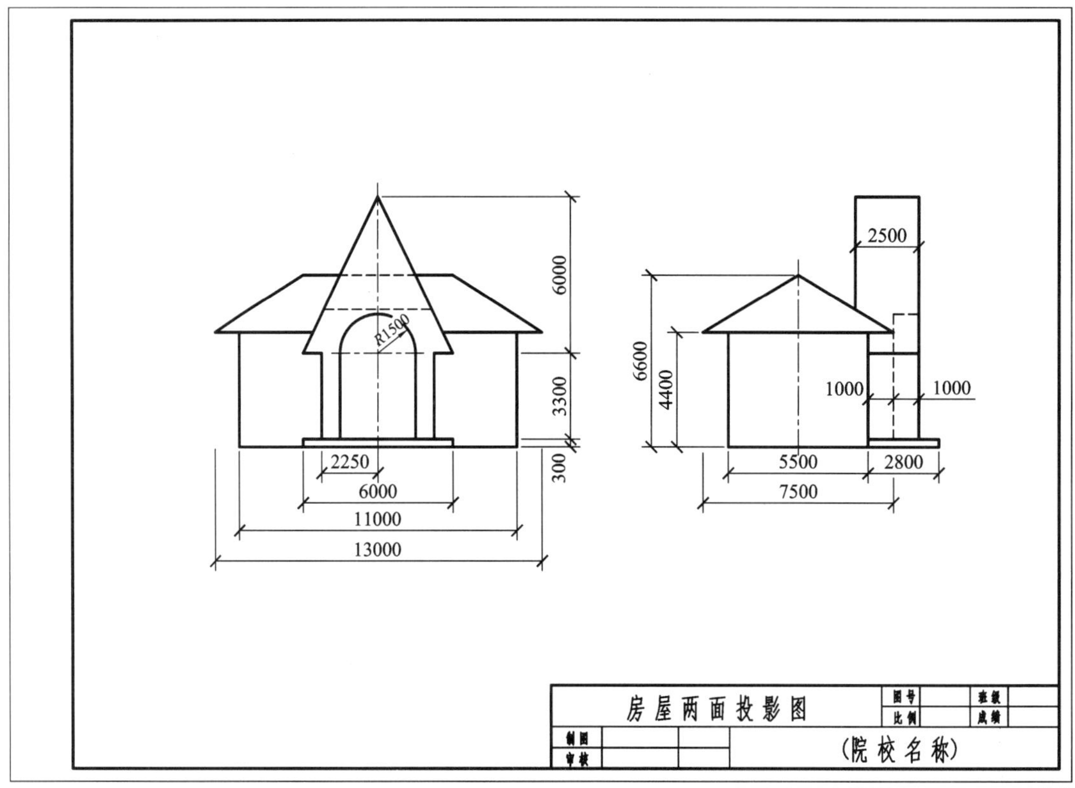

图 1－16　房屋两面投影图

二、任务分析

如图 1－16 所示为房屋两面投影图，左边图样为房屋正面投影图，右边图样为房屋侧面投影图，两个图样在绘制时保持高平齐关系。本图采用 A3 图幅，横式使用，比例 1∶100，要求尺寸和比例缩放正确，线型运用正确，可见轮廓线用粗实线，不可见轮廓线用中虚线，圆的中心线、形体的中心对称线用细单点长画线，尺寸线用细实线。要正确识读和绘制该图样，除了应具备前面所掌握的知识，还需掌握比例的应用、尺寸标注的国标规定。

三、必备知识和技能

1. 比例

图样的比例，应为图形与实物相对应的线性尺寸之比。比例的符号应为“∶”，比例应以阿拉伯数字表示。

比例的大小，是指其比值的大小，如 1∶50 大于 1∶100。比值大于 1 的比例，称为放大的比例，如 5∶1；比值小于 1 的比例，称为缩小的比例，如 1∶100。

建筑工程图中所用的比例，应根据图样的用途与被绘对象的复杂程度从表 1－6 中选用，并应优先选用表中的常用比例。

表 1－6　绘图所用的比例

常用比例	1∶1、1∶2、1∶5、1∶10、1∶20、1∶30、1∶50、1∶100、1∶150、1∶200、1∶500、1∶1000、1∶2000
可用比例	1∶3、1∶4、1∶6、1∶15、1∶25、1∶30、1∶40、1∶60、1∶80、1∶250、1∶300、1∶400、1∶600、1∶5000、1∶10000、1∶20000、1∶50000、1∶100000、1∶200000

比例宜注写在图名的右侧，字的基准线应取平，比例的字高应比图名的字高小一号或两号。如图 1－17 所示。

建筑平面图 1:100　　⑥ 1:25

图 1－17　比例及比例的标注

2. 尺寸标注

(1)尺寸的组成

如图 1－18(a)所示，图样上的尺寸应包括尺寸界线、尺寸线、尺寸起止符号和尺寸数字四要素。

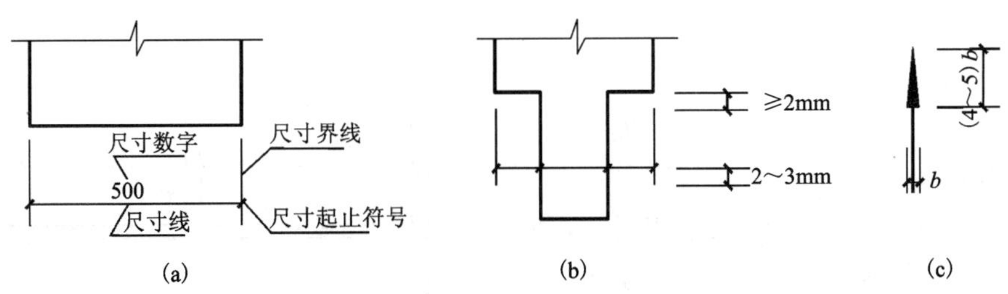

图 1－18　尺寸的组成

①尺寸界线——用来指明所注尺寸的范围，用细实线绘制，垂直于被注图线，其一端应离开图样轮廓线不小于 2 mm，另一端宜超出尺寸线 2 ~ 3 mm，图样轮廓线可用作尺寸界线。

②尺寸线——用来标明尺寸的方向，应用细实线绘制，应与被注长度平行，两端宜以尺寸界线为边界，也可超出尺寸界线 2 ~ 3 mm，第一道尺寸线离开图线 10 mm，尺寸线与尺寸线之间间距 7 ~ 10 mm，图样本身的任何图线均不得用作尺寸线。

③尺寸起止符号——尺寸的起止符号用中粗斜短线绘制，长度宜为 2 ~ 3 mm，其倾

斜方向应与尺寸界线成顺时针 45°角。轴侧图中用小圆点表示尺寸起止符号，小圆点直径 1 mm，半径、直径、角度、弧长的起止符号，宜用箭头表示，箭头宽度 b 不小于 1 mm，如图 1－18(c)。

④尺寸数字——用来表示物体的实际尺寸。除标高及总平面以米为单位外，其他必须以毫米为单位。以 mm 为单位时，可省略"mm"字样。同一图样上的数字字号大小应一致，一般用 3 号字。

(2)尺寸的基本标注

尺寸数字的读图方向应按图 1－19(a)的规定标注；若尺寸数字在 30°斜线区内，宜按图 1－19(a)阴影中的形式标注。

尺寸数字应依其读数方向写在尺寸线的上方中部，如没有足够的注写位置，最外面的数字可注写在尺寸界线的外侧，中间相邻的尺寸数字可错开注写，如图 1－19(c)所示。

为保证图上的尺寸数字清晰，任何图线不得穿过尺寸数字。不可避免时，应将图线断开，如图 1－19(b)左图所示。

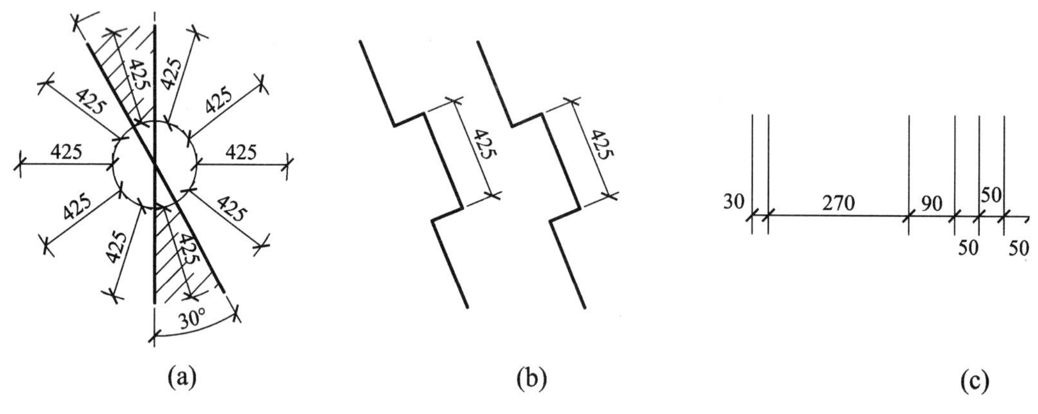

图 1－19　尺寸数字的标注

(3)尺寸的排列与布置

如图 1－20 所示，尺寸的排列与布置应注意以下几点：

①尺寸宜注写在图样轮廓线以外，不宜与图线、文字及符号相交。必要时，也可标注在图样轮廓线以内。

②互相平行的尺寸线，应从被注写的图样轮廓线由近向远整齐排列，小尺寸在里面，大尺寸在外面。小尺寸距图样轮廓线距离不小于 10 mm，平行排列的尺寸线的间距宜为 7～10 mm。

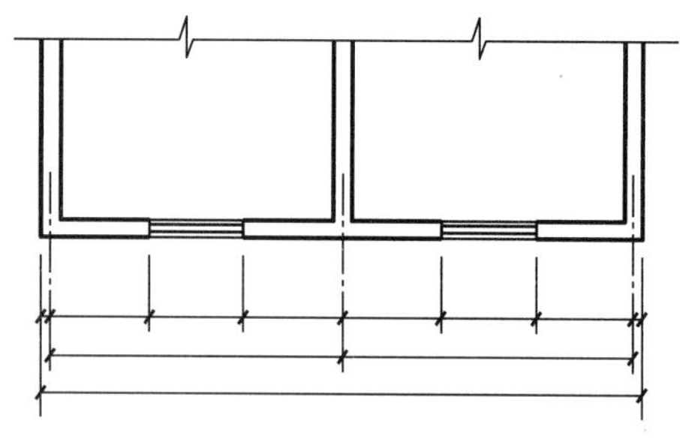

图 1－20　尺寸的排列与布置

③总尺寸的尺寸界线，应靠近所指部位，中间的分尺寸的尺寸界线可稍短，但其长度应相等。

(4)尺寸标注的其他规定

尺寸标注的其他规定可参阅表 1－7。

表 1－7　尺寸标注规定

项目	标注示例	说　明
半径	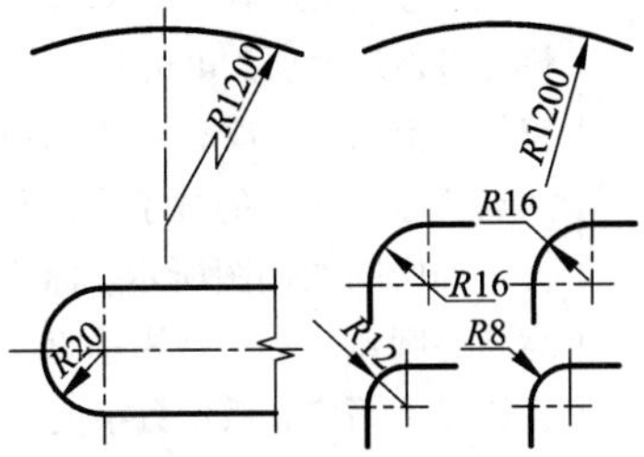 R1200　R1200　R16　R16　R20　R12　R8	半圆或小于半圆的圆弧应标注半径，如左下方的例图所示。标注半径的尺寸线应一端从圆心开始，另一端画箭头指向圆弧，半径数字前应加注符号“*R*” 较大圆弧的半径，可按上方两个例图的形式标注；较小圆弧的半径，可按右下方四个例图的形式标注
直径	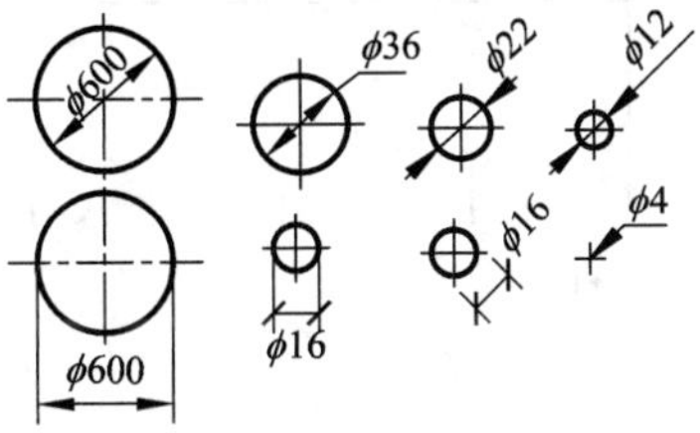 ϕ600　ϕ36　ϕ22　ϕ12　ϕ16　ϕ4　ϕ16　ϕ600	圆及大于半圆的圆弧应标注直径，如左侧两个例图所示，并在直径数字前加注符号“ϕ”。在圆内标注的直径尺寸线应通过圆心，两端画箭头指至圆弧 较小圆的直径尺寸，可标注在圆外，如右侧六个例图所示
薄板厚度	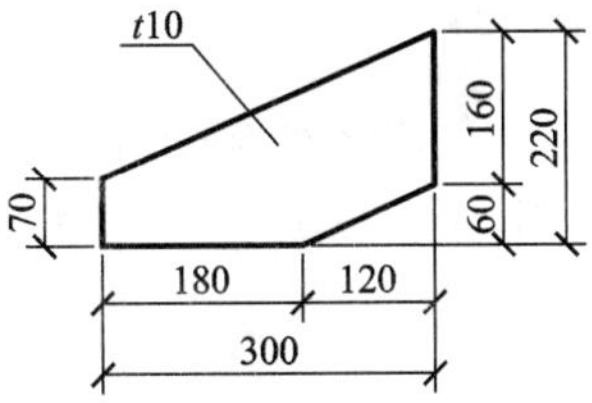 t10　160　220　70　60　180　120　300	应在厚度数字前加注符号“*t*”
正方形	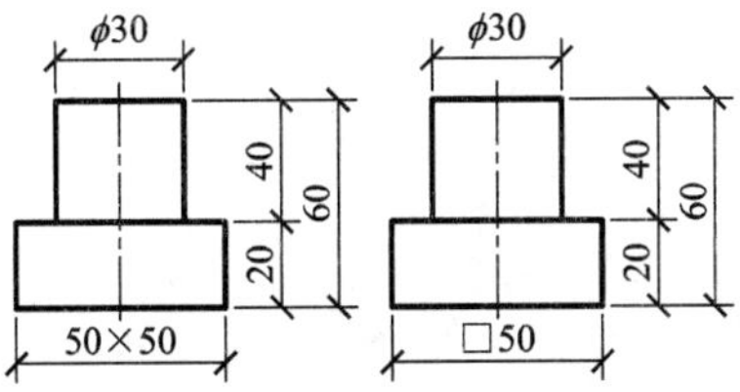 ϕ30　40　60　20　50×50　ϕ30　40　60　20　□50	在正方形的侧面标注该正方形的尺寸，可用“边长×边长”标注，也可在边长数字前加正方形符号“□”
坡度	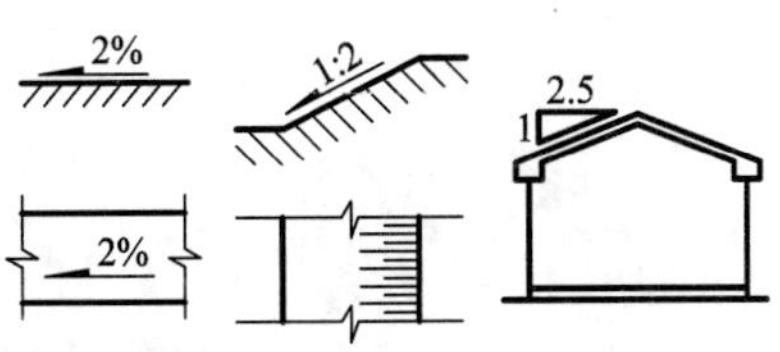 2%　1:2　2.5　1　2%	标注坡度时，在坡度数字下应加注坡度符号，坡度符号为单面箭头，一般指向下坡方向 坡度也可用直角三角形形式标注，如右侧的例图所示 图中在坡面高的一侧水平边上所画的垂直于水平边的长短相间的等距细实线，称为示坡线，也可用它来表示坡面

续表 1 – 7

项目	标注示例	说　明
角度、弧长与弦长	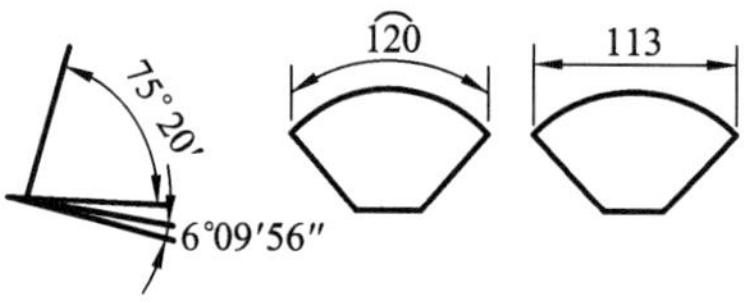	如左方的例图所示，角度的尺寸线是圆弧，圆心是角顶，角边是尺寸界线。尺寸起止符号用箭头；如没有足够的位置画箭头，可用圆点代替。角度的数字应水平方向注写 如中间的例图所示，标注弧长时，尺寸线为同心圆弧，尺寸界线垂直于该圆弧的弦，起止符号用箭头，弧长数字上方加圆弧符号 如右方的例图所示，圆弧弦长的尺寸线应平行于弦，尺寸界线垂直于弦
连续排列的等长尺寸	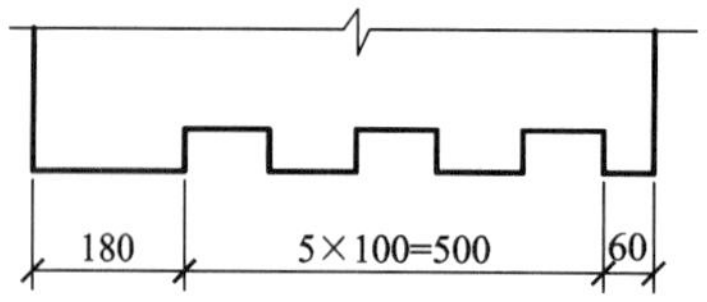	可用“个数 × 等长尺寸 = 总长”的形式标注
相同要素	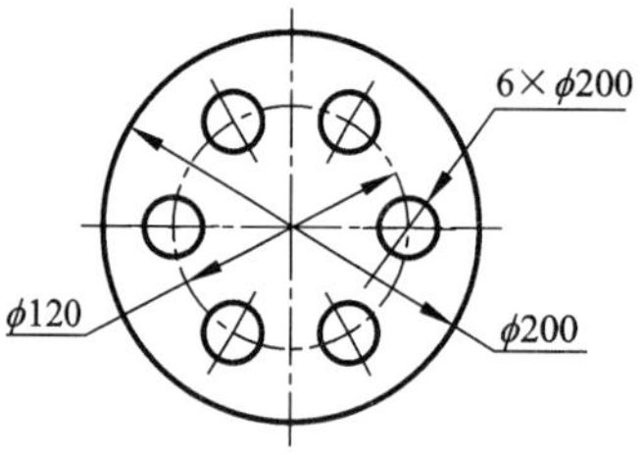	当构配件内的构造要素(如孔、槽等)相同时，可仅标注其中一个要素的尺寸及个数

模块二　绘制建筑形体投影图

【知识目标】

- 了解投影的基本概念和分类
- 理解并掌握建筑工程图样投影作图的基本规定
- 理解正投影的投影特性及优缺点
- 掌握形体三面正投影图的形成原理
- 掌握三面投影图的绘制规律和作图方法
- 掌握建筑形体轴测图的形成及画法

【能力目标】

- 能用制图工具仪器熟练绘制常见简单建筑形体的三面正投影图
- 能按照《房屋建筑制图统一标准》(GB/T 50001—2017)的要求对建筑形体的三面投影图进行尺寸标注
- 能正确绘制建筑形体的轴测投影图

任务一　绘制台阶三面投影图

一、任务提出

台阶立体图如图 2－1 所示，在 A3 图纸上绘制台阶三面投影图。(不标尺寸)

绘制台阶立体模型(1)

绘制台阶立体模型(2)

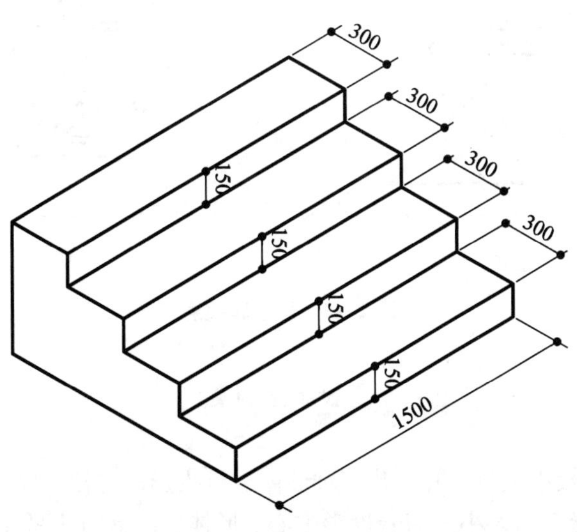

图 2－1　台阶立体图

绘制台阶三面投影图

优秀手工作业

二、任务分析

如图 2 - 1 所示台阶长 1500 mm，共有四级踏步，每个踏面宽 300 mm，踢面高 150 mm，绘制该台阶的三面投影图，首先必须了解正投影原理、三面投影体系，学习形体三面投影图的绘制方法和规律，掌握比例选择与布图技巧。

三、必备知识和技能

1. 投影法的基本概念和分类

在日常生活中，我们经常可以看到物体在灯光或阳光照射下出现影子，如图 2 - 2(a)所示，这就是投影现象。影子在一定条件下能反映物体的外形和大小，这使人们想到用投影图来表达物体。但随着光线和物体相互位置关系的改变，影子的大小和形状也有变化，且影子往往是灰暗一片的；而工程上需要能准确明晰地表达物体各部分的真实形状和大小，所以，人们对投影现象进行了科学总结：假设物体表面除轮廓线、棱线外，其他均为透明无影的，光线能透过物体而将其上的各个点和线在投影面上投落下它们的影子，从而使这些点、线的影子组成能反映物体的图形，我们把这种图形称为投影图，如图 2 - 2(b)所示。产生光线的光源称为投影中心，光线称为投影线，承接影子的平面称为投影面。

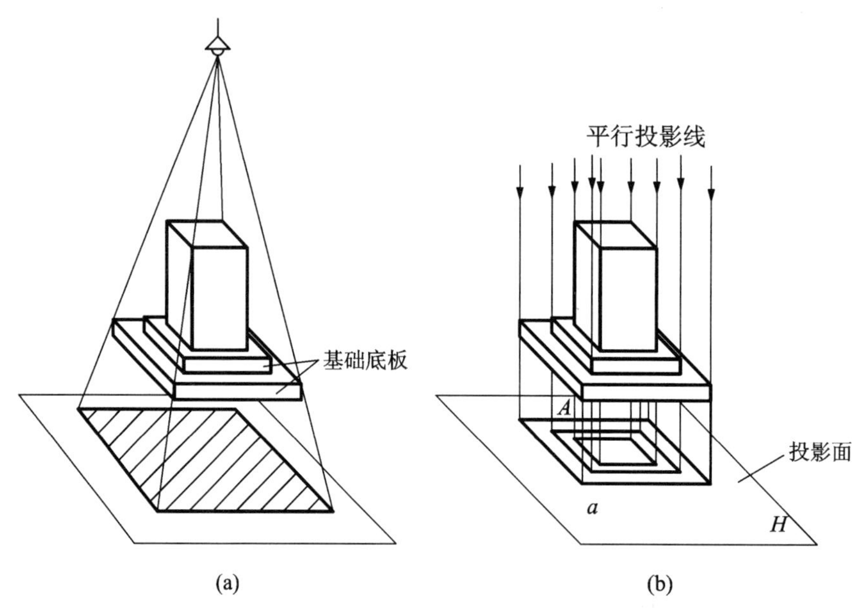

图 2 - 2　影子和投影

投影法一般可分为中心投影法及平行投影法两类。

(1) 中心投影法

如图 2 - 3 所示，投影线自一点引出，对形体进行投影的方法，称中心投影法。用中心投影法得到的投影，其形状和大小是随着投影中心、形体、投影面三者相对位置的改变而变化的，一般不反映形体的真实大小，度量性很差。

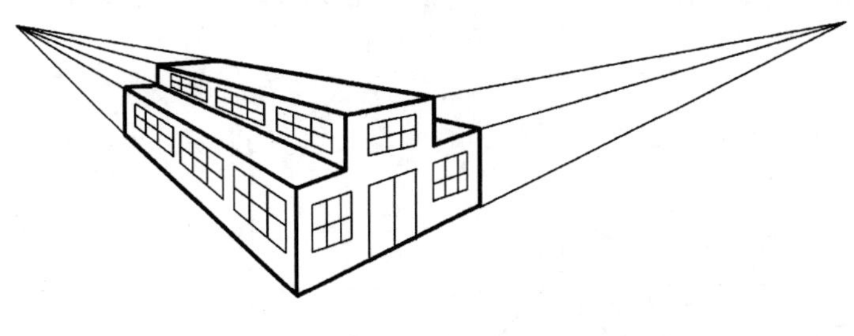

图 2－3　中心投影法

(2)平行投影法

如图 2－4 所示，投影线相互平行地对形体进行投影的方法，称平行投影法。

平行投影法按投影线与投影面的交角不同，又分为：

①斜投影法。投影线倾斜于投影面的投影法，如图 2－4(a)所示。

②正投影法。投影线垂直于投影面的投影法，如图 2－4(b)所示。

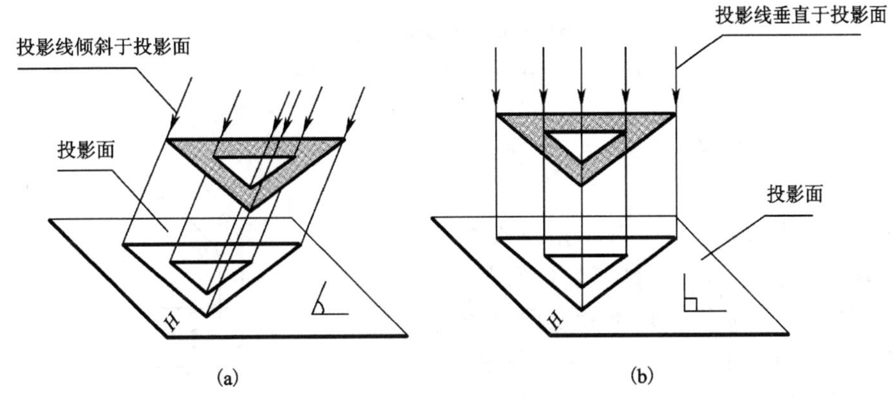

图 2－4　平行投影法

(a)斜投影法；(b)正投影法

利用正投影法绘制的图样称正投影图，简称正投影。

当形体的主要面平行于投影面时，其正投影图能真实地表达出形体上该面的形状和大小，因而正投影图度量性好，作图简便，是工程上常采用的一种图示方法。

2. 正投影的基本性质

(1)显实性

平行于投影面的直线段或平面图形，其投影能反映实长或实形，又称全等性，如图 2－5(a)所示。

(2)积聚性

垂直于投影面的直线段或平面图形，其投影积聚为一点或一条直线。直线或面上的点、线、图形等，其投影分别落在直线或平面的积聚投影上，如图 2－5(b)所示。

(3)类似性

倾斜于投影面的直线段或平面图形，其投影短于实长或小于实形(但与空间图形类似)，如图 2－5(c)所示。

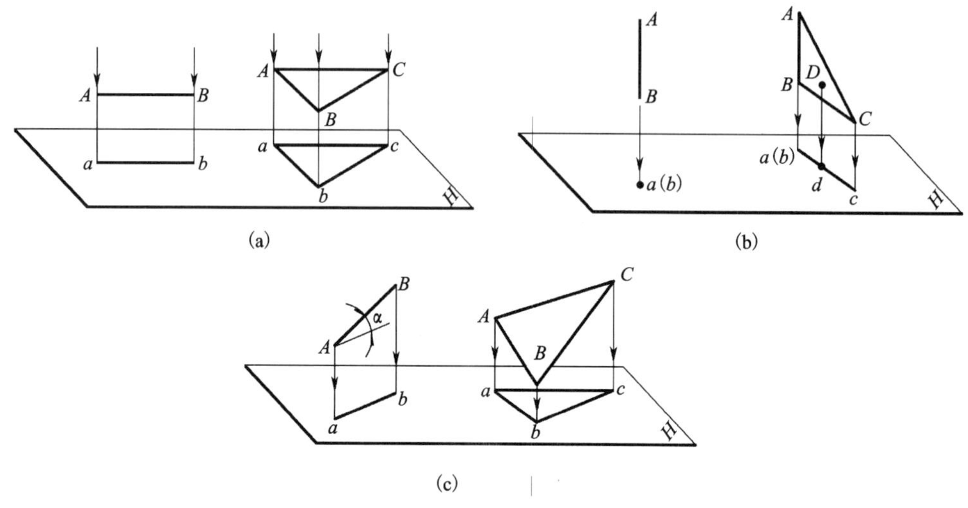

图 2－5　正投影的特性

(a)显实性；(b)积聚性；(c)类似性

3. 形体三面投影图的形成

(1)形体的单面投影

形体的投影就是通过形体各个角点投影的总和，即构成形体的面及棱线投影的总和。但只画出形体的一个面投影是不能全面地表达出其空间形状和大小的，如图 2－6 所示，图中几个形体的单面投影相同，而空间形状各异，因此，一般需从几个方面进行投影，才能确定形体唯一的形状和大小。

(2)形体的三面投影

为了使投影图能表达出形体长、宽、高各个方面的形状和大小，我们首先建立一个由三个相互垂直的平面组成的三面投影面体系，如图 2－7 所示。在此体系中呈水平位置的称水平投影面(简称水平面或 *H* 面)；呈正立位置的称正立投影面(简称正面或 *V* 面)；呈侧立位置的称侧立投影面(简称侧面或 *W* 面)。三个投影面的交线 *OX*、*OY*、*OZ* 称投影轴，它们相互垂直并分别表示长、宽、高三个方向。

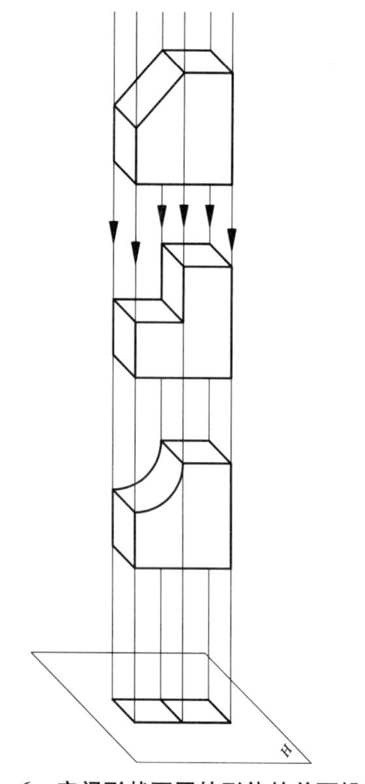

图 2－6　空间形状不同的形体的单面投影

三个投影轴交于一点 O，此点称为原点。将形体放置在该体系中，并使形体的主要面分别与三个投影面平行，由前向后投影得到正面投影（V 面投影），由上向下投影得到水平投影（H 面投影），由左向右投影得到侧面投影（W 面投影）。

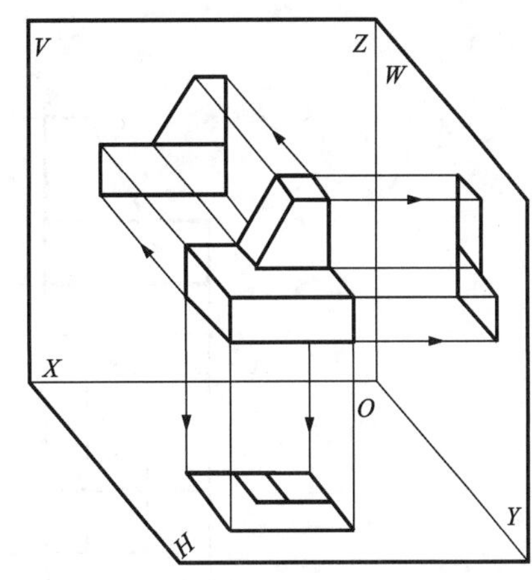

图 2-7 形体的三面投影

为了把处在空间相互垂直位置的三个投影图画在同一张图纸上，需将三个投影面按规定展开。展开时使 V 面保持不动，H 面和 W 面沿 Y 轴分开，分别绕 OX 轴向下、绕 OZ 轴向右各转 90°，使三个投影图摊开在一个平面上。展开后 OY 轴分为两处，在 H 面上的为 OY_H；在 W 面上的为 OY_W，如图 2-8 所示。

由于投影图与投影面的大小无关，展开后的三面投影图一般不画出投影面的边框。其位置关系为：水平投影位于正面投影的下方；侧面投影位于正面投影的右方，如图 2-9 所示。在建筑工程上称 V 面投影为正立面图；H 面投影为平面图；W 面投影为左侧立面图。应注意，三面投影图与投影轴的距离，只反映形体与投影面的距离，与形体的形状和大小无关，故图样中也不必画出投影轴。

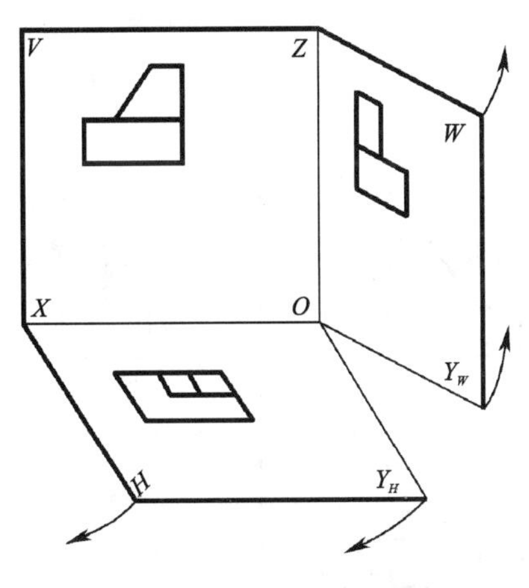

图 2-8 三面投影面的展开

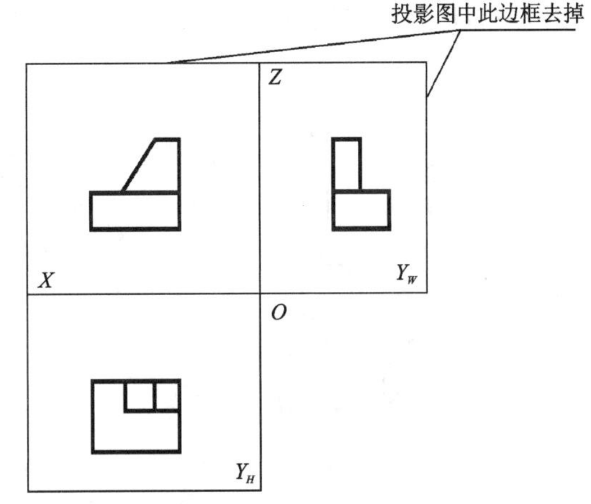

图 2-9 展开平铺后的三面投影图

（3）三面投影图的规律

分析三面投影图的形成过程，如图 2-8 和图 2-9 所示，可以总结出三面投影图的基本规律，如图 2-10 所示。

由于正面投影、水平投影都反映了形体的长度，且 H 面又是绕 X 轴向下旋转摊平的，所以形体上所有的线（面）的正面投影、水平投影应当左右对正；同理，由于正面投影、侧面投影都反映了形体的高度，形体上所有的线（面）的正面投影、侧面投影应当上下对齐；而水平投影、侧面投影都反映了形体的宽度，形体上所有的线（面）的水平投影、侧面投影的宽度分

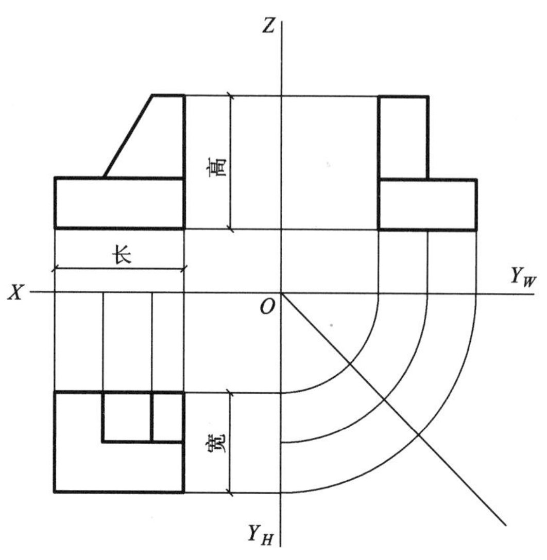

图 2-10　三面投影图的规律

别相等。上述三面投影的基本规律可以概括为三句话:“长对正、高平齐、宽相等”(简称“三等”关系)。

空间形体有上、下、左、右、前、后六个方位,这六个方位在三面投影图中可以按如图 2-11所示的方向确定。

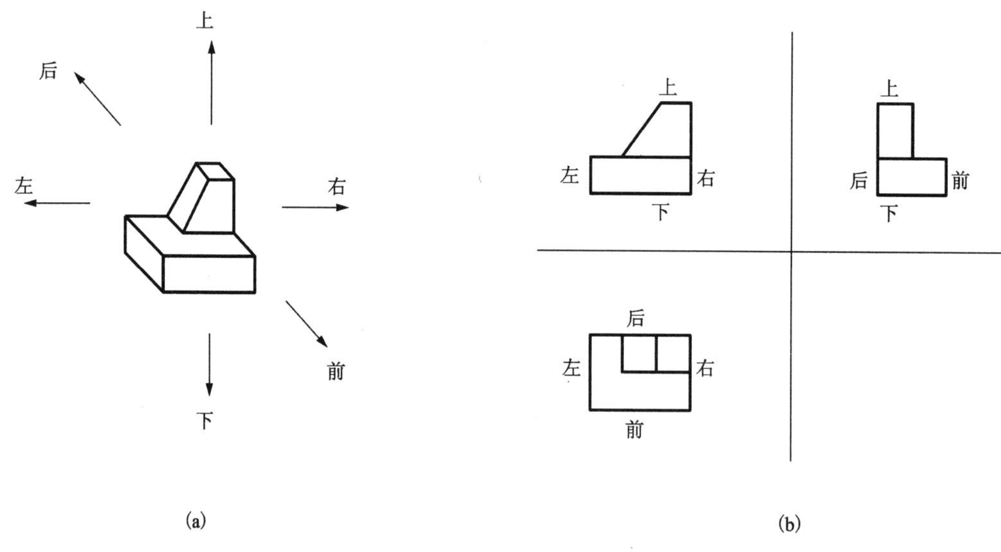

图 2-11　形体的六个方位

形体的上、下、左、右方位明显易懂,而前、后方位则不直观,分析其水平投影可以看出,“远离正面投影的一侧是形体的前面”。掌握三面投影图中空间形体的方位关系和“三等”关系,对绘制和识读投影图是极为重要的。

4. 三面投影图的画法及尺寸标注

建筑工程制图主要是学习如何运用投影原理、投影方法、投影特性及投影规律，在图纸上表达出空间形体及建筑构筑物的实际形状大小。画三面投影图之前，应先确定正面投影图的投影方向，从最能反映形体特征的一面画起，然后再完成其余两面投影。

【例 2-1】 根据如图 2-12 所示形体的立体直观图，用 1∶1 的比例绘制其三面投影图，并标注尺寸。

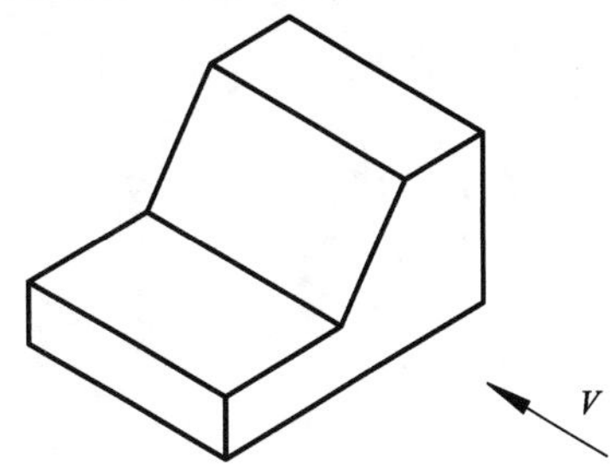

图 2-12　形体的立体直观图

分析：直观图中箭头所指方向为正面投影方向，形体的前后两面平行于 V 投影面，较能表现其形体特征，因而画好投影轴大致将三个图样位置划分好后，可以着手作图。

作图：

(1) 先画 V 面投影。V 面投影离 X、Z 两轴应留下能标注 2～3 个尺寸的间距，如图 2-13(a) 所示；

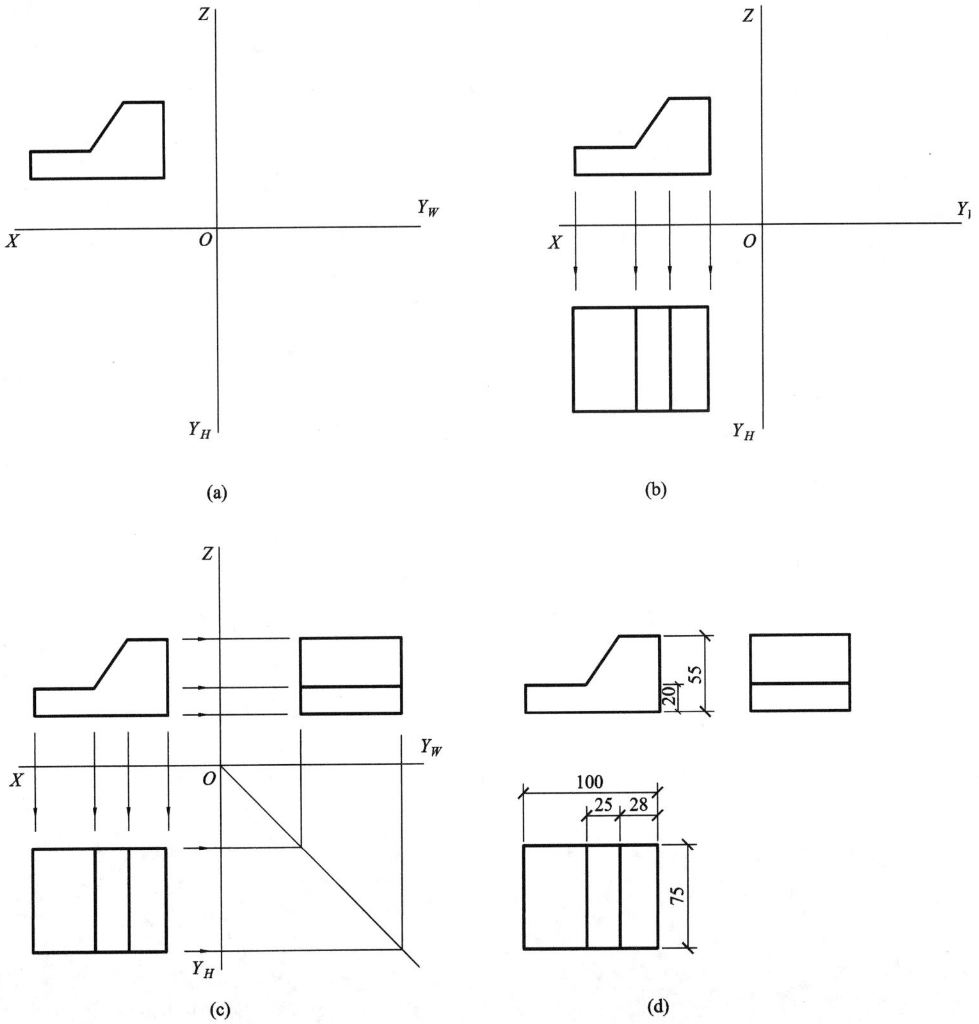

图 2-13　画三面投影图的方法与步骤

（2）保证“长对正”，再画 H 面投影。H 面投影离 X 轴也应留下能标注 2～3 个尺寸的间距，如图 2-13（b）所示；

（3）再根据 V、H 面投影，保证“高平齐”、“宽相等”绘制 W 面投影，如图 2-13（c）所示；

（4）擦净作图辅助线，检查、整理、加深图线，标注尺寸，如图 2-13（d）所示。

任务二　绘制平房三面投影图

一、任务提出

平房模型立体图如图 2－14 所示，在 A3 图纸上绘制平房三面投影图(标尺寸)。

绘制平房立体模型

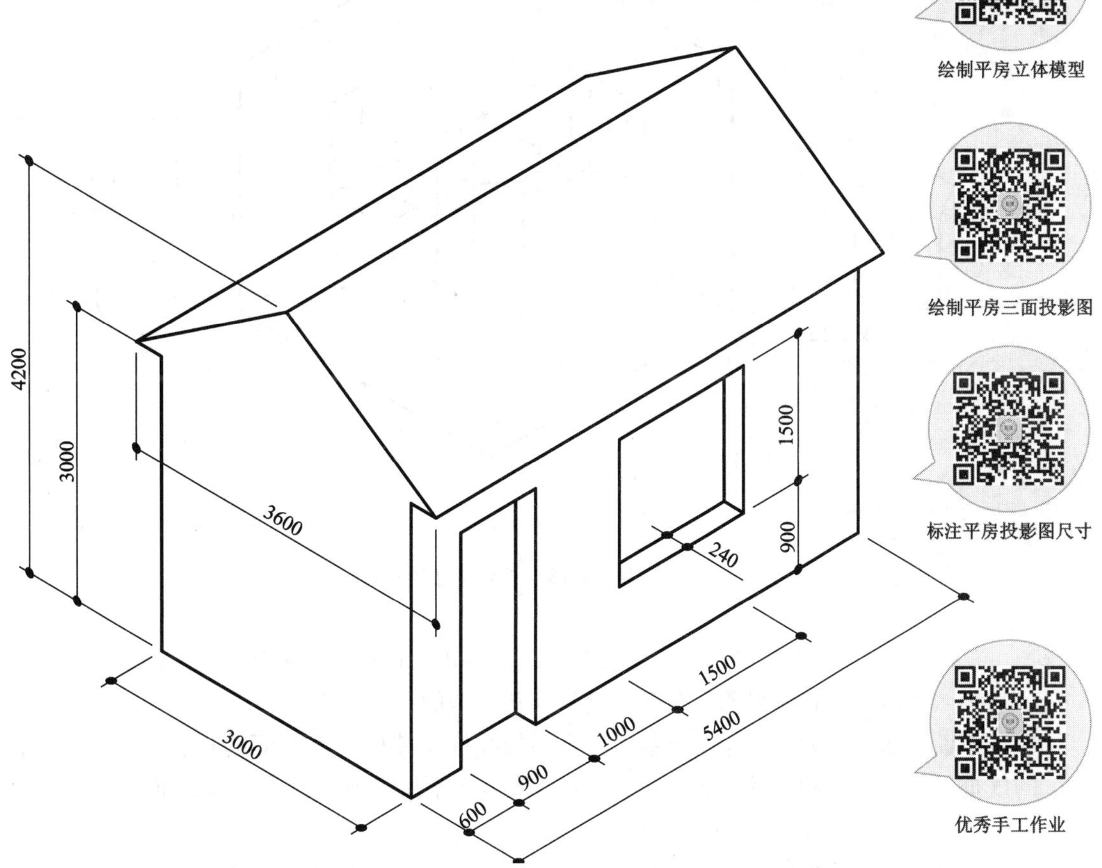

图 2－14　平房模型立体图

绘制平房三面投影图

标注平房投影图尺寸

优秀手工作业

二、任务分析

如图 2－14 所示平房总长 5400 mm，总宽 3000 mm，总高 4200 mm，正面开有一个 900 mm 宽、2400 mm 高的门洞，一个 1500 mm 宽、1500 mm 高的窗洞，可看成几个平面基本体叠加、挖切形成，要正确识读和绘制该平房的三面投影图，必须首先了解各种平面基本形体三面投影规律，掌握平面基本体的投影特点和绘制方法。本图采用 A3 图幅，比例自定，要求布图均匀，三面投影图正确。

三、必备知识和技能

工程制图中，通常把棱柱、棱锥、棱台等简单平面立体称为平面基本体。

1．棱柱体的投影

图 2－15 为正六棱柱的直观图和投影图。该体上下底面是全等的正六边形且为水平面，各侧面是全等的矩形，前后侧面为正平面，左右侧面为铅垂面。

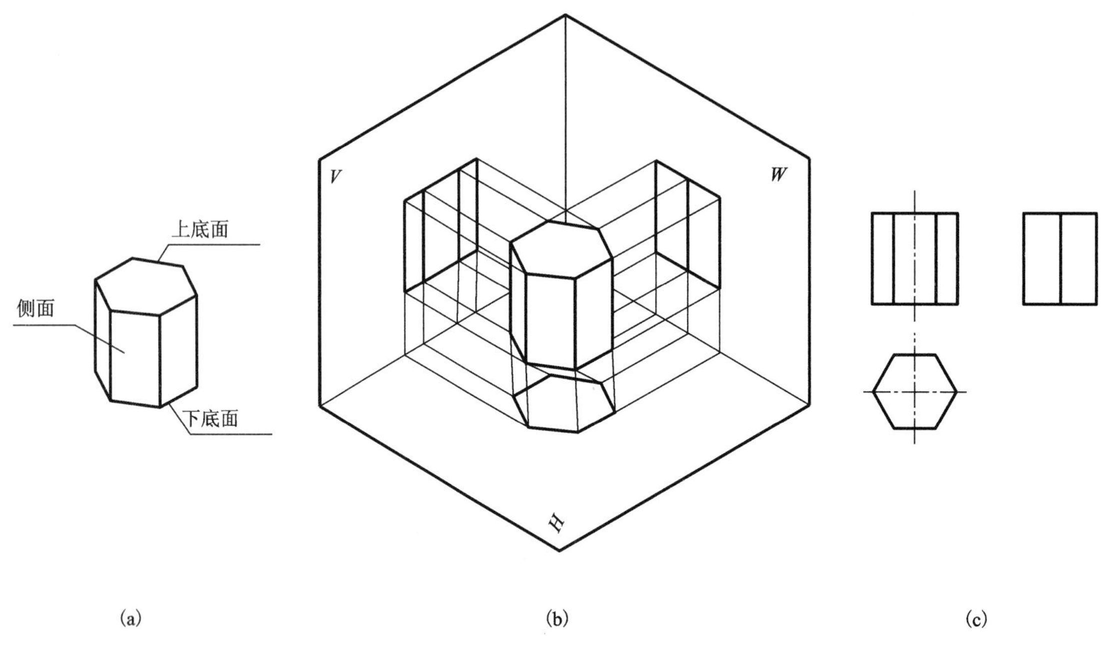

图 2－15　正六棱柱的投影

从图 2－15(b)中可以看出，其水平投影为一正六边形，反映上下底面的实形；六边形的各边为六个侧面的积聚投影；六个角点是六条侧棱的积聚投影。

正面投影是并列的三个矩形线框，中间的线框是棱柱前后侧面的投影，反映实形；左右的线框是其余四个侧面的投影，为类似形；线框上下两条水平线是上下底面的积聚投影；四条竖直线是侧棱的投影，反映实长。

侧面投影是并列的两个矩形线框，它是棱柱左右四个侧面的投影，为类似形；两侧竖直线是棱柱前后侧面的积聚投影；中间的竖直线是侧棱的投影；上下水平线则为底面的积聚投影。

图 2－15(c)是其三面投影图。

棱柱体的投影特征为：一个投影反映底面的实形(多边形)，其他两个投影为矩形或几个并列的矩形。

工程形体的绝大部分是由棱柱体组成的。如图 2－16 所示为各种棱柱体的投影图。

2．棱锥体的投影

图 2－17(a)为正三棱锥的直观图。

从图 2－17(b)中看出，三棱锥水平投影中的外形三角形 *abc* 是底面的投影，反映实形；*s* 是锥顶的投影，位于三角形 *abc* 的中心，它与三个角点的边线 *sa*、*sb*、*sc* 是三条侧棱的投影；中间三个小三角形是三个侧面的投影。

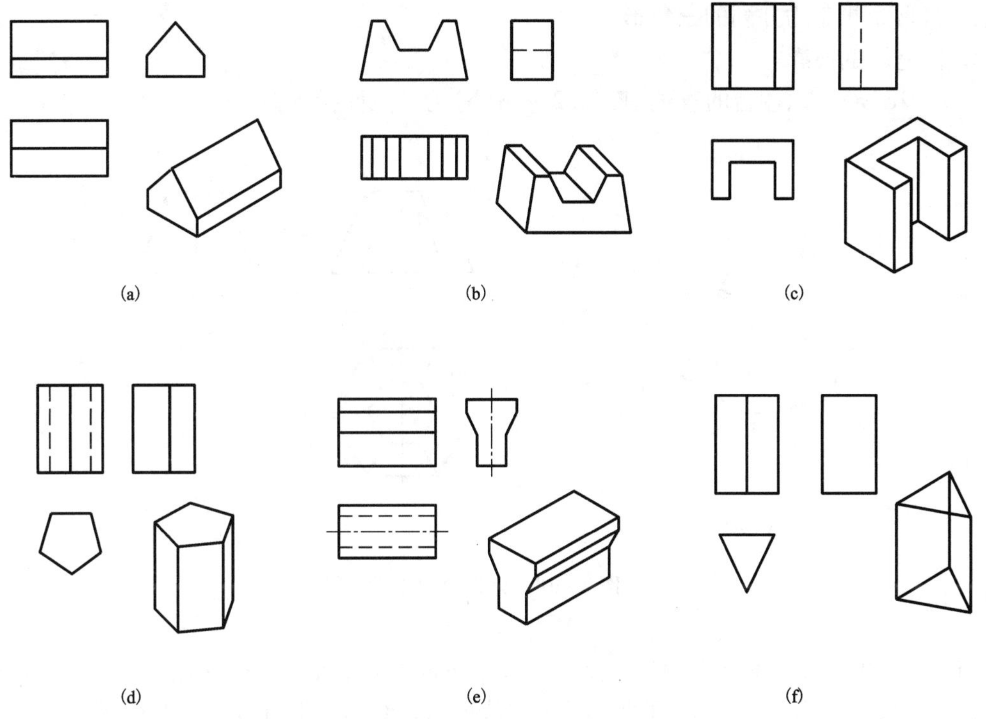

图 2-16　常见棱柱体及其三面投影图

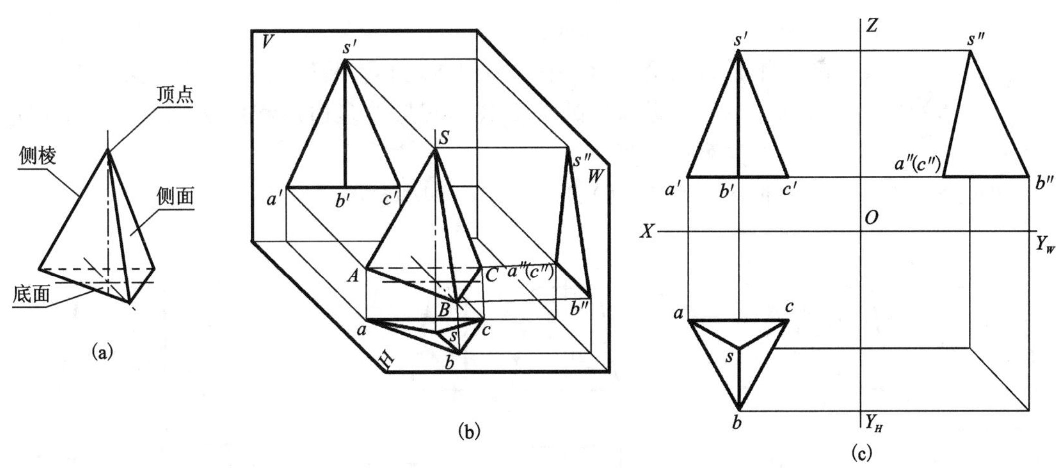

图 2-17　正三棱锥的投影

正面投影是两个并列的全等三角形，是三棱锥三个侧面的投影。底面及侧棱的正面投影读者自行分析。

侧面投影是一个非等腰三角形，$s''a''(c'')$为三棱锥后侧面的积聚投影，$s''b''$为三棱锥侧棱的投影，其他部分的投影由读者自行分析。

图 2-17(c)为其三面投影图。

棱锥的投影特征为：一个投影为反映底面实形的多边形（内含反映侧表面的几个三角形），另外两个投影为并列的三角形。

3. 棱台体的投影

图 2－18（a）为六棱台的直观图，图 2－18（b）为其三面投影图。

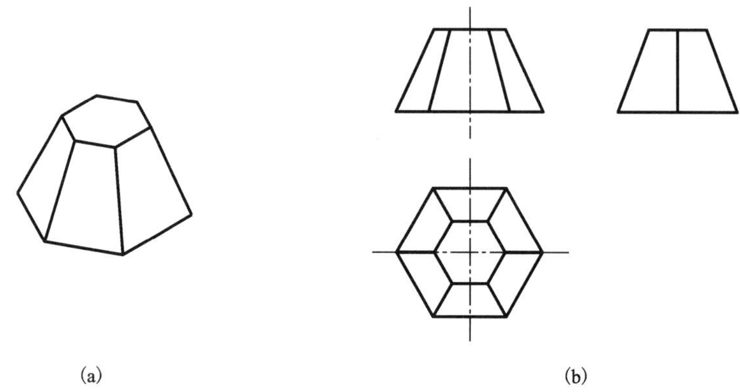

图 2－18　六棱台的投影

图 2－18 中六棱台的水平面投影是两个大小不同的六边形，反映底面实形，两六边形之间夹绕六个梯形，反映六个侧面的类似形；夹绕的六根线为六根侧棱的类似投影；

正面投影为三个并列梯形，是六个梯形侧面的重影，上下两根水平线是上下底面的积聚投影，左右两个腰线是左右侧棱的等长投影；

侧面投影为两个并列梯形，是六个侧面的重影，上下两根水平线是上下底面的积聚投影，前后两个腰线是前后侧面的积聚投影，中间两根线是其余两条侧棱类似投影的重影。

棱台体的投影特征为：一个投影为反映上下底面实形的多边形和反映侧面的多个梯形，其他两个投影为梯形或几个并列的梯形。

四棱台是常见的工程形体。图 2－19 所示为各种四棱台的投影图。

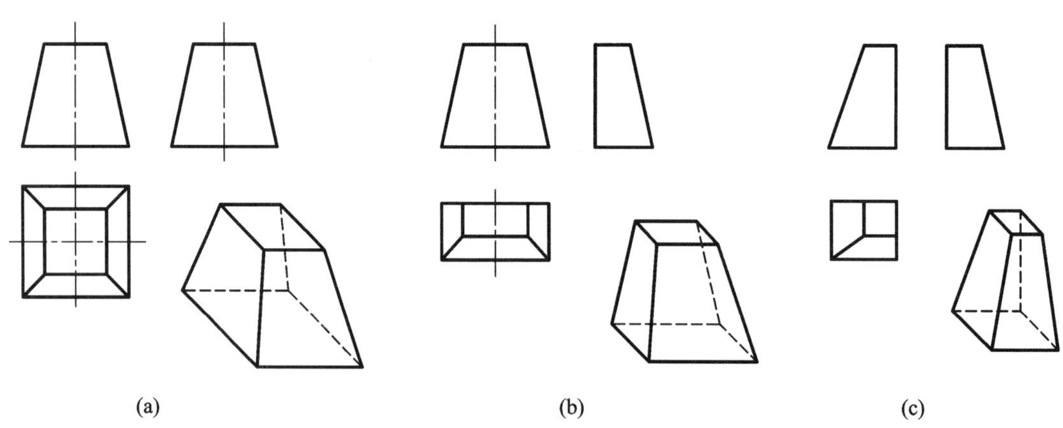

图 2－19　各种四棱台及其三面投影图

4. 平面体投影图的画法

画平面体的投影，就是画出构成平面体的侧面（平面）、棱线（直线）、角点（点）的投影。

画平面体投影图的一般步骤如下：

①研究平面体的几何特征，决定安放位置即确定正面投影方向，通常将平面体的表面尽量平行投影面；

②分析该体三面投影的特点；

③布图（定位），画出中心线或基准线；

④先画出反映形体底面实形的投影，再根据投影关系作出其他投影；

⑤检查、整理加深，标注尺寸。

图 2－20 为正六棱柱投影图的作图步骤（已知正六边形外接圆直径及柱高 L）。

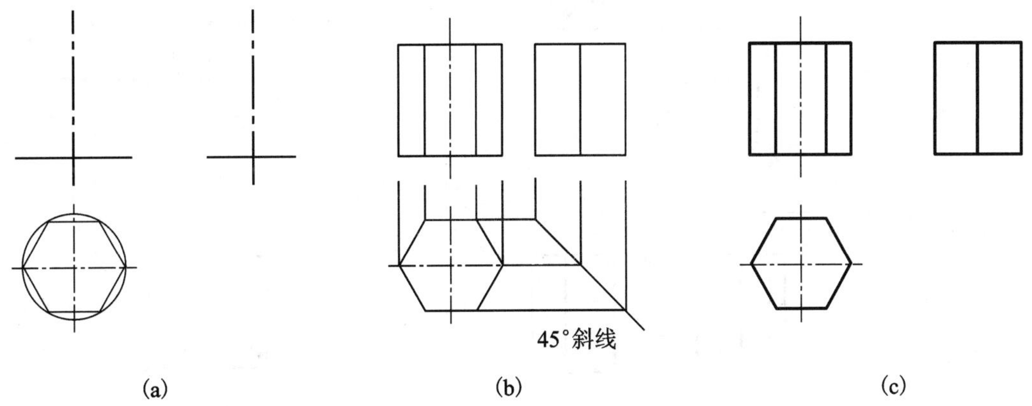

图 2－20　正六棱柱三面投影图的作图步骤

（a）画基准线及 H 投影；（b）按投影关系画 V、W 投影；（c）检查底稿，整理、加深

5. 平面基本体的投影特征和尺寸标注

平面基本体的投影特征和尺寸标注方法见表 2－1。

表 2－1　常见平面基本体的投影图及尺寸标注

基本体名称	三投影图	应注尺寸
直角梯形四棱柱		

续表 2-1

基本体名称	三投影图	应注尺寸
正六棱柱	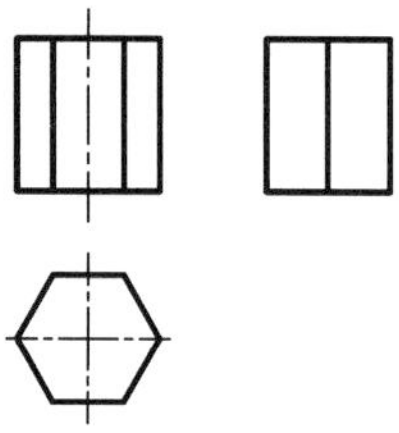	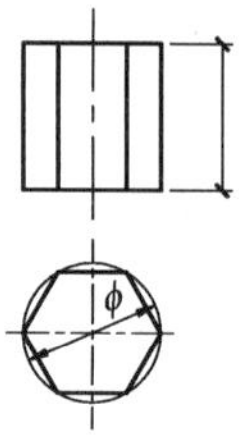 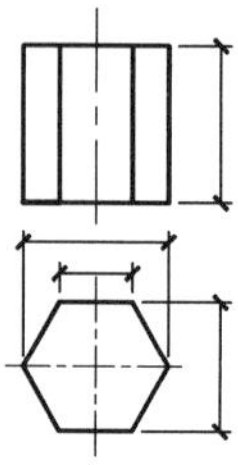 ϕ
三棱柱	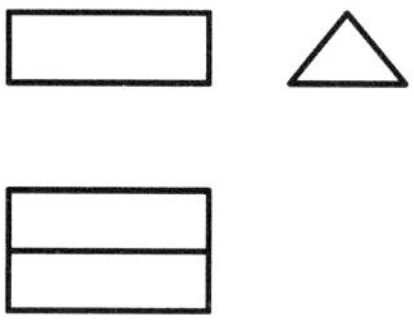	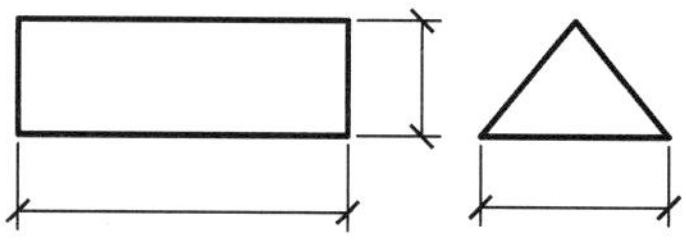
正五棱柱	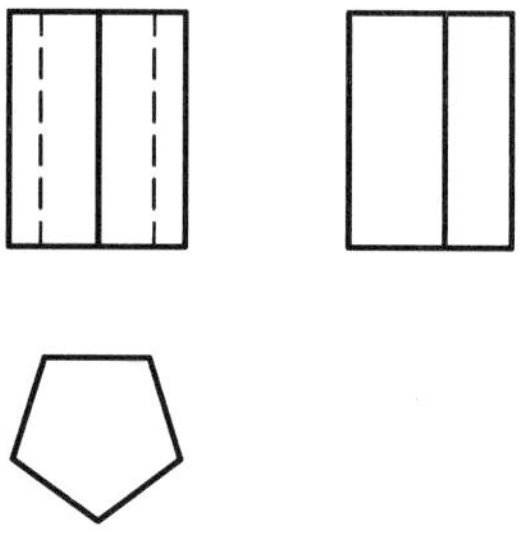	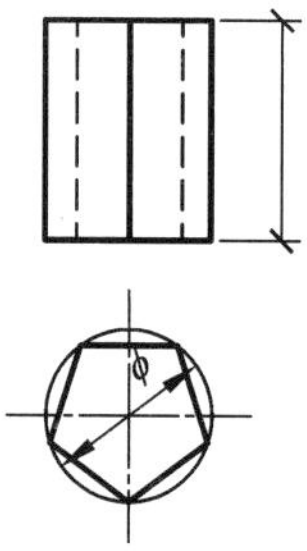 ϕ
矩形四棱锥	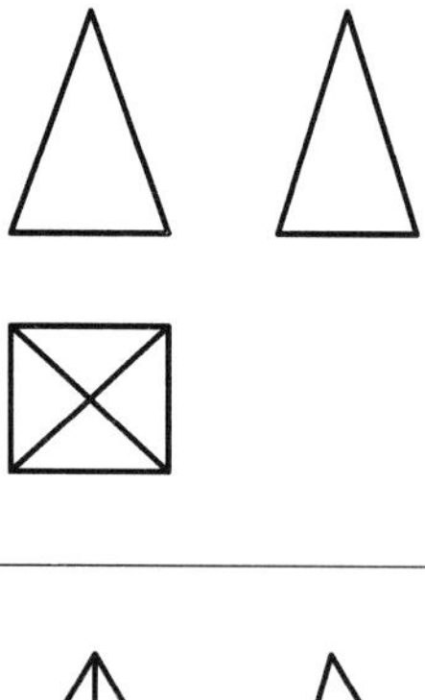	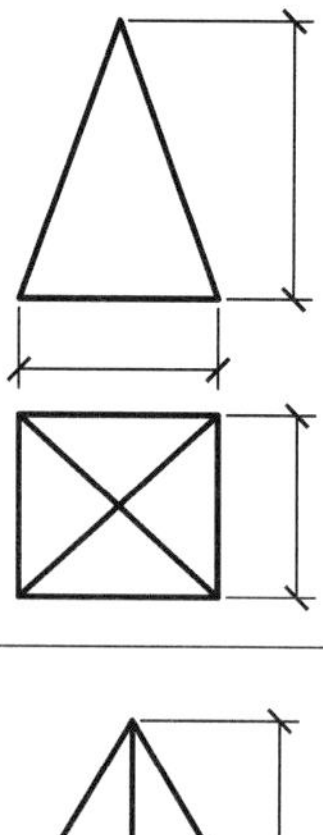
正三棱锥	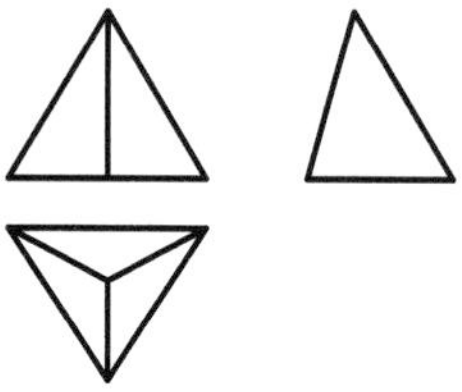	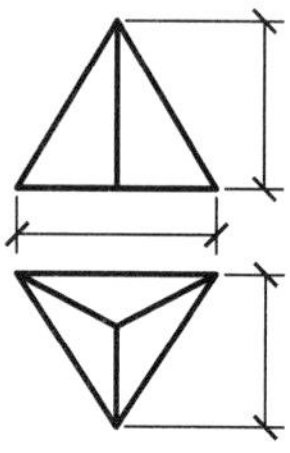

续表 2－1

基本体名称	三投影图	应注尺寸
矩形四棱台	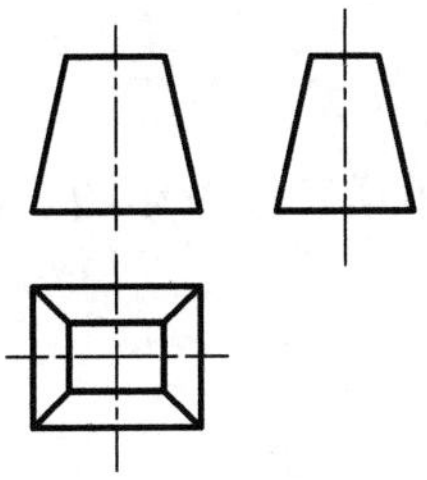	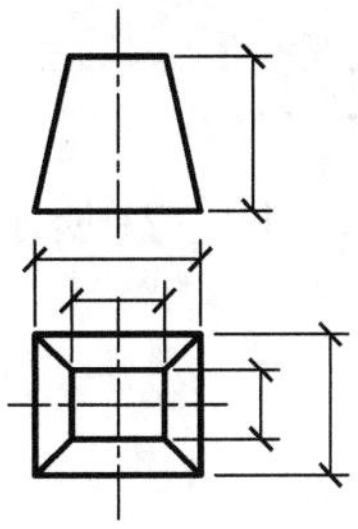
六棱台	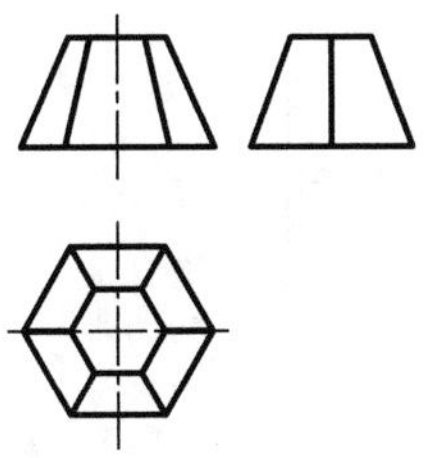	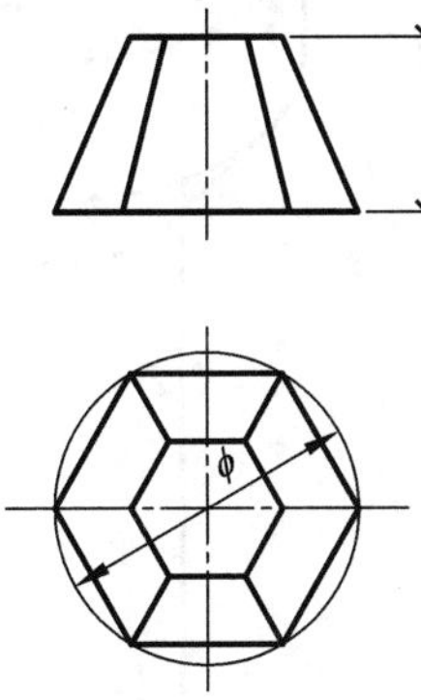 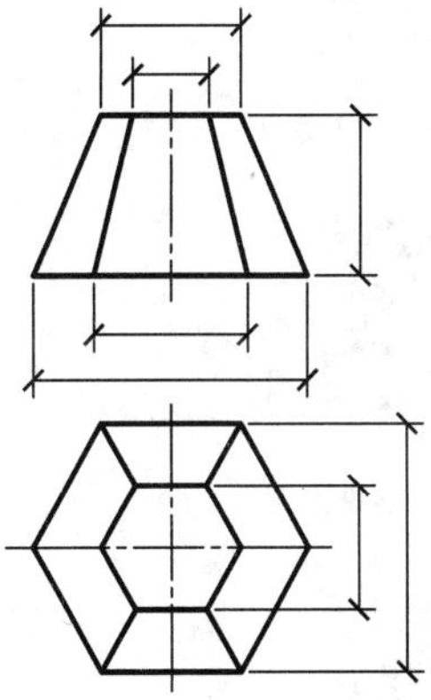

在柱体投影图中标注尺寸时，通常先标注反映底面实形的投影，然后再标注第三方向的尺寸。在标注台体的尺寸时，除了标注底面实形尺寸和第三方向的尺寸外，还需要标注上下底面的相对位置关系。椎体的尺寸标注也有类似的特点。

任务三　绘制水塔三面投影图

一、任务提出

水塔立体图如图 2 －21 所示，在 A3 图纸上绘制水塔三面投影图。(标尺寸)

绘制水塔立体模型

绘制水塔三面投影图

标注水塔投影图尺寸

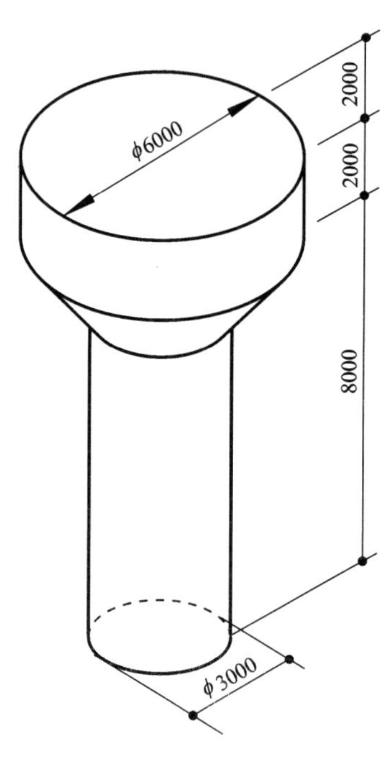

图 2 －21　水塔立体图

二、任务分析

如图 2 －21 所示水塔是由两个圆柱和一个圆台叠加而成的，塔身圆柱底面直径为 3000 mm，高度为 8000 mm；圆台高度为 2000 mm；塔顶圆柱底面直径为 6000 mm，高度为 2000 mm。要正确识读和绘制该水塔的三面投影图，必须首先了解各种曲面基本体的三面投影规律，掌握曲面基本体投影的特点和绘制方法。本图采用 A3 图幅，立式使用，比例自定，要求布图均匀，三面投影正确。

三、必备知识和技能

工程制图中，通常把圆柱、圆锥、圆台、球等简单曲面立体称为曲面基本体。工程中的曲面体大多是回转体。回转体的曲面可看成一条线围绕轴线回转形成，这条运动着的线称母线，母线运行到任一位置称素线。

1. 圆柱体的投影

矩形 O_1A_1AO 以其一边 OO_1 为轴，回转一周形成圆柱，如图 2 －22(a)所示。若其轴垂直

于 H 面，它的投影如图 2－22（b）所示。圆柱的水平投影为一圆，反映上下底面的实形（重影），圆周则为圆柱面的积聚投影；正面投影为一矩形，上下两条水平线为上下底面的积聚投影，左右两条线为圆柱最左、最右两条素线（轮廓素线）的投影，也是圆柱面对 V 面投影时可见部分与不可见部分的分界线；侧面投影为一矩形，竖直的两条线为圆柱最前、最后两条素线的投影，是圆柱左半部与右半部的分界线。

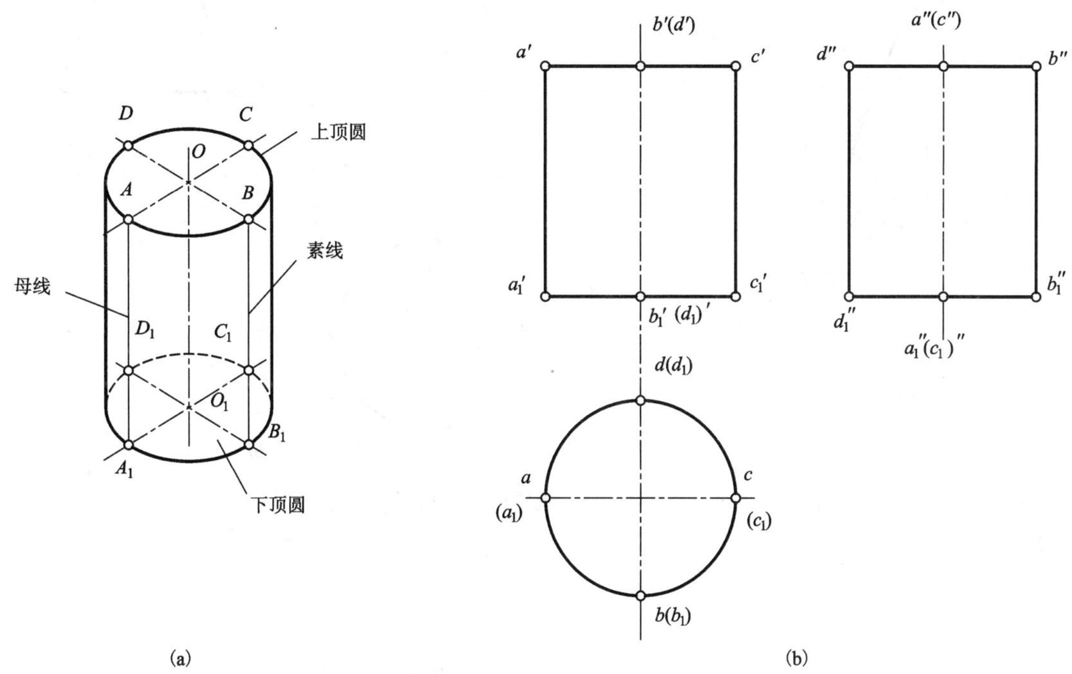

图 2－22　圆柱体的投影

圆柱的投影特征为：在与轴线垂直的投影面上的投影为圆，在另外两投影面上的投影为全等的矩形。

应注意：投影为圆时，要用相互垂直的单点长画线的交点表示圆心；投影为矩形时，用单点长画线表示回转轴。其他回转体的投影，均具有此特点。

2．圆锥体的投影

直角三角形 SAO，以其直角边 SO 为轴回转形成圆锥，如图 2－23（a）所示。当轴线垂直于 H 面时，其投影如图 2－23（b）所示。由于圆锥的投影与圆柱的投影相仿，其锥面、底面、轮廓素线的投影，请读者自行分析。

圆锥的投影特征为：在与轴线垂直的投影面上的投影为圆，在另外两投影面上的投影为全等的等腰三角形。

3．圆台体的投影

圆锥被垂直于轴线的平面截去锥顶部分，剩余部分称为圆台，其上下底面为半径不同的圆面，如图 2－24 所示。

圆台的投影特征为：在与轴线垂直的投影面上的投影为两个同心圆，在另外两个投影面上的投影为大小相等的等腰梯形。

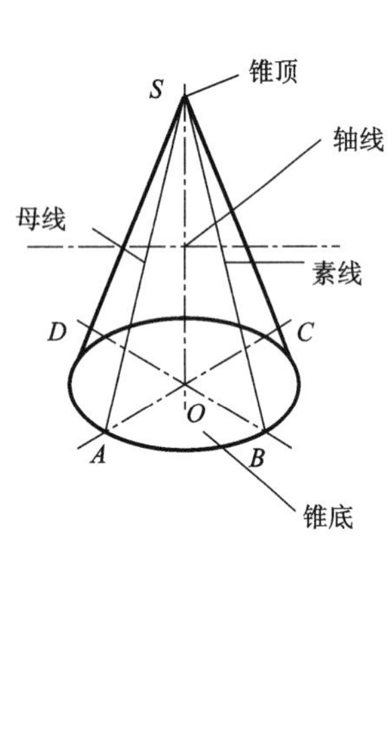

(a)

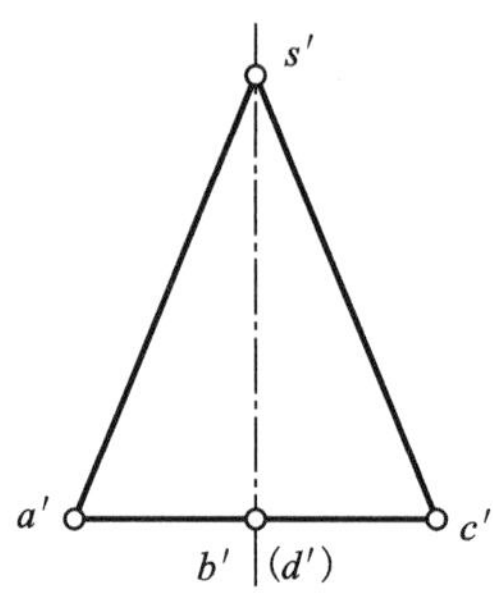

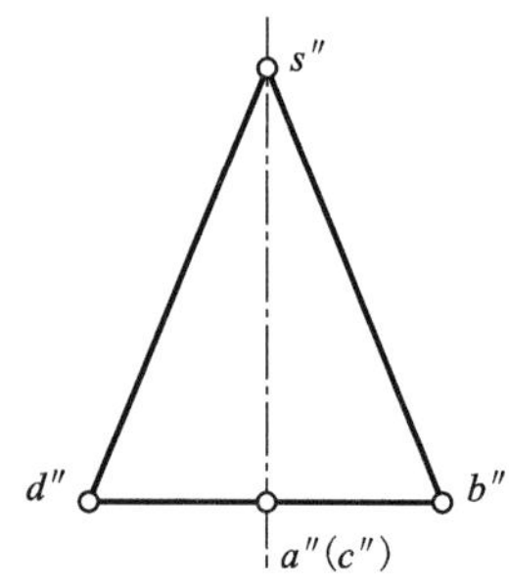

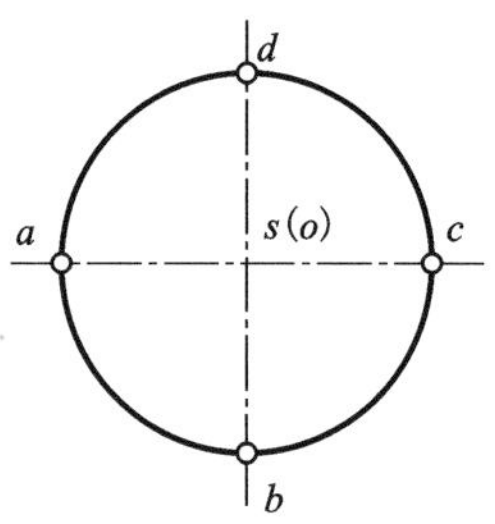

(b)

图 2－23　圆锥体的投影

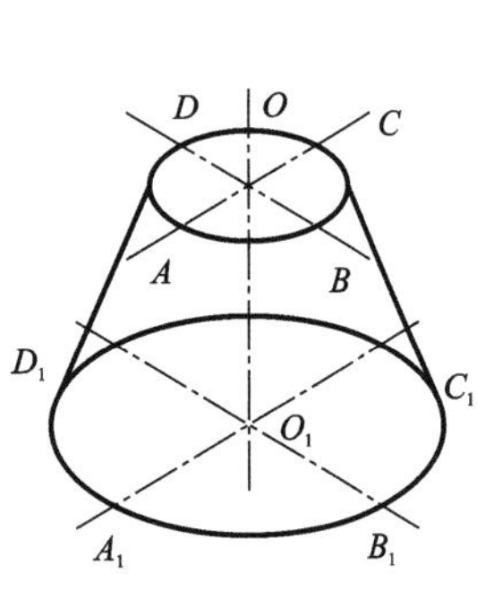

(a)

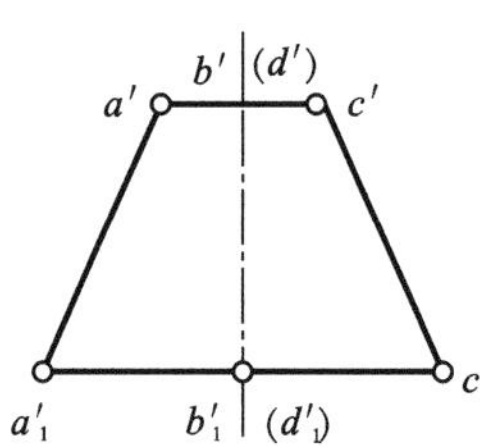

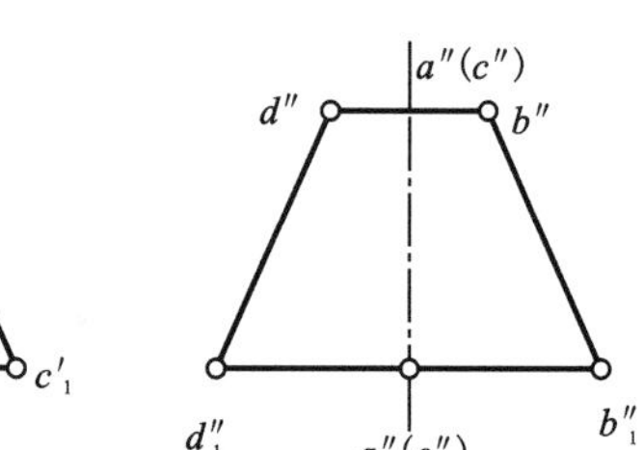

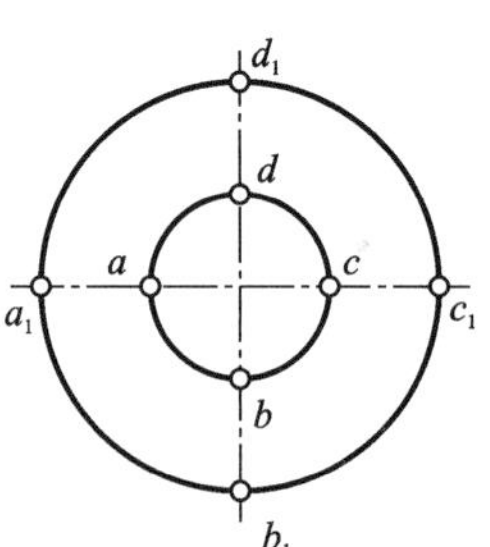

(b)

图 2－24　圆台体的投影

4. 曲面基本体的投影特征和尺寸标注

曲面基本体的投影特征和尺寸标注见表 2－2。

表 2－2　常见曲面基本体的投影图及尺寸标注

基本体名称	三投影图	应注尺寸
圆柱	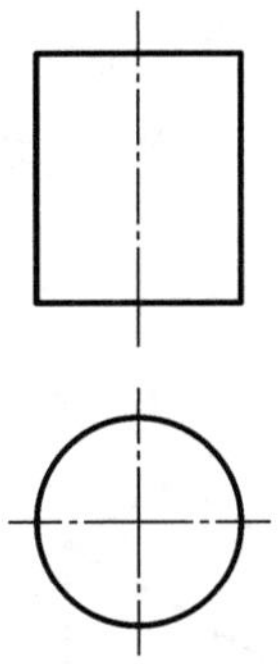	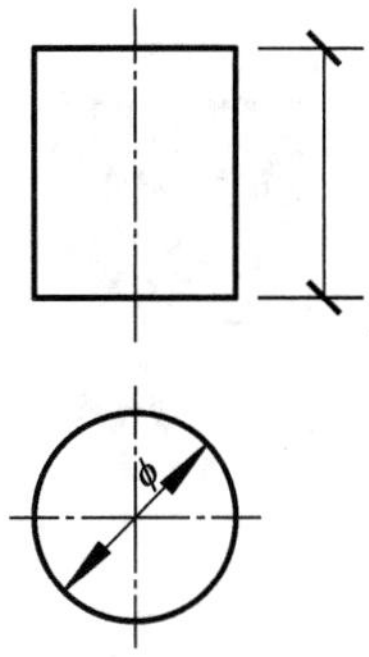 φ
圆锥	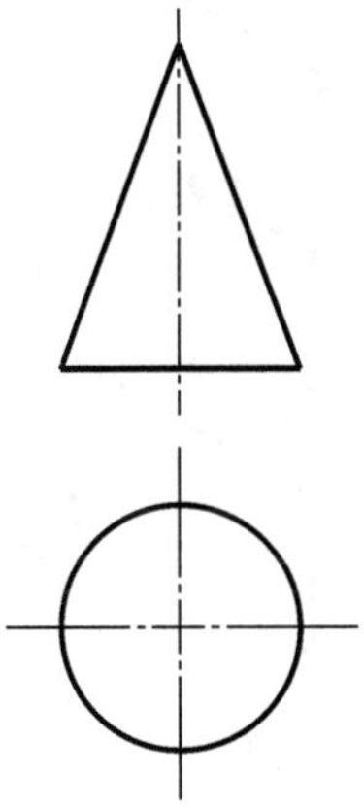	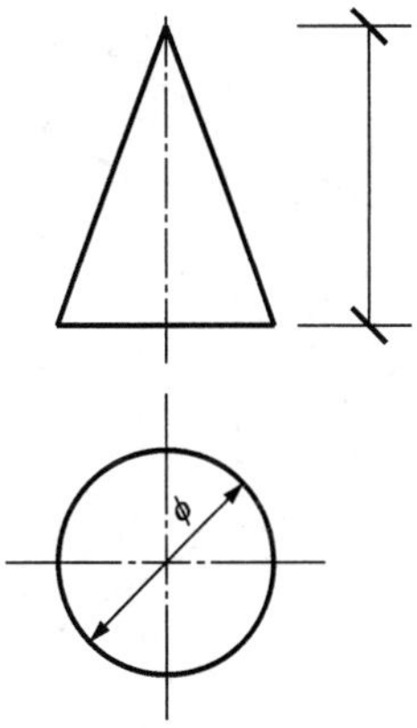 φ
圆台	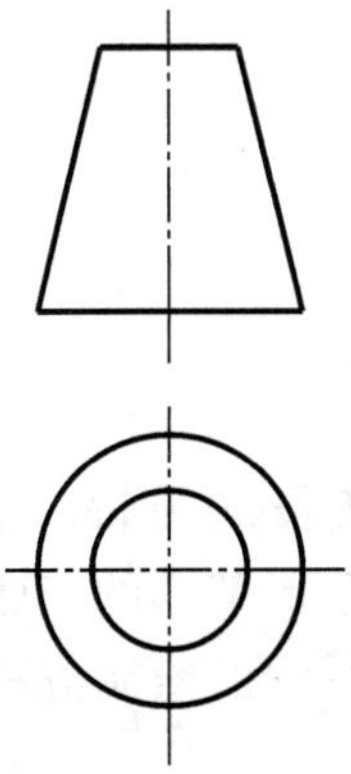	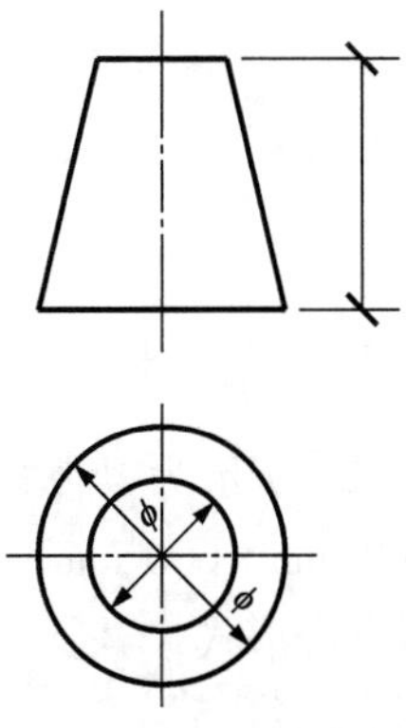 φ φ

任务四　绘制梁板式筏形基础三面投影图

一、任务提出

梁板式筏形基础节点立体图如图2－25所示，在A3图纸上绘制梁板式筏形基础三面投影图。（标尺寸）

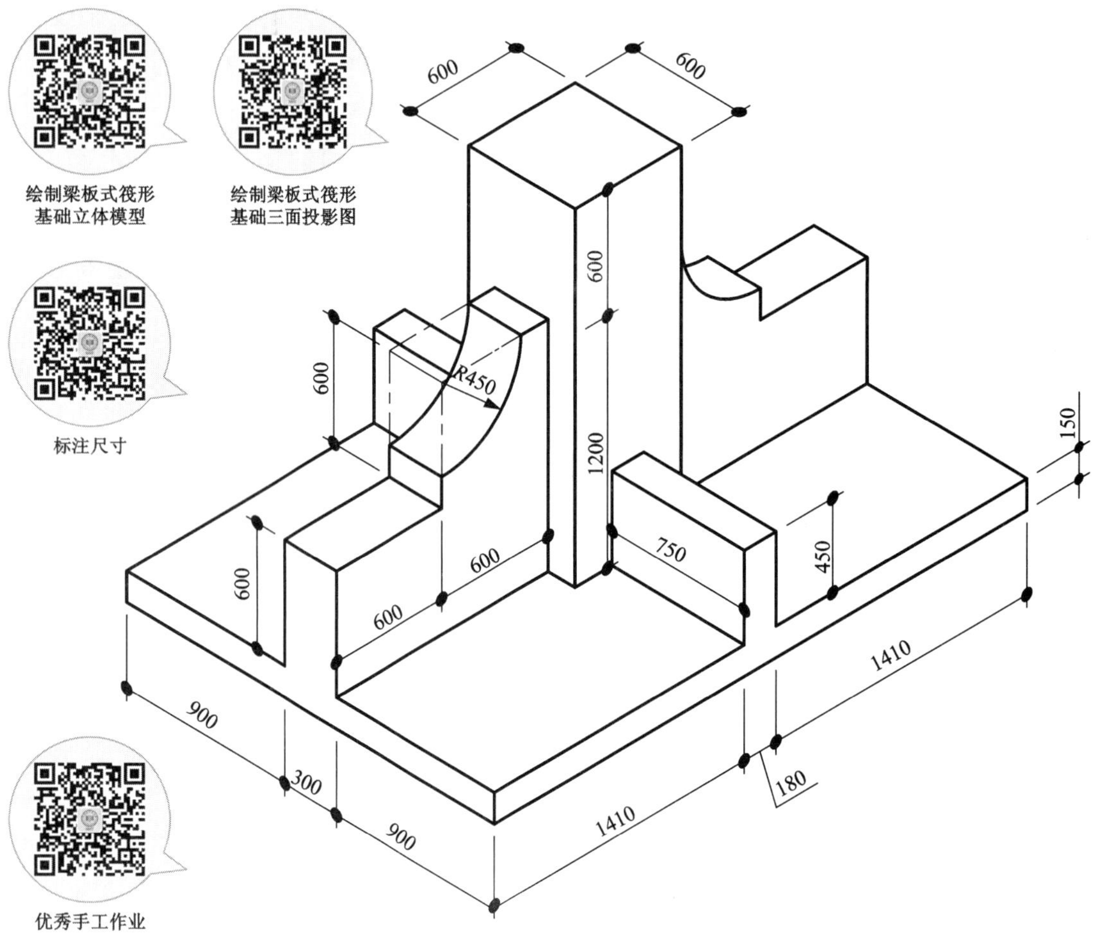

图2－25　梁板式筏形基础立体图

二、任务分析

如图2－25所示为梁板式筏形基础的一个节点，其底板长3000 mm，宽2100 mm，上面柱截面尺寸600 mm×600 mm。要正确识读和绘制该梁板式筏形基础的三面投影图，首先要了解组合体的组合形式，学会分析形体，学习组合体三面投影图的绘制方法和步骤，掌握组合体尺寸标注。

三、必备知识和技能

工程建筑物一般比较复杂，可以看成是由基本体组合而成的，这种由多个基本体按一定形式组合而成的立体称为组合体。组合体按其组合的形式可分为叠加式、切割式和综合式三种。如图 2－26 所示。

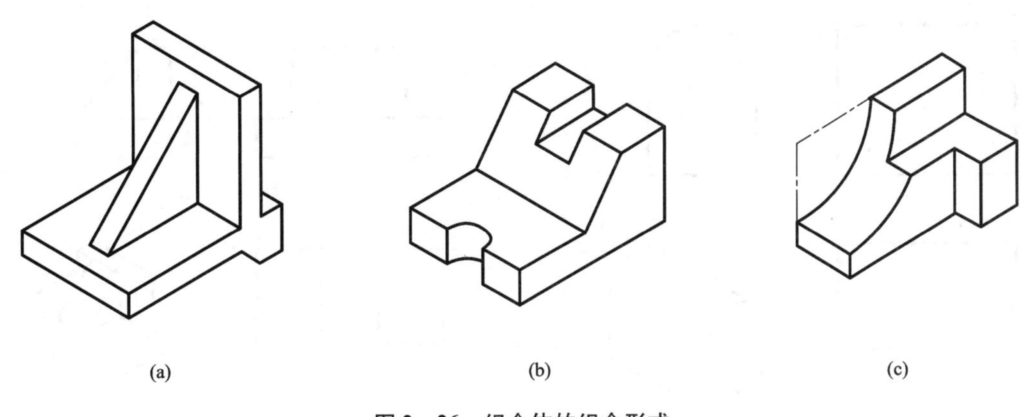

(a)　(b)　(c)

图 2－26　组合体的组合形式

(a)叠加式；(b)切割式；(c)综合式

1. 组合体投影图

画组合体投影图的基本方法是形体分析法。

所谓形体分析法就是假想将组合体分解成几个基本体，分析它们的形状、相对位置、组合形式和表面交线，将基本体的投影图按其相互位置进行组合，便得出组合体的投影图。

组成组合体的各基本体，其表面结合情况不同，应分清它们的连接关系，才能避免绘图中出现漏线或多画线的问题。

组合体表面交接处的关系可分为平齐、不平齐、相切和相交四种。

①平齐：如图 2－27(a)、(b)所示，由三个四棱柱叠加而成的台阶，左侧面交接处的表面平齐没有交线，则在侧面投影中不应画出分界线，图 2－27(c)是错误的。

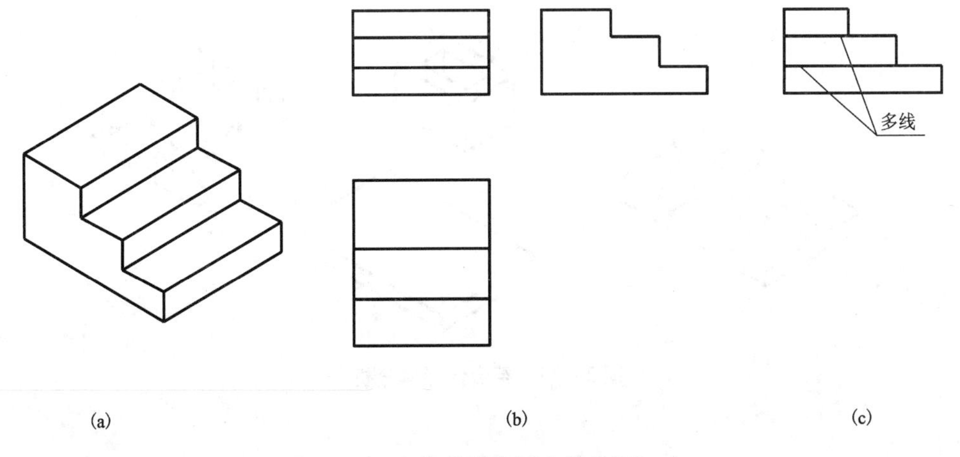

(a)　(b)　(c)

图 2－27　组合体的表面交线分析(一)

②不平齐：当形体表面交接不平齐而形成台阶时，则在投影图中应画出线将它们分开，如图 2－27(b) 中的水平投影和正面投影。

③相切：当形体表面相切时，在相切处不画线，如图 2－28(a) 所示。

④相交：当形体表面相交时，在相交处必须画出交线，如图 2－28(b) 所示。

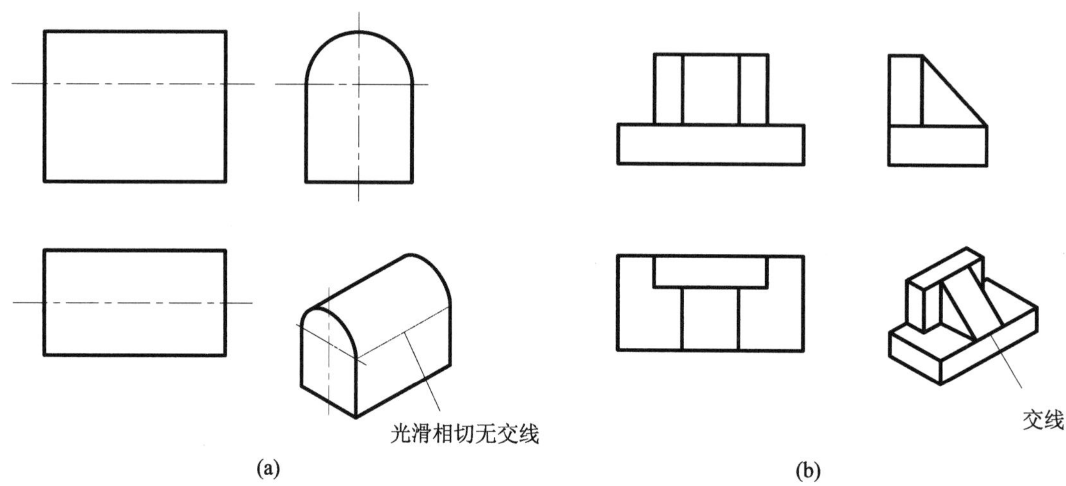

图 2－28　组合体的表面交线分析(二)

组合体表面交线分析可以归纳为四句口诀：面面平齐无交线，面面相交有交线，平曲相交有交线，平曲相切无交线。

2. 组合体作图步骤

现以如图 2－29 所示的组合体为例，分析一般作图步骤。

(1) 形体分析

该组合体可以看成由三部分叠加而成的，*A* 为一水平放置的四棱柱，*B* 是一个竖立在正中位置的四棱柱，*C* 为六块支撑板。

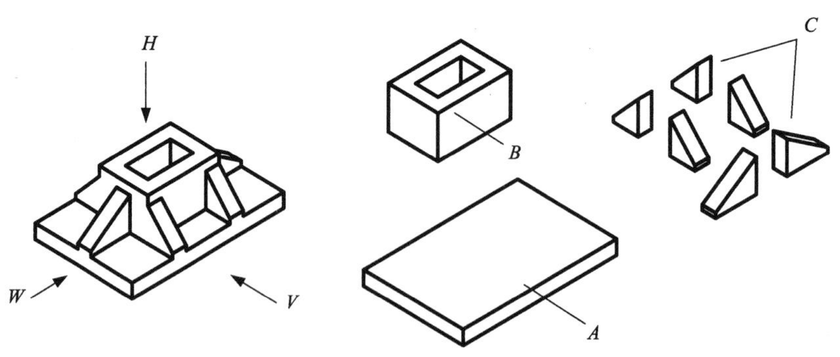

图 2－29　组合体形体分析

(2)选择投影图

①考虑安放位置,确定正面投影方向。

形体对投影面处于不同的位置就可得到不同的投影图。一般应使形体自然安放且形态稳定;并将主要面与投影面平行,以便使投影反映实形;正面投影应反映形体的形状特征,并使各投影图中尽量少出现虚线。

在图 2－29 中考虑到形体放置的稳定,而且 V 方向表达其形状特征明显,又便于布图,因此确定 V 方向为正面投影方向。

②确定投影图的数量。

投影图的数量是指准确、清晰地表达形体时所必需的最少投影图个数。

图 2－29 中的形体,在选取 V 方向为正方向后,根据形体分析,可确定用三个投影图来表示:V 向为正面投影图,H 向为水平投影图,W 向为侧面投影图。

(3)画组合体草图

绘制建筑工程图,一般先画草图。草图不是潦草的图,它是目测形体大小、比例后徒手绘制的图形。画草图是在用仪器画图之前的构思准备过程。因此掌握草图的绘制技能是工程技术人员不可缺少的基本功。草图上的线条要基本平直,方向正确,长短大致符合比例,线型符合制图标准。

草图基本画法步骤如下:

①布图。用轻、细的线条在纸上定出投影图中长、宽、高方向的基准线,如图 2－30(a)所示。

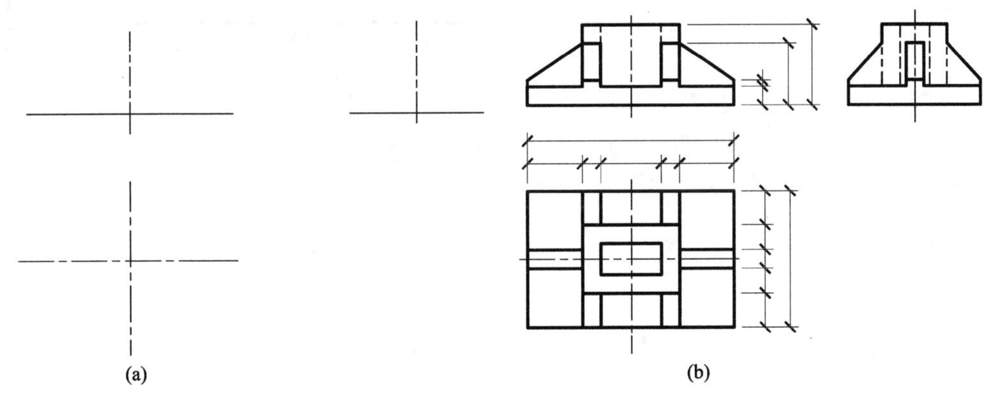

图 2－30　组合体草图

②画投影图。将组成形体的三部分分别按顺序画出其投影,每个基本体要先画出反映底面实形的投影,如图 2－30(b)所示。必须注意,建筑物或构件形体,实际上是一个不可分割的整体,形体分析仅是一种假想的分析方法,因此画图时要准确反映它们的相互位置并考虑结合处的情况。

③读图复核,加深图线。一是复核有无漏线和多余的线条,用形体分析法检查每个基本体是否表达清楚,相对位置是否正确,交接关系处理是否得当;二是提高读图能力,不对照直观图或实物,根据草图仔细阅读、想象立体的形状,然后再与实物比较,坚持画、读结合,就能不断提高识图能力。

检查无误后，按各类线型要求加深图线。

(4)用仪器画图

草图复核无误后，根据草图用仪器绘制图形，如图 2－31 所示。

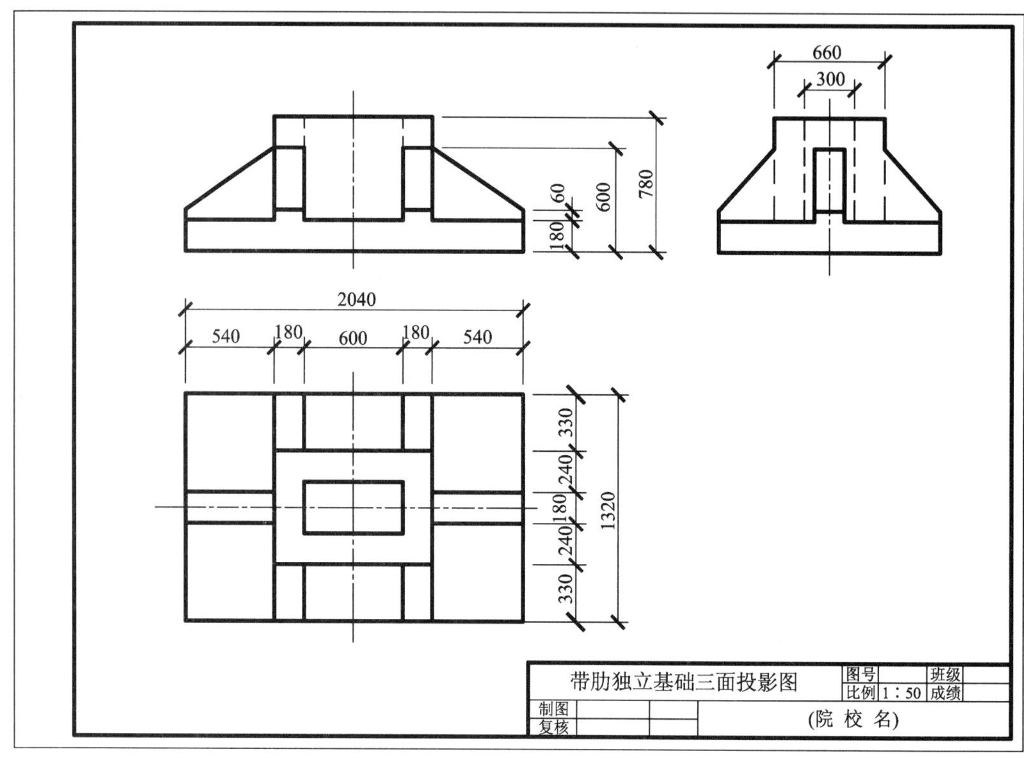

图 2－31　组合体仪器图

①选择比例和图幅；

②布图，确定基准线；

③画投影图底稿；

④检查并加深图线；

⑤标注尺寸；

⑥填写标题栏。

用仪器画图要求布图均匀合理，投影关系正确，尺寸标注齐全，图面整洁，字体、线型符合国家标准。

3. 组合体尺寸标注

在工程图中，除了用投影图表达形体的形状和形体各部分的相互关系外，还必须标注出形体的实际尺寸和各组成部分的相对位置。

(1)尺寸的分类

根据形体分析法，任何建筑形体都可以看做是基本形体的组合。按形体分析法来标注建筑形体的尺寸，其尺寸可分成三类：

①定形尺寸——确定组合体各组成部分形状大小的尺寸；

②定位尺寸——确定各基本体在组合体中的相对位置的尺寸；

③总体尺寸——表示组合体的总长、总宽和总高的尺寸。

(2)尺寸基准

标注组合体的定位尺寸必须确定尺寸基准，即标注尺寸的起点。组合体需要有长、宽、高三个方向的尺寸基准，才能确定各组成部分的左右、前后、上下关系。组合体通常以其底面、端面、对称平面、回转体的轴线和圆的中心线作尺寸基准，如图 2 - 31 所示。

(3)标注尺寸顺序

由于组合体是由一些基本体通过叠加、切割等方式形成的，因此，标注组合体尺寸应遵循先标注各基本体的定形尺寸、再标注各基本体之间的定位尺寸、最后再标注组合体的总体尺寸的顺序。

组合体尺寸标注如图 2 - 32 所示。

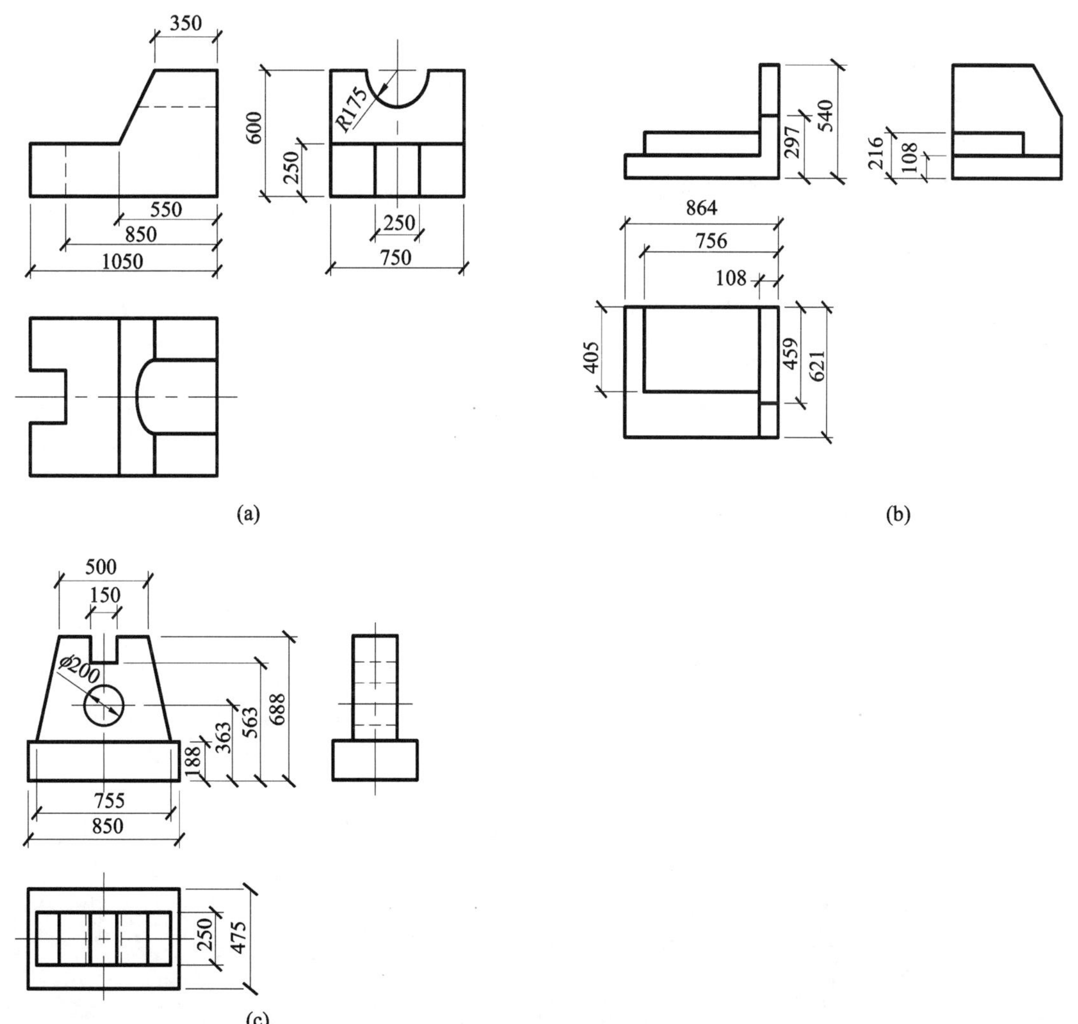

图 2 - 32　组合体尺寸标注

(4)注意事项

①尺寸标注要求完善、清晰、易读；

②各基本体的定形、定位尺寸，宜注在反映该物体形状、位置特征的投影上，且尽量集中排列；

③尺寸一般注在图形之外和两投影之间，便于读图；

④以形体分析为基础，逐个标注各组成部分的定形、定位尺寸，不能遗漏。

任务五　绘制拱门轴测投影图

一、任务提出

拱门三面投影图如图 2 -33 所示，在 A4 图纸上绘制拱门适合的轴测图。

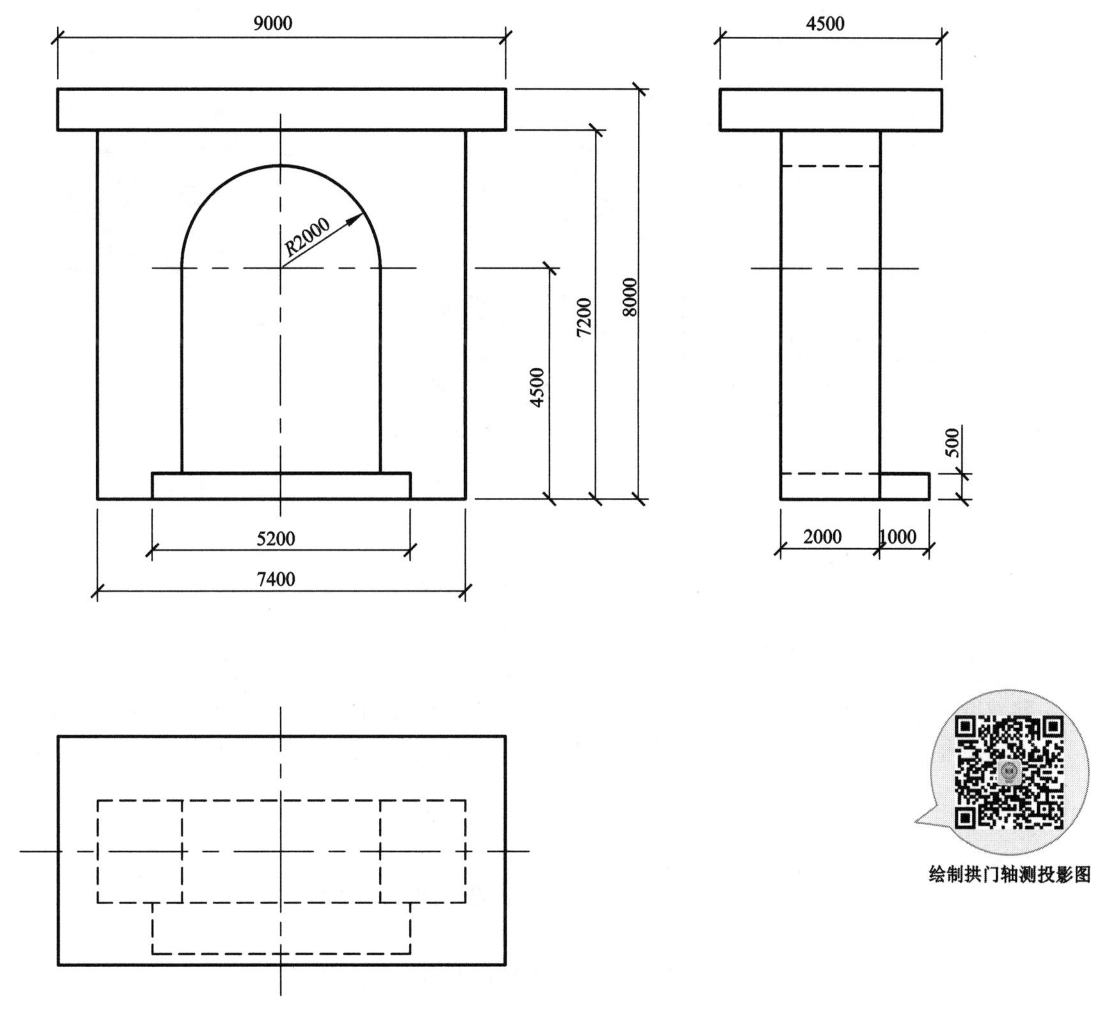

图 2 -33　拱门三面投影图

二、任务分析

如图 2 -33 所示的拱门，可以看做是几个棱柱体的叠加，然后再挖去了一个圆拱。要画该形体的轴测投影图，就要掌握轴测图的投影原理和轴测图的绘制方法。

三、必备知识和技能

1. 轴测图的基本概念

(1)轴测图的形成

如图2－34所示，将形体连同确定形体长、宽、高方向的空间坐标轴一起沿S方向，用平行投影法向P面进行投影称轴测投影，应用这种方法绘出的投影图称轴测投影图，简称轴测图。

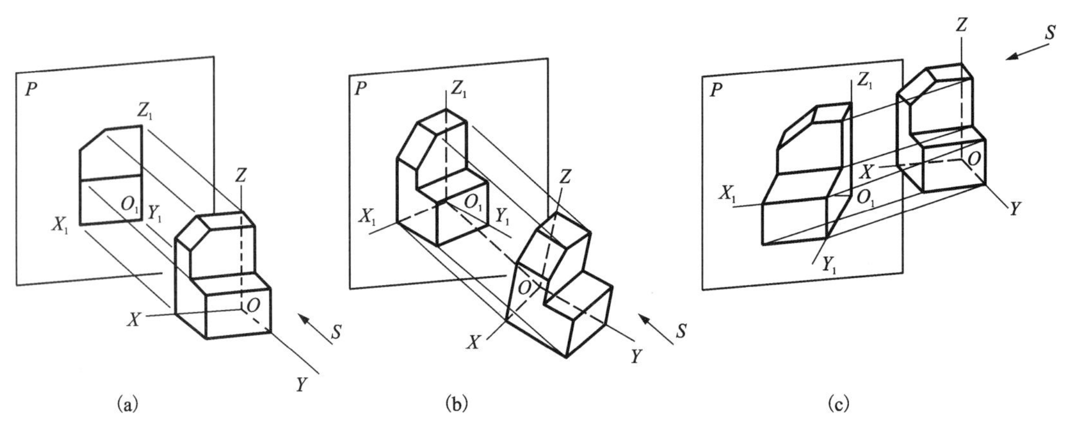

图2－34　轴测图的形成

图2－34(b)、(c)中，P面称轴测投影面，空间坐标轴OX，OY，OZ在轴测投影面上的投影O_1X_1、O_1Y_1、O_1Z_1称轴测投影轴(轴测轴)，轴测轴之间的夹角$\angle X_1O_1Y_1$、$\angle X_1O_1Z_1$、$\angle Y_1O_1Z_1$称轴间角，平行于空间坐标轴的线段，其轴测投影长度与实际长度之比称轴向变化率。

$$\frac{O_1X_1}{OX}=p$$　　X轴的轴向变化系数

$$\frac{O_1Y_1}{OY}=q$$　　Y轴的轴向变化系数

$$\frac{O_1Z_1}{OZ}=r$$　　Z轴的轴向变化系数

(2)轴测图的种类

①如图2－34(b)所示，将形体放斜，使立体上互相垂直的三个棱均与P面倾斜，用垂直于P面的S方向进行投影，称正等轴测图；

②如图2－34(c)所示，当形体上坐标面如XOZ与P面平行，用倾斜于P面的S方向进行投影，称斜轴测图。

常用的轴测图有正等测图和斜二测图。

(3)轴测投影的特点

由于轴测投影采用的是平行投影法，所以它具有平行投影的基本性质：

①平行性。形体上相互平行的线段，其轴测投影仍互相平行；与空间坐标轴平行的线段，其轴测投影与相应的轴测轴平行；

②定比性。形体上平行于坐标轴的线段，其轴测投影的变化率与相应轴测轴的轴向变化率相同，形体上成比例的平行线段，其轴测投影仍成相同比例。

由轴测投影的定比性可知，凡与 OX、OY、OZ 坐标轴平行的线段，其轴测投影不但与相应的轴测轴平行，且可直接度量尺寸，与坐标轴不平行的线段，则不能直接量取尺寸。

2. 正等测图

当形体的三个坐标轴与轴测投影面的倾角相等时，投影得到的轴测图称为正等轴测投影图，简称正等测图，如图 2－35 所示。

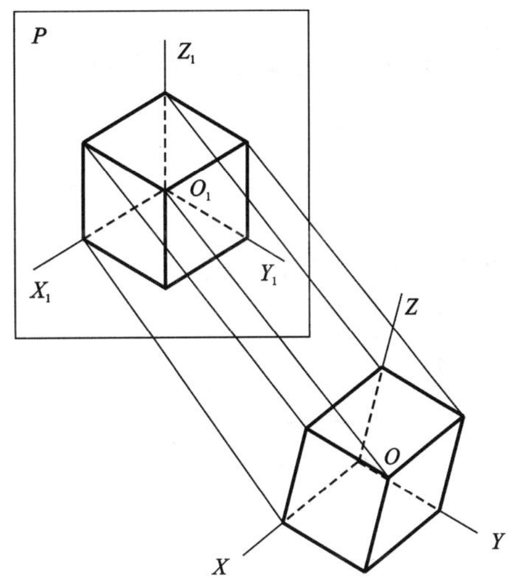

图 2－35　正等测图的形成

(1)轴间角及轴向变化率

①轴间角。

正等测图的轴间角 $\angle X_1O_1Y_1 = \angle X_1O_1Z_1 = \angle Y_1O_1Z_1 = 120°$，$O_1Z_1$ 一般画成竖直方向，如图 2－36 所示，O_1X_1 轴和 O_1Y_1 轴可用 30°三角板很方便地作出。

②轴向变化率。

经计算可知：$p = q = r \approx 0.82$。画图时，应按这个系数将形体的长、宽、高尺寸缩短，但为了简化作图，在实际作图时取其实长，$p = q = r = 1$ 称简化的轴向变化率。用此法画出的图，三个轴向尺寸都相应放大了 1/0.82 = 1.22 倍，这样作图其形状未变而方法简便。

(2)平面体正等测图的画法

画平面体轴测图的基本方法是坐标法，根据平面体各角点的坐标值确定形体上各特征点轴测投影，然后依次连接，即得到平面体的轴测图。

①棱柱的正等测图。

四棱柱的正等测图，其作图方法与步骤如图 2－37 所示。

从图 2－37 可知：轴测图上的各点一般由三条线相交而得，而各个交角是由三个面构成，

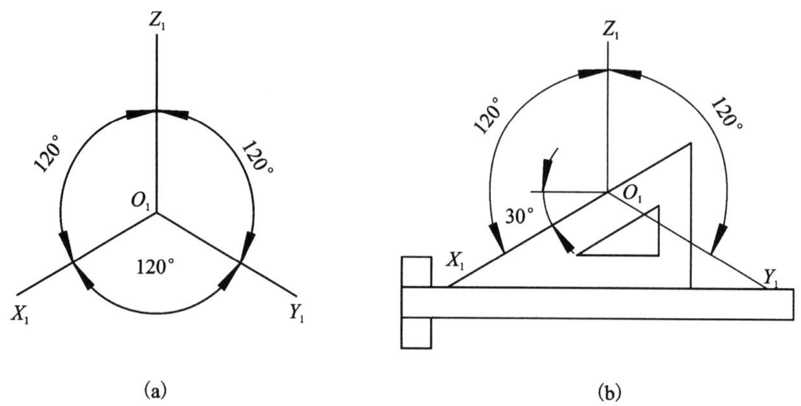

图 2-36　正等测图的轴间角及绘制

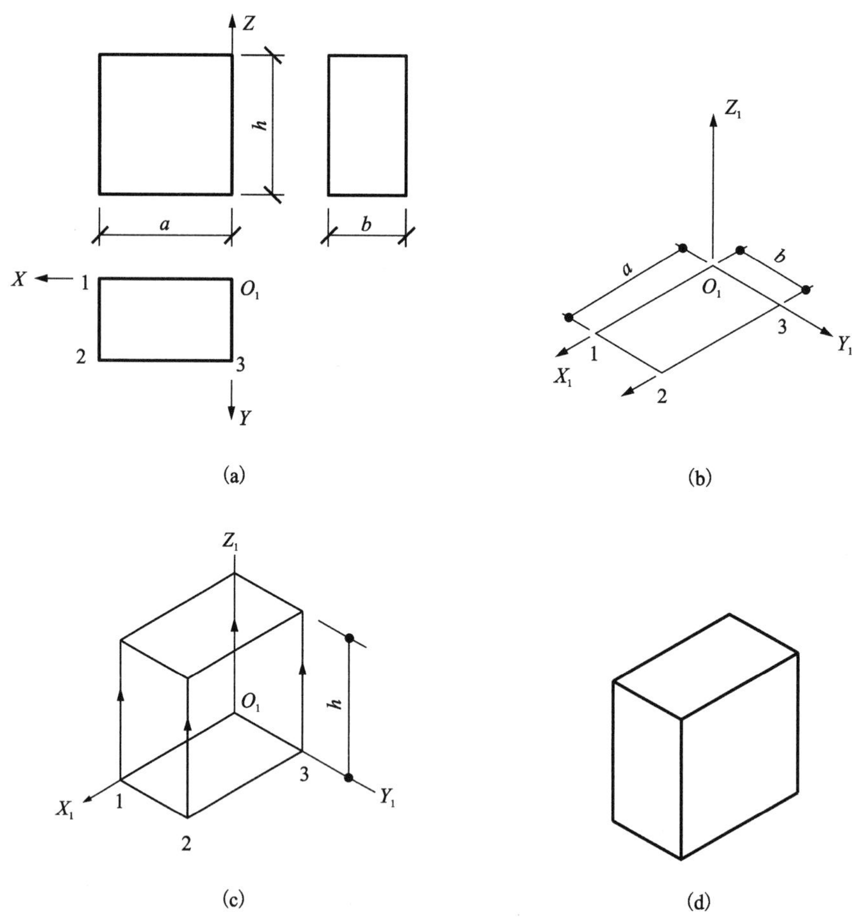

图 2-37　四棱柱的正等测图

掌握此特点，对作轴测图是有益的；为了使轴测图更直观，图中虚线一般不画。

②棱锥的正等测图。

正五棱锥正等测图的作图方法与步骤如图 2 - 38 所示。

先在正五棱锥的投影图上确定坐标轴，取其底面中心点为坐标原点，如图 2 - 38(a)所示；

根据正五边形底面的五个角点 1、2、3、4、5 各自的坐标或尺寸画出底面的正等测图，如图 2 - 38(b)所示；

根据锥顶 S 点与底面中心 O 点连线是铅垂线且与 O_1Z_1 轴重合，量取锥高尺寸定出 S 点，连接 S 点与底面五个角点的连线，得到正五棱锥的五根侧棱线的正等测图，如图 2 - 38(c)所示；

擦除按投影方向的所有不可见轮廓线和辅助线，加深可见轮廓线，即成正五棱锥的正等测图，如图 2 - 38(d)所示。

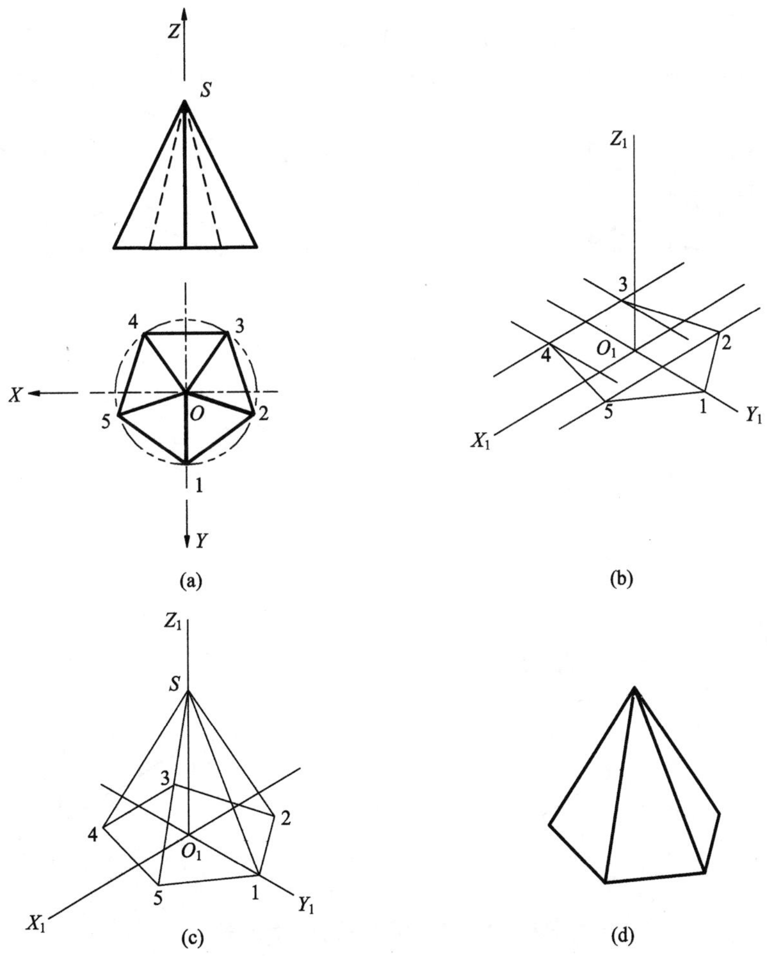

图 2 - 38　正五棱锥的正等测图

③棱台的正等测图。

四棱台的正等测图的作图方法与步骤如图 2－39 所示。

坐标原点选在台体下底面中心，如图 2－39(a)所示；

画棱台下底面矩形的正等测图，如图 2－39(b)所示；

自 O_1 沿 O_1Z_1 轴量取台高 h，定出顶面中心 O_2，作 $O_2X_2//O_1X_1$，$O_2Y_2//O_1Y_1$，得到移心后的新坐标系 $O_2X_2Y_2Z_1$，再在新坐标系中作出顶面矩形的正等测图，如图 2－39(b)所示；

连接四条侧棱线得到棱台的正等测图，如图 2－39(c)；

擦除按投影方向的所有不可见轮廓线和辅助线，加深可见轮廓线，如图 2－39(d)所示。

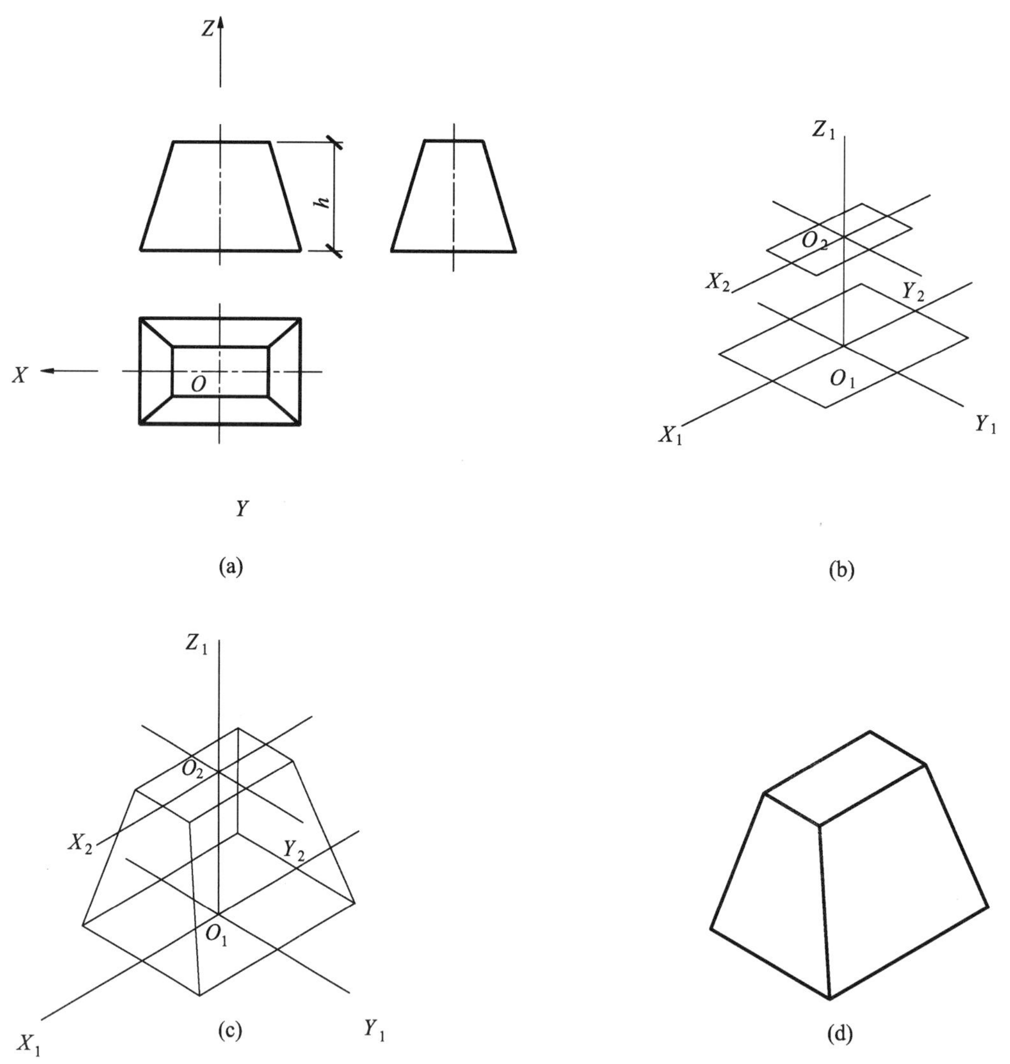

图 2－39　矩形四棱台的正等测图

(3)曲面体正等测图的画法

①圆的正等测图。

与投影面平行的圆或圆弧，其正等测图是椭圆或椭圆弧。由于三个坐标平面与轴测投影面倾角相等，因此，三个坐标面上的椭圆作法相同。工程上常用四心近似画法(又称辅助菱形法)作圆的轴测图。现以水平圆为例，其作图方法与步骤如图 2－40 所示。

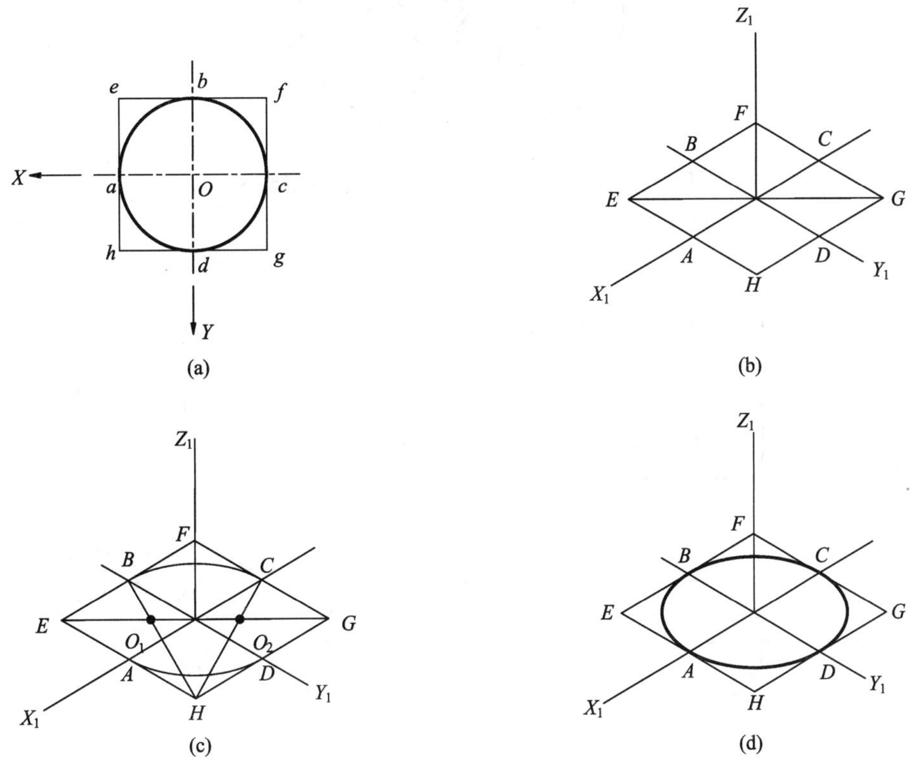

图 2－40　辅助菱形法作水平圆的正等测图

(a)取圆的外切正方形 *efgh*，与圆切于 *a*、*b*、*c*、*d* 四点；(b)作外切正方形的正等测图(菱形)；

(c)连接 *HB*、*HC* 交菱形长对角线于 O_1、O_2 点，以 *H*、*F* 为圆心，*HB* 为半径画大弧 $\overset{\frown}{BC}$、$\overset{\frown}{AD}$；

(d)以 O_1、O_2 为圆心，O_1A 为半径画小弧 $\overset{\frown}{AB}$、$\overset{\frown}{CD}$，则四段圆弧构成近似椭圆

图 2－41 所示为底面平行于 *H*、*V*、*W* 三个投影面的圆的正等测图。椭圆的长轴在菱形的长对角线上，而短轴在菱形的短对角线上。注意，如果形体上的圆不平行于坐标面，则不能用辅助菱形法作正等测图。

②圆柱的正等测图。

由图 2－42(a)可知，圆柱的轴线是铅垂线，上、下底面是水平面，即圆面位于 *XOY* 坐标面内，取上底圆心为原点，根据圆柱的直径和高度，完成圆柱的正等测图。其作图方法与步骤如图 2－42 所示。

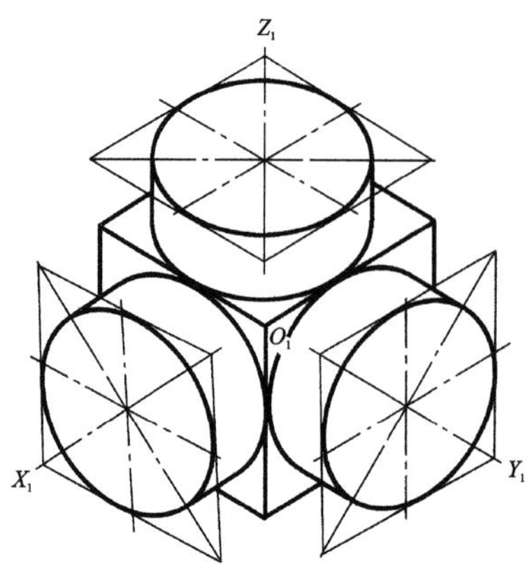

图 2 -41　平行于三个坐标面的圆的正等测图

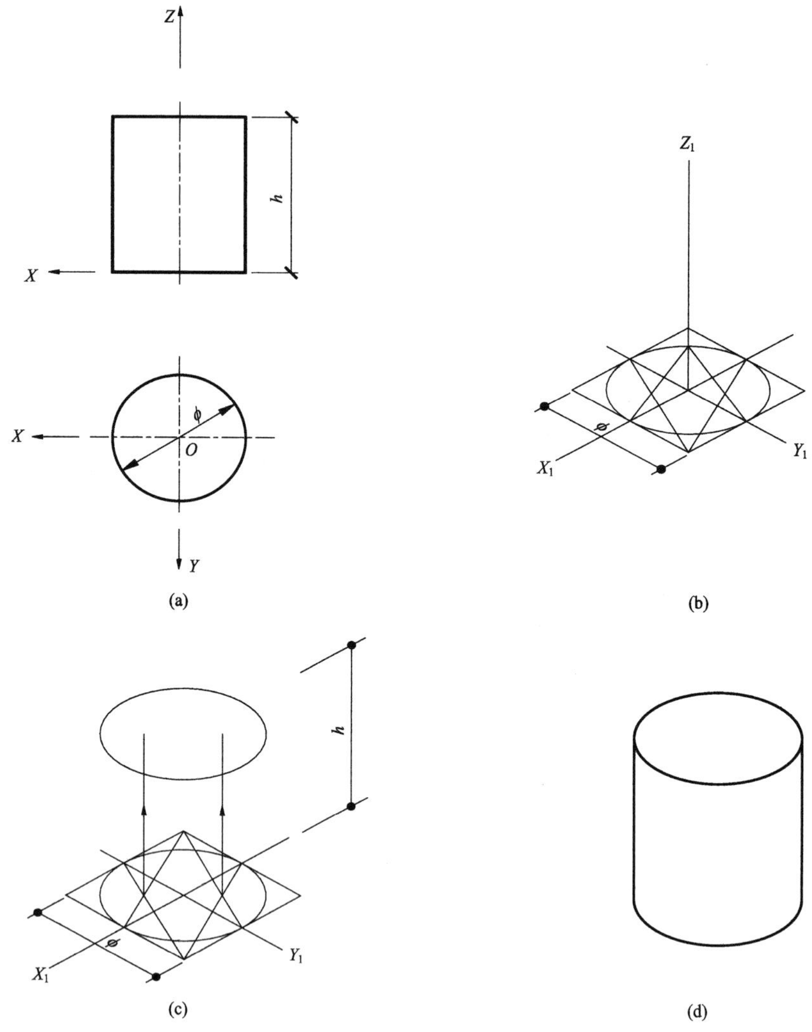

图 2 -42　平移法画圆柱的正等测图

(a)选坐标轴，过圆柱下底面圆心作 X、Y、Z 轴；(b)根据圆柱直径画出下底面椭圆；(c)平移法画出上底面椭圆；(d)作两椭圆的外公切线，擦除不可见线，整理加深

(4)组合体正等测图的画法

画组合体的轴测图，需根据组合体的形状特点、组合形式，选择合适的作图方法。一般有叠加和挖切方法。因此，在画组合体正等测图之前，先应通过形体分析，了解组合体各组成部分的相对位置和组合方式，然后根据其相互位置关系，按照从大到小、从总体轮廓到局部细节的顺序，逐个作出其正等测图，最后处理好交线、整理加深即可。

①叠加法。

当组合体是由若干基本体叠加而成时，作图方法适用叠加法。

【例 2－2】　画出组合体的正等测图，如图 2－43 所示。

分析：由组合体已知的三面投影图可知，该组合体由三个基本体叠加而成，所以适用叠加法完成其正等测图。

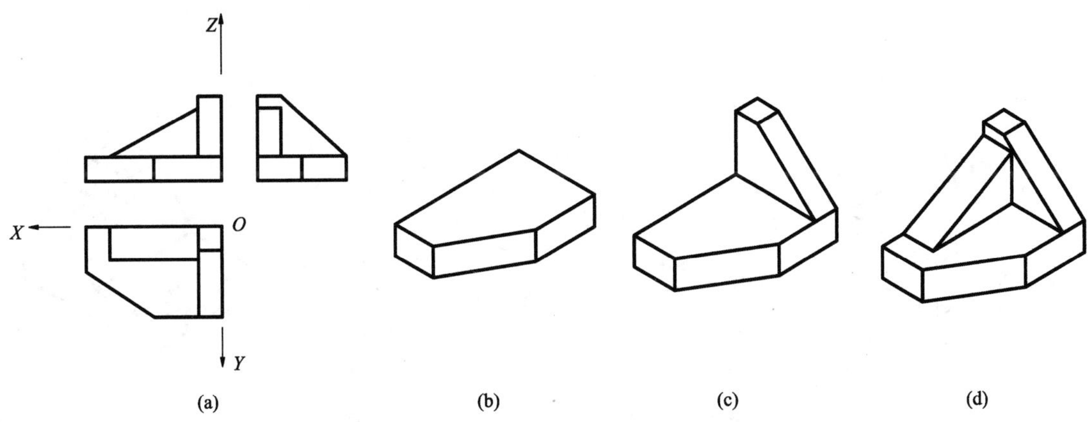

图 2－43　叠加法画组合体的正等测图

(a)选坐标轴，过底板右后下端点作 X、Y、Z 轴；(b)作五棱柱底板的正等测图；
(c)在底板右上方画出梯形四棱柱立板的正等测图；(d)画出底板后上方三棱柱支撑板的正等测图，擦除不可见线

②挖切法。

当组合体是由基本体切割而成时，先画出成型前基本体的轴测图，然后按其截平面的位置，逐个切去多余部分，处理好交线，完成组合体的轴测图。

【例 2－3】　画出组合体的正等测图，如图 2－44 所示。

分析：由组合体已知的三面投影图可知，该组合体是四棱柱由八个截平面经三次切割而形成，所以适用挖切法完成其正等测图。

有时，一个组合体是由几种形式组合而成。在这种情况下，可根据上述两种画组合体轴测图的方法综合运用来作图。

综上，正等测图作图方便，易于度量，尤其是柱类形体和两个、三个坐标平行面上均带有圆形结构者更宜采用。

3．斜轴测图

立体主要面与轴测投影面平行，而使投影方向倾斜于投影面，如图 2－45 所示，即得到斜轴测投影图，简称斜轴测图。

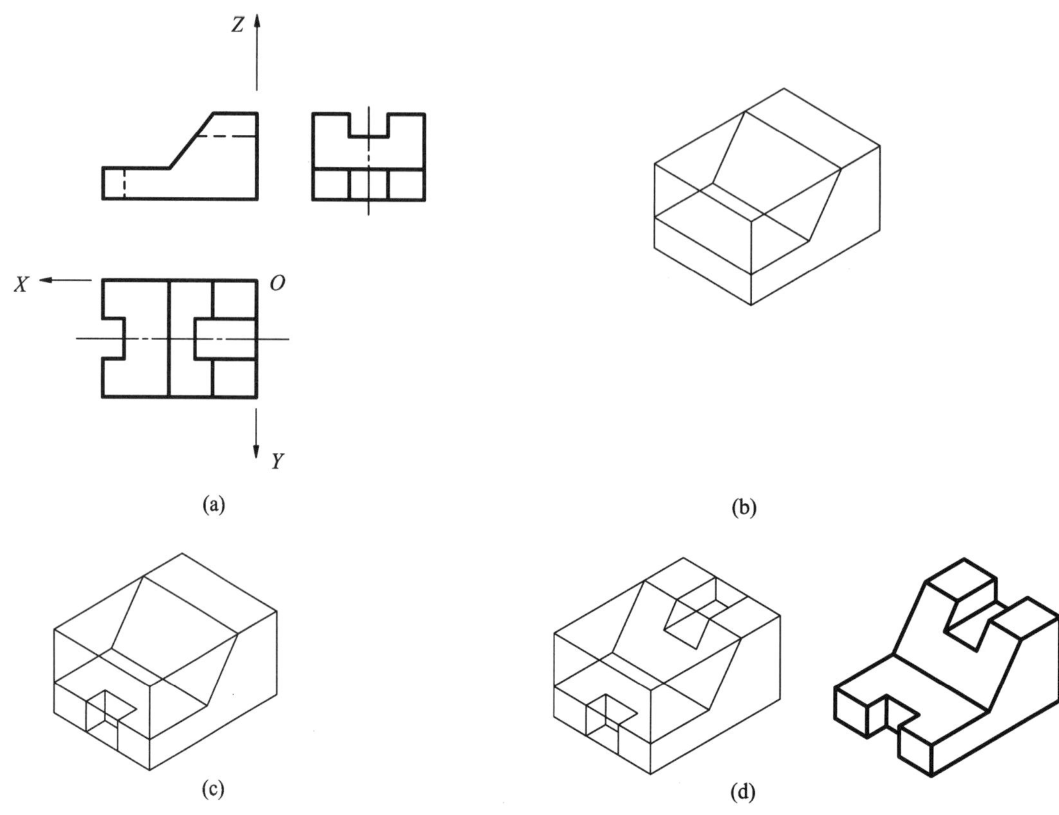

图 2-44 挖切法画组合体的正等测图

(a)选坐标轴，过底板右后下端点作 X、Y、Z 轴；(b)作长方体主体的正等测图，切去左上角；(c)画出底板开口；(d)画出立板切槽，擦除不可见线，整理加深

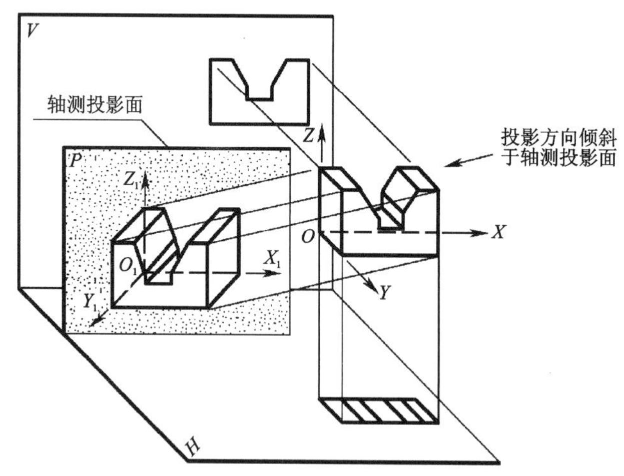

图 2-45 斜轴测图的形成

(1)轴间角及轴向变化率

斜轴测图的轴间角$\angle X_1O_1Z_1=90°$，轴向变化率$p=r=1$。又因投影方向可为多种，故Y轴的投影方向和变化率也有多种。为了作图简便，常取O_1Y_1轴与水平线成45°。正面斜轴测图的轴间角和轴向变化率：若取$q=1$时，作出的轴测图称正面斜等轴测图(简称斜等测图)，如图2－46所示；若取$q=1/2$时，作出的轴测图称正面斜二轴测图(简称斜二测图)，如图2－47所示。斜轴测图能反映正面实形，作图简便，直观性较强，因此用得较多。

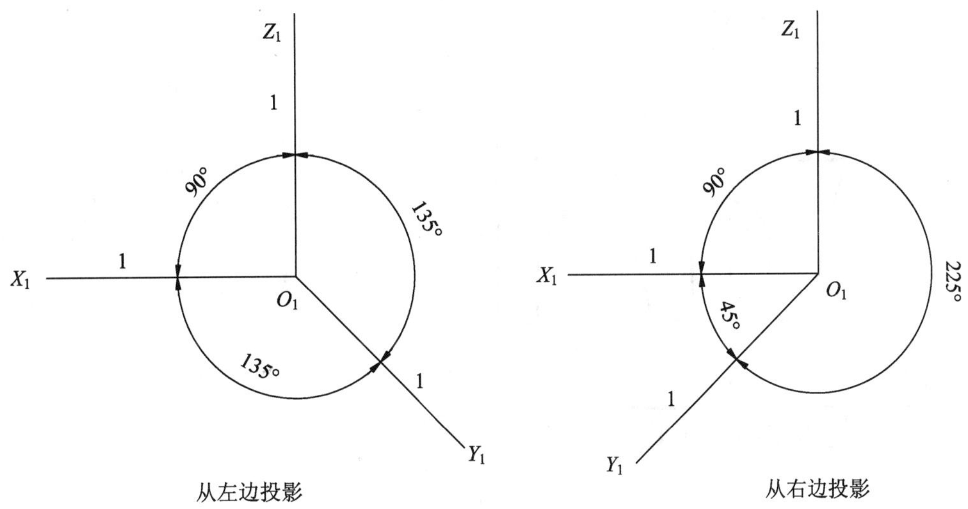

图2－46　斜等测图的轴间角、轴向变化率

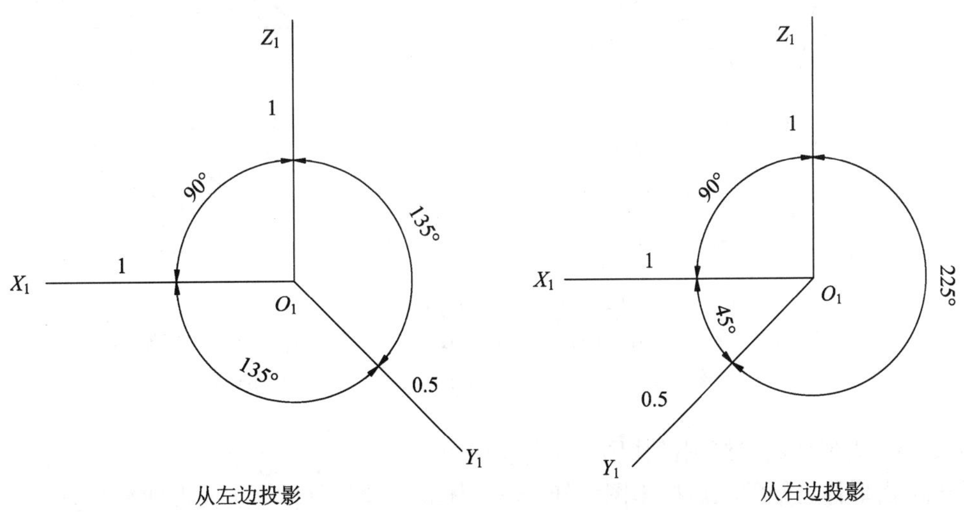

图2－47　斜二测图的轴间角、轴向变化系数

(2) 正面斜等轴测图的画法

图 2－48 为门洞斜等测图的作图方法与步骤。

分析：由形体已知的三面投影图可知，该形体总体是呈棱柱状，正面形状最为复杂，可先在 XOZ 面画出（即抄绘出）正面形状，然后每个角点沿 O_1Y_1 轴平移一个棱柱的棱长尺寸，连接各点，擦除不可见线即可。

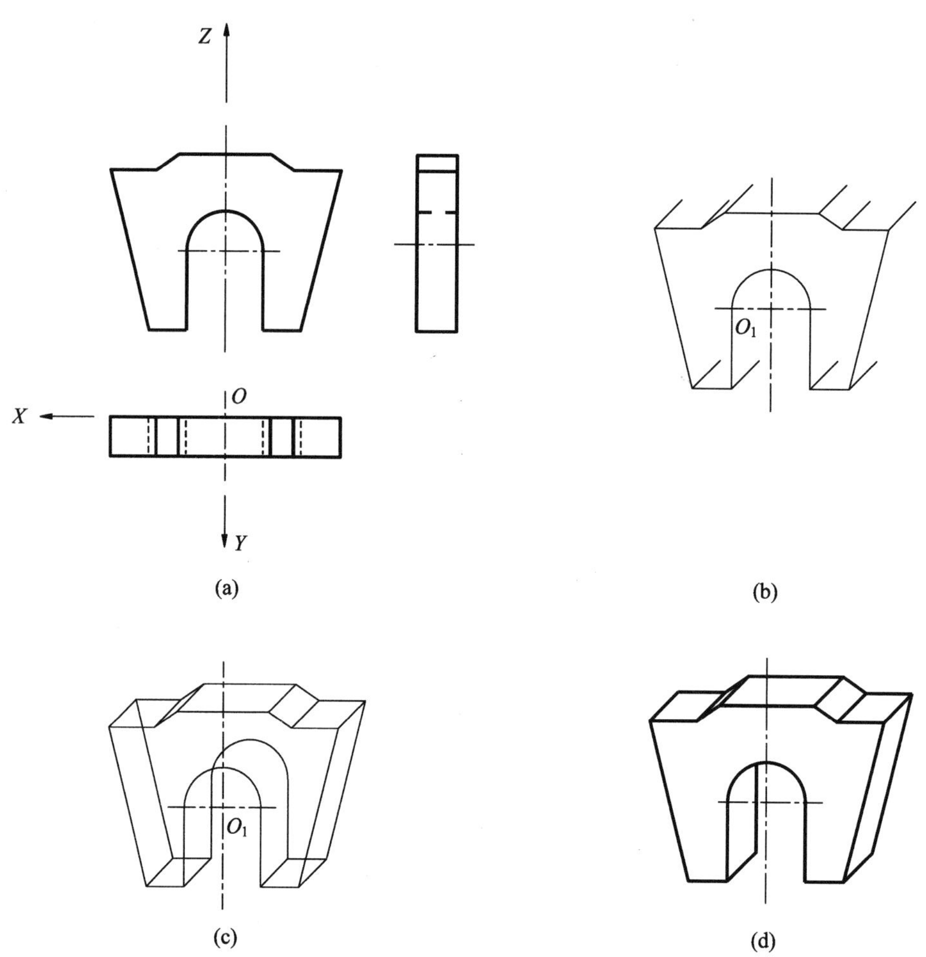

图 2－48　门洞的斜等测图

（a）过门洞圆心作 X、Y、Z 轴；（b）作门洞的正面图形，沿 O_1Y_1 轴平移画出后立面各角点；（c）连接后立面图形各角点；（d）擦除不可见线，整理加深

图 2－49 为形体斜二测图的作图方法与步骤。

分析：由形体已知的三面投影图可知，该形体总体是呈柱状，正面形状最为复杂，可先在 XOZ 面画出（即抄绘出）正面形状，然后每个角点及圆心沿 O_1Y_1 轴平移一个棱长尺寸，连接各点，擦除不可见线即可。

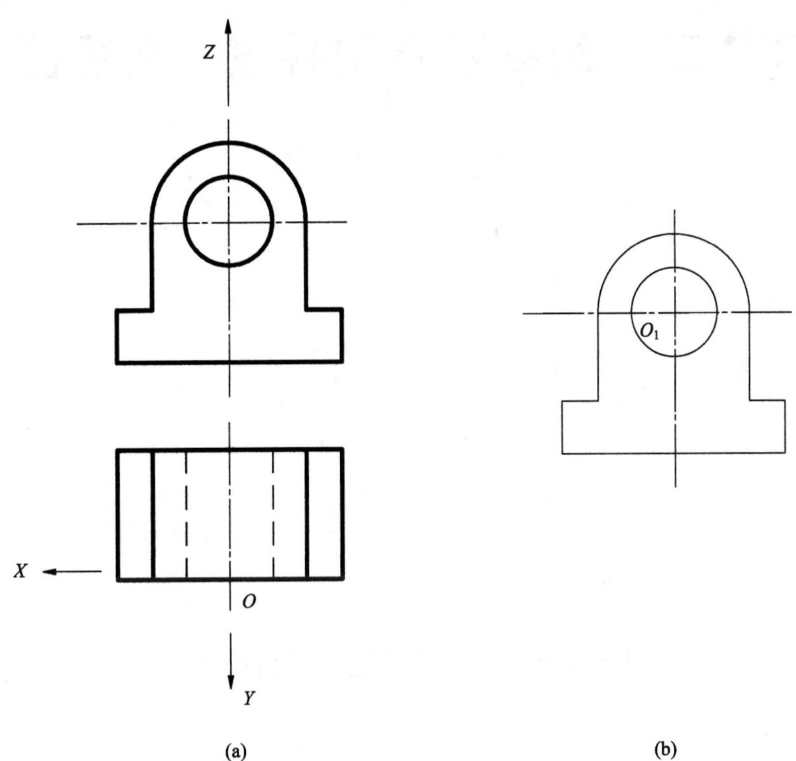

(a)　　(b)

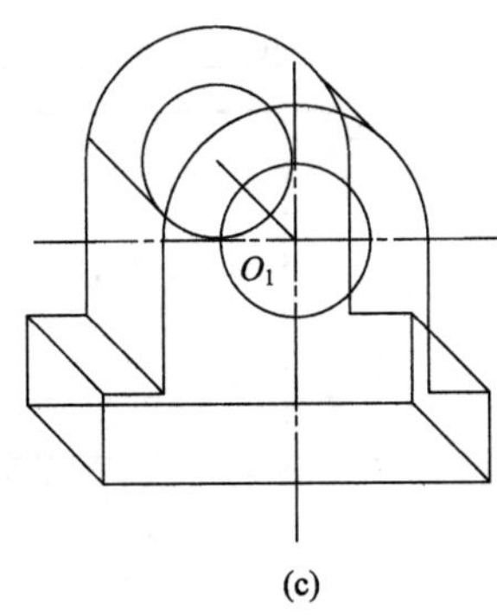

(c)

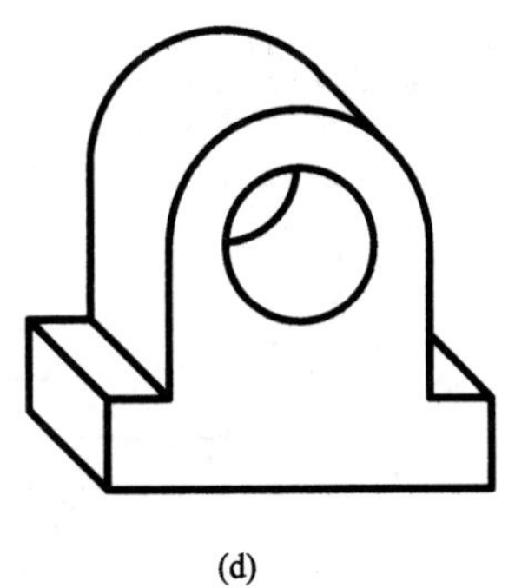

(d)

图 2－49　形体的斜二测图

(a)选坐标轴，过形体前下棱线中点作 X、Y、Z 轴；(b)作形体的正面图形；(c)沿 O_1Y_1 轴平移半个棱长，画出后立面图形各角点及圆形；(d)连接后立面图形各角点，擦除不可见线，整理加深

模块三　绘制建筑构件剖、断面图

【知识目标】

- 了解剖面图和断面图的基本概念和分类
- 理解并掌握剖面图和断面图绘制的基本规定
- 理解形体剖面图、断面图与剖切符号的关系
- 理解剖面图和断面图的区别
- 掌握剖面图和断面图绘制方法

【能力目标】

- 能根据建筑形体三面投影图正确识读出形体
- 能根据建筑形体特征合理选择剖切位置和剖面图、断面图类型
- 能正确绘制建筑形体的剖面图、断面图

任务一　绘制检查井剖面图

一、任务提出

识读如图 3－1 所示检查井三面投影图，在 A3 图纸上按 1∶1 比例绘制检查井的水平面投影图、正立面全剖面图和侧立面半剖面图。要求在水平面投影图上正确标注剖切符号并编

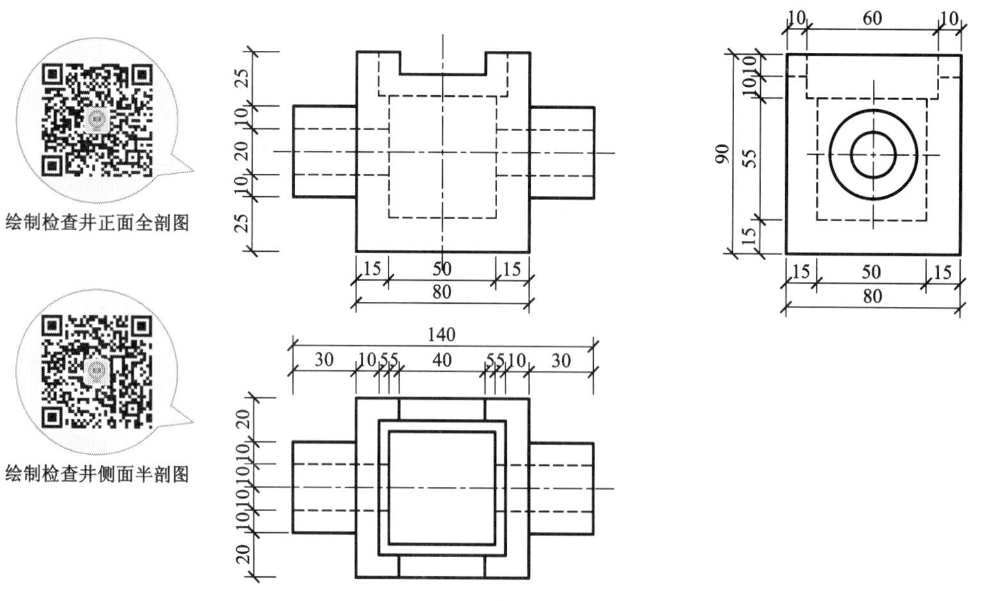

图 3－1　检查井三视图

号，合理进行图纸布局并标注尺寸。

二、任务分析

如图 3 -1 所示，该检查井为一结构复杂的混合式组合体，绘制该检查井剖面图，首先，要进行组合体投影图分析，能根据三面投影图识读出形体；其次，必须了解剖面图的概念，采取合理的剖切方式；然后，必须掌握形体剖面图的标注方式、剖面图的绘制方法和表达规则，能在投影图上正确标注剖切符号，熟练应用制图标准绘制出形体剖面图。

三、必备知识和技能

1. 剖面图的作用

绘制工程形体三面投影图，可见部分用实线表示，内部的不可见部分用虚线表示，遇到内部构造比较复杂的工程构件，视图中就会出现较多的虚线，甚至虚、实线相互重叠或交叉，使图形线条错综复杂不便于识读，也不便于标注尺寸。而且在土建工程中，通常还要表达出构件所采用的材料，为此国家制图标准规定可以采用剖面图来表达。

2. 剖面图的形成

用假想剖切面将形体剖开，将位于观察者和剖切面之间的部分移去，将剩余部分向投影面作正投影，被剖切面切到部分的轮廓线用 0.7b 中粗实线绘制，未剖切到但沿投影方向可以看到的部分用 0.5b 中实线绘制，所得到的视图称为剖面图。原来不可见的内部构造就能在剖面图中显示出来。作剖面图时，一般使剖切平面平行于基本投影面，从而使断面的投影反映实形。

如图 3 -2 所示为一台阶的剖切示意图。侧面投影图中，由于踏步被侧面栏板遮住而不可见，所以在侧面投影图中要画成虚线，如图 3 -2(a)所示。现假想用一侧平面作为剖切平面，把台阶沿着踏步剖开，如图 3 -2(b)所示，移去观察者和剖切平面之间的那部分台阶，如图 3 -2(c)所示，然后作出台阶剩下部分的投影，则得到如图 3 -2(a)所示的 1—1 剖面图。

3. 剖面图的标注

为便于识读、查找剖面图与其他图样之间的对应关系，剖面图应标注如下内容，如图 3 -2(a)所示的符号。

(1) 剖切位置线

剖切平面为投影面平行面，与之垂直的投影面上的投影则积聚成一直线，此直线表示剖切位置，称为剖切位置线，简称剖切线。投影图中用断开的一对短粗实线(线宽宜为 b)表示，长度为 6 ~ 10 mm，并且不应与其他图线相接触。

(2) 剖视方向线

为表明剖切后剩余形体的投影方向，在剖切线两端的同侧用粗实线(线宽宜为 b)绘制剖视方向线。剖视方向线应垂直于剖切位置线，长度应短于剖切位置线，宜为 4 ~6 mm，不应与其他图线相接触。

(3) 剖切编号

为了区分清楚，对每一次剖切都要进行编号。制图标准规定，编号宜用粗阿拉伯数字(如图 3 -2 中 1—1)表示，并应注写在剖视方向线端部，并在所得相应的剖面图的下方居中写上对应的剖切编号作为剖面图图名。对同一形体进行多次剖切，剖切编号按剖切顺序由左至右、由下向上连续编排。

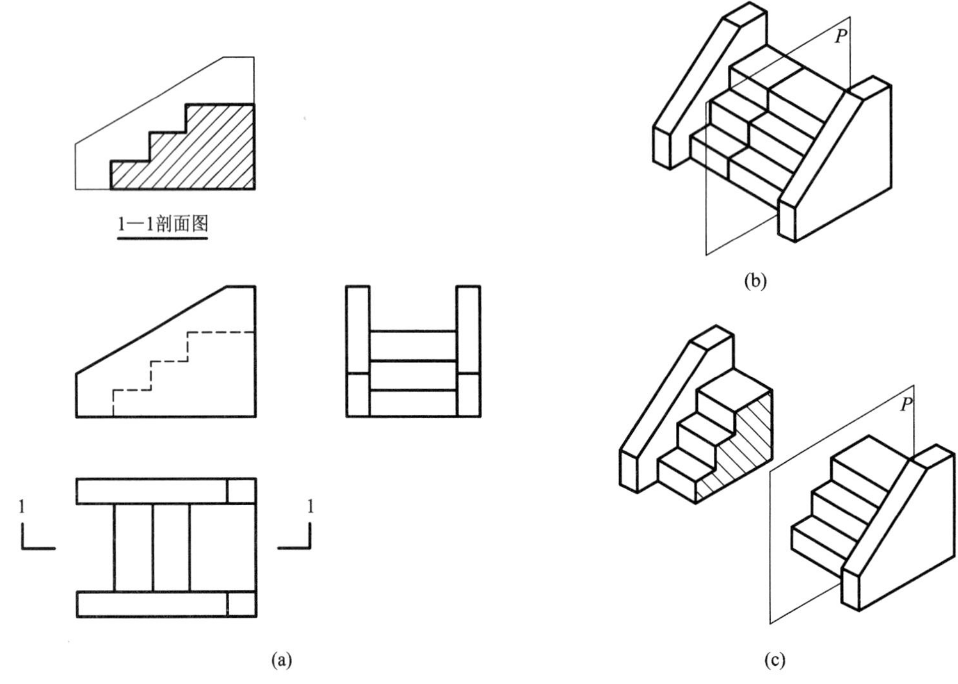

图 3－2　剖切示意图

(a)三视图以及正立面剖面图；(b)剖切轴测图；(c)剖切示意图

4. 剖面图的画法

①作剖面图就是作物体被剖切后的正投影图，分析剖切平面所切到的内部构造之后画出剖面图。一般情况下剖面图就是将原来未剖切之前的投影图中的虚线改成实线，去掉不可见外轮廓线，再在断面上画出材料图例即可，如图 3－2(a)图中所示。

②材料图例。常用建筑材料图例如表 3－1 所示。剖面图中包含了形体的断面，在断面图上必须画上表示建筑材料的图例；如果没有指明材料，可在断面处画上间距相等的 45°细实线(相当于砖的材料图例)表示，称为剖面线，如图 3－3(a)所示。当一个形体有多个断面时，所有剖面线的方向应一致，间距均应相等。常用建筑材料图例见表 3－1。

由不同材料组成的同一物体，剖开后，在相应的断面上应画不同的材料图例，并用粗实线将处在同一平面上的两种材料图例隔开，如图 3－3(b)所示。

物体剖开后，当断面的范围很小时，材料图例可涂黑表示，在两个相邻断面的涂黑图例间，应留有空隙，其宽度不得小于 0.5 mm，如图 3－3(c)所示。

在钢筋混凝土构件详图中，当剖面图主要用于表达钢筋分布时，构件被切开部分，不画材料符号，而改画钢筋(相当于将混凝土材料视为透明，可直接看到钢筋)。

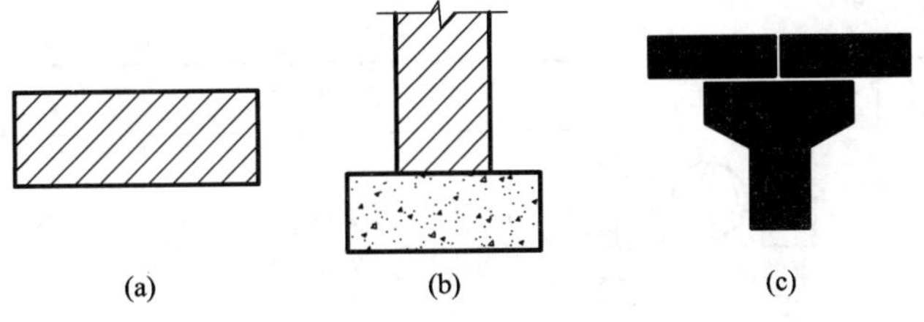

图 3－3　图例画法示意

表 3－1　常用建筑材料图例

序号	名称	图例	备注
1	自然土壤		包括各种自然土壤
2	夯实土壤		—
3	砂、灰土		—
4	砂砾石、碎砖三合土		—
5	石　材		—
6	毛　石		—
7	普通砖		包括实心砖、多孔砖、砌块等砌体。断面较窄不易绘出图例线时，可涂红，并在图纸备注中加注说明，画出该材料图例
8	耐火砖		包括耐酸砖等砌体
9	空心砖		指非承重砖砌体
10	饰面砖		包括铺地砖、马赛克、陶瓷锦砖、人造大理石等
11	焦渣、矿渣		包括与水泥、石灰等混合而成的材料
12	混凝土		1. 本图例指能承重的混凝土及钢筋混凝土 2. 包括各种强度等级、骨料、添加剂的混凝土 3. 在剖面图上画出钢筋时，不画图例线 4. 断面图形小，不易画出图例线时，可涂黑
13	钢筋混凝土		
14	多孔材料		包括水泥珍珠岩、沥青珍珠岩、泡沫混凝土、非承重加气混凝土、软木、蛭石制品等
15	纤维材料		包括矿棉、岩棉、玻璃棉、麻丝、木丝板、纤维板等
16	泡沫塑料材料		包括聚苯乙烯、聚乙烯、聚氨酯等多孔聚合物类材料

续表 3－1

序号	名称	图例	备注
17	木　材		1. 上图为横断面，上左图为垫木、木砖或木龙骨 2. 下图为纵断面
18	胶合板		应注明为×层胶合板
19	石膏板		包括圆孔、方孔石膏板、防水石膏板、硅钙板、防火板等
20	金　属		1. 包括各种金属 2. 图形小时，可涂黑
21	网状材料		1. 包括金属、塑料网状材料 2. 应注明具体材料名称
22	液　体		应注明具体液体名称
23	玻　璃		包括平板玻璃、磨砂玻璃、夹丝玻璃、钢化玻璃、中空玻璃、夹层玻璃、镀膜玻璃等
24	橡　胶		—
25	塑　料		包括各种软、硬塑料及有机玻璃等
26	防水材料		构造层次多或比例大时，采用上图例

注：序号 1、2、5、7、8、13、14、16、17、18 图例中的斜线、短斜线、交叉斜线等均为 45°。

5. 画剖面图时应注意的几个问题

①剖切平面的选择：一般选择投影面平行面进行剖切，这样在剖面图中能反映截断面的实形，且剖面图与各投影图仍能保持正投影应有的对应关系，各视图之间仍满足“长对正、高平齐、宽相等”的投影规律。

②剖切是假想的：除剖面图是剩余“体”的正投影，物体的其他面投影不受剖切的影响，仍然按完整的物体来考虑。若同一个物体需要进行两次以上剖切，在每次剖切前，都应按整个物体进行考虑，不同的剖切之间不相互影响。

③线宽的确定：被剖切面切到部分的轮廓线用 $0.7b$ 线宽的实线绘制，剖切面没有切到但沿投影方向可以看到的部分，用 $0.5b$ 线宽的实线绘制。

④剖面图中不可见的虚线，当配合其他图形能够表达清楚时，一般省略不画。没有表达清楚的部分，必要时可画出虚线。

6. 全剖和半剖

(1) 全剖面图

用一个假想的剖切平面将形体全部剖开所画出的剖面图即为全剖面图，如图 3－2 所示，主要用于外形结构比较简单而内部结构比较复杂的形体或非对称结构的形体。全剖面图一般都要标注剖切线，只有当剖切平面与形体的对称平面重合，且全剖面图又置于基本投影图的位置时，剖切平面位置和视图关系比较明确，可以省去标注。

(2) 半剖面图

对于轴对称物体，可沿对称轴假想将物体切开移除四分之一，保留四分之三，所作出的正投影图称为半剖面图，如图 3－4 所示。

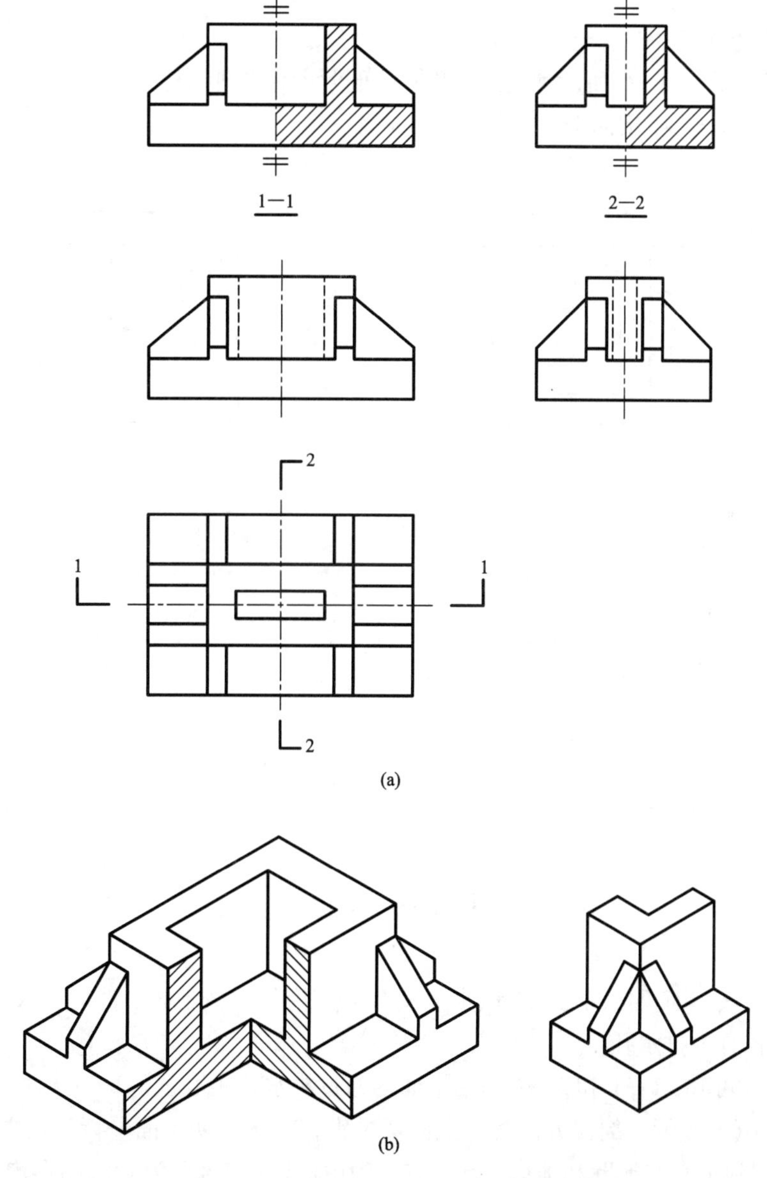

图 3－4　带肋独立基础模型半剖面图

画半剖面图时应当注意：

①半个剖面图与半个视图之间要画对称符号，如图 3－4(b)所示。国标规定对称符号由对称线和两端的两对平行线组成。对称线应用单点长画线绘制，线宽宜为 0.25b；平行线应用实线绘制，其长度宜为 6～10 mm，每对的间距宜为 2～3 mm，线宽宜为 0.5b；对称线应垂直平分于两对平行线，两端超出平行线宜为 2～ 3mm。如果物体的轮廓线与对称中心线重合，则不能采用半剖视图。

②半剖面图中一般虚线均省略不画，如图 3－4(a)所示，两个半剖面图中都未用虚线画出不可见的轮廓线。

③当对称中心线竖直时，剖面图部分一般画在中心线右侧；当对称线水平时，剖面图部分一般画在中心线下方。

④半剖面图的标注方法同全剖面图。

【例 3－1】 据图 3－5 所示水池模型的三面投影图和剖切标注，用 1∶1 的比例绘制其 1—1 半剖面图和 2—2 半剖面图，模型材料为砖砌。

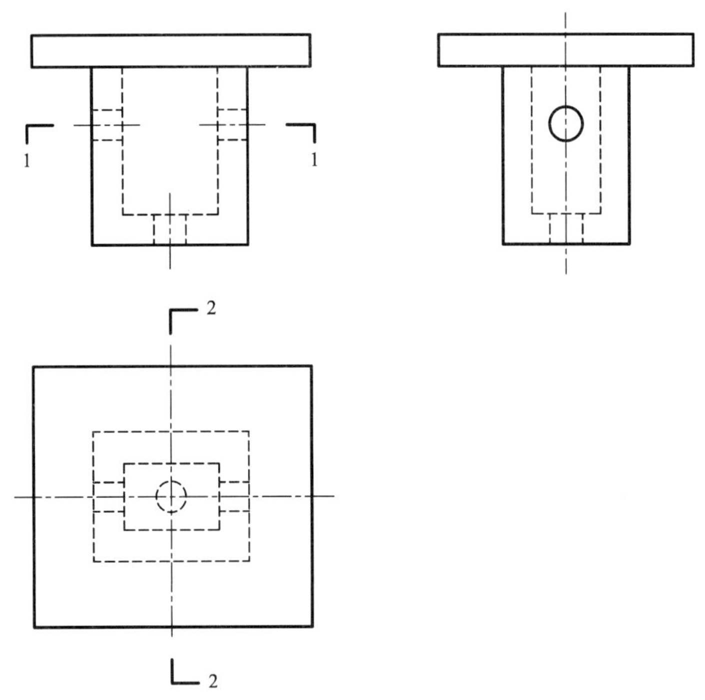

图 3－5　水池模型三面投影图

分析：识读该三面投影图可知，该水池模型上部为长方体池盖，池底中央有一圆形排水孔，池体左右各有一排水孔。

由剖切标注可知，1—1 和 2—2 剖切平面均通过排水孔中心线。1—1 剖切平面平行于水平面，如图 3－6(a)所示，剖视方向为从上向下投影；2—2 剖切平面平行于正立面，如图 3－6(b)所示，剖切到了左右池壁和池底，剖视方向为由前往后投影（为看清图形内部构造，故移开了左前方四分之一，实际应该移开右前方）。

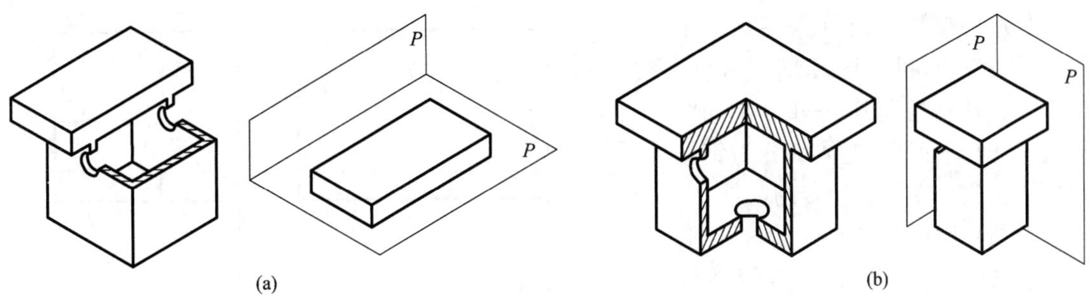

图 3－6　水池模型剖切示意图

作图：根据剖切位置和剖视方向，将相应的投影图改造成剖面图。先确定断面部分，加粗轮廓线并在断面轮廓线(线宽为 0.7b)内画上材料图例；再确定非断面部分，即保留物体上的可见轮廓线(线宽为 0.5b)，擦除原投影图中剖切后不存在的图线，最后为所绘制剖面图标注图名。1—1 半剖面图绘制在水平投影图的前半部分，中间为对称符号;2—2 半剖面图绘制在正立面图的右侧，中间为对称符号。绘图结果如图 3－7 中所示的 1—1、2—2 剖面图。

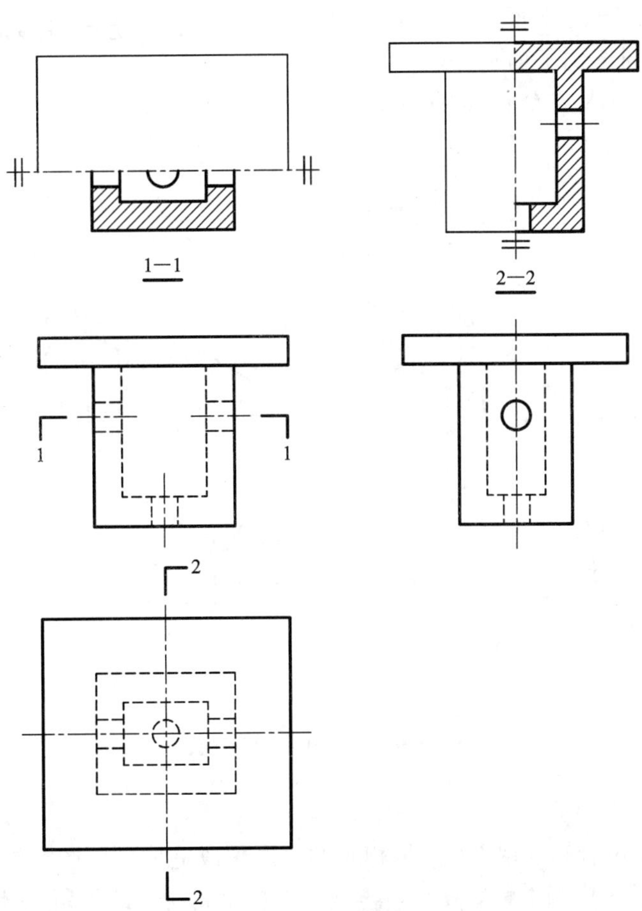

图 3－7　水池模型三面投影以及相应剖面图

【例3－2】 根据图3－8所示盥洗池的三面投影图和剖切标注，用1∶1的比例绘制其1—1半剖面图和2—2全剖面图，池体部分为钢筋混凝土浇筑，支撑板为砖砌。

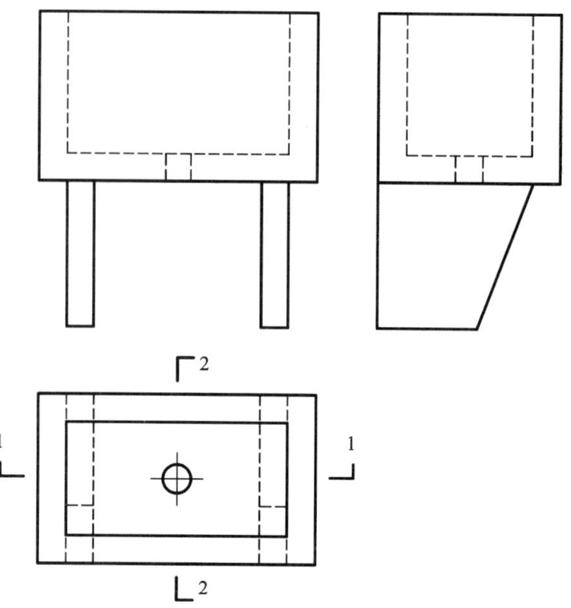

图3－8 盥洗池三面投影图

分析：识读该三面投影图可知，该盥洗池上部为方形无盖箱体结构，池底中央有一圆形排水孔，下部支撑为直角梯形板。

由剖切标注可知，1—1和2—2剖切平面均通过排水孔中心线。1—1剖切平面平行于正立面，如图3－9(a)所示，剖切到了左右池壁、池底和支撑板，剖视方向为由前往后(同正立面投影图投影方向)；2—2剖切平面平行于侧立面，如图3－9(b)所示，剖切到了前后池壁和池底，剖视方向为从左至右(同侧立面投影图投影方向)。

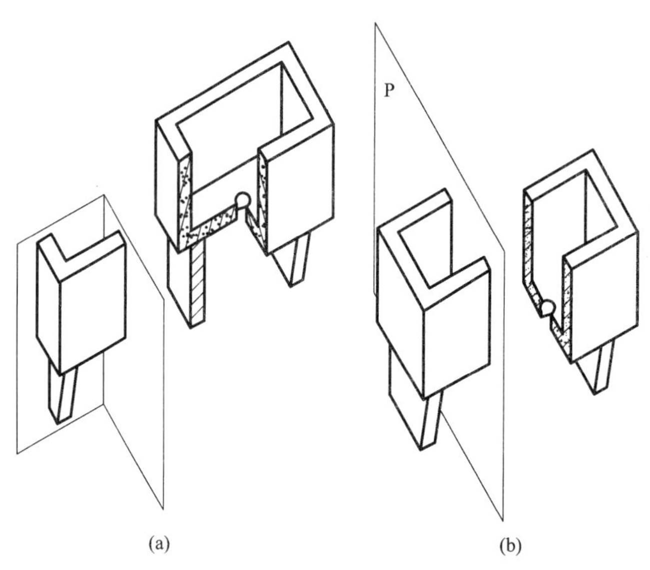

图3－9 盥洗池剖切示意图

(a)1—1半剖剖切示意；(b)2—2全剖剖切示意

作图：根据剖切位置和剖视方向，将相应的投影图改造成剖面图。先确定断面部分，加粗轮廓线并在断面轮廓内画上材料图例；再确定非断面部分，即保留物体上的可见轮廓线，擦除原投影图中剖切后不存在的图线。最后为所绘制剖面图标注图名。1－1半剖面图绘制在正立面投影图的右侧，中间为对称符号。绘图结果如图3－10所示。

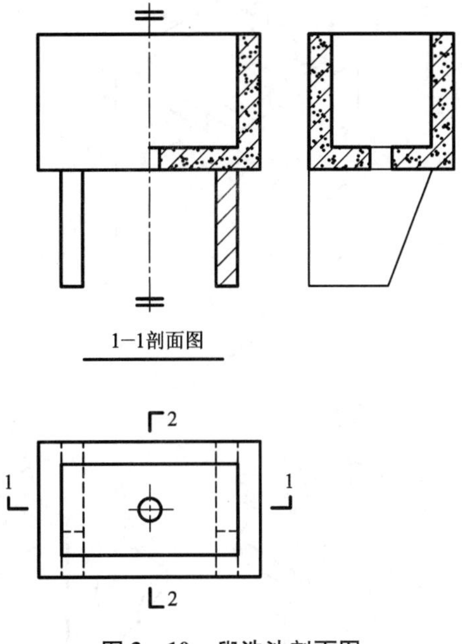

图 3 - 10　盥洗池剖面图

四、任务解析提示

分析图 3 - 1 检查井的三面投影图可知，该检查井的轴测图如图 3 - 11(a)所示。分析全剖的原理可知，要绘制正立面全剖面图，可进行如图 3 - 11(b)所示的剖切；要绘制侧立面半剖面图，可进行如图 3 - 11(c)所示的剖切。注意，剖切平面宜通过形体的孔洞中心线。

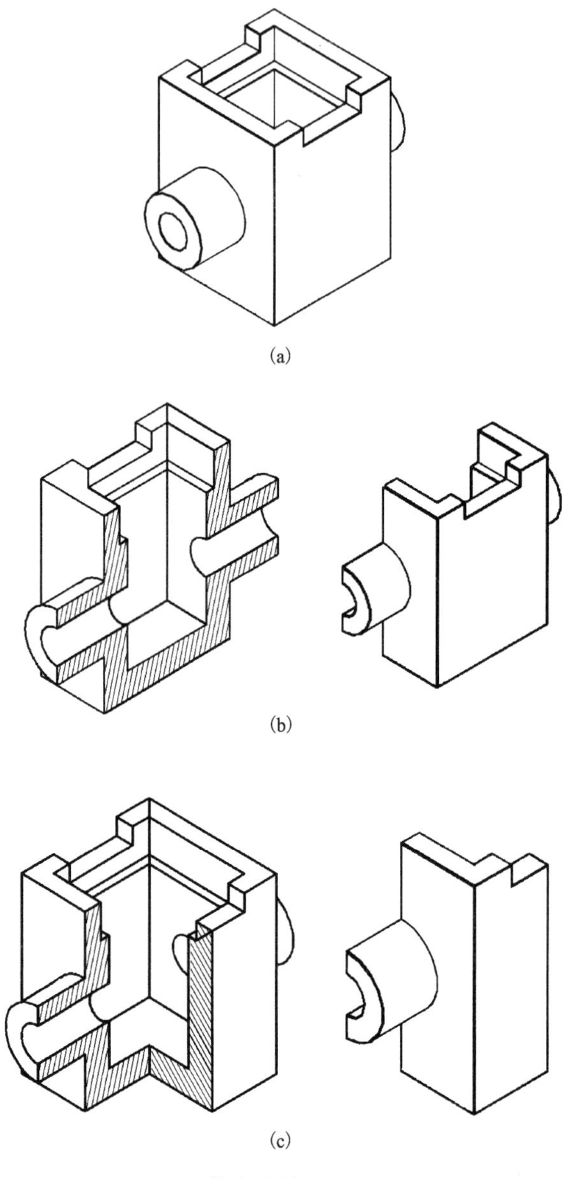

(a)

(b)

(c)

图 3-11　检查井轴测图和剖切示意

(a)检查井轴测图；(b)检查井正立面全剖面图；(c)检查井侧立面半剖面图

任务二　绘制双面清洗池阶梯剖面图

一、任务提出

识读如图 3－12 所示双面清洗池三面投影图，在 A3 图纸上绘制双面清洗池 1—1 全剖面图和 2—2 阶梯剖面图，比例自定。

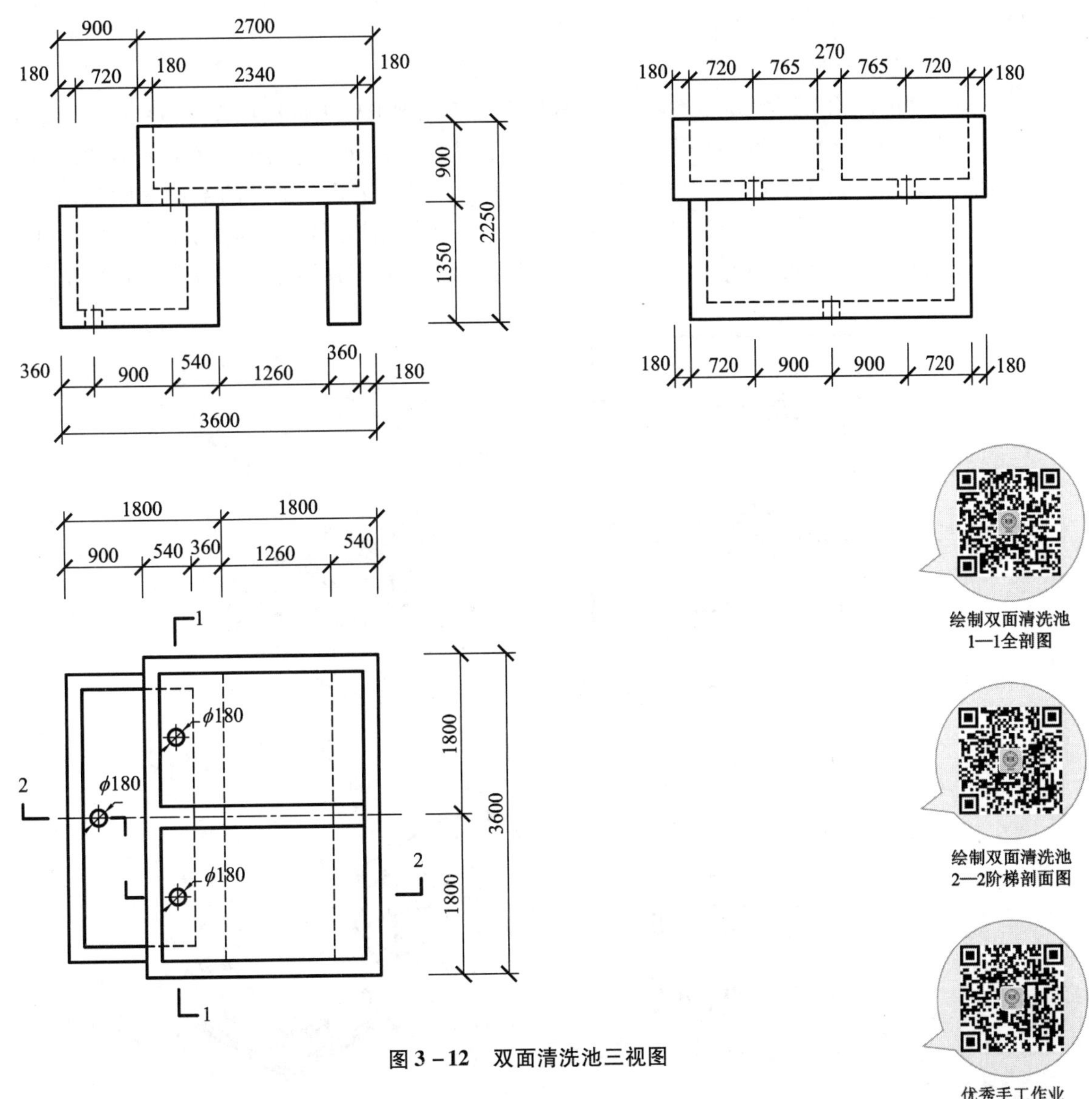

图 3－12　双面清洗池三视图

二、任务分析

识读图 3 - 12 可知，该双面清洗池组成部分有左下方一个较大水池、右上方两个连壁水池及其右下方的支撑板三部分。绘制其 2—2 剖面图，必须了解阶梯剖面图的概念、绘制方法和表达规则，能根据所标注的剖切符号，熟练应用制图标准绘制出剖面图。

三、必备知识和技能

1. 剖面图的其他类型

为了更清晰地表达形体的外形和内部构造，剖面图除了全剖面图和半剖面图外，还有阶梯剖面图、旋转剖面图、局部剖面图，共五种剖切方式。

(1)阶梯剖面图

当形体内部构造层次较多，采用一个剖切平面不能把形体内部结构表达清楚时，可以采用两个或两个以上相互平行的剖切平面来剖切，即为阶梯剖面。适用于形体需要表达的内部结构的轴线或对称面不在同一平面内，但相互平行，宜采用几个平行的剖切平面剖切。如图 3 - 13(b)所示房屋模型，若要绘制侧立面剖面图，既要剖切到门窗和台阶，又要剖切到两个室内空间，一个与侧立面平行的剖切平面不能兼顾，必须采用两个与侧立面平行剖切平面

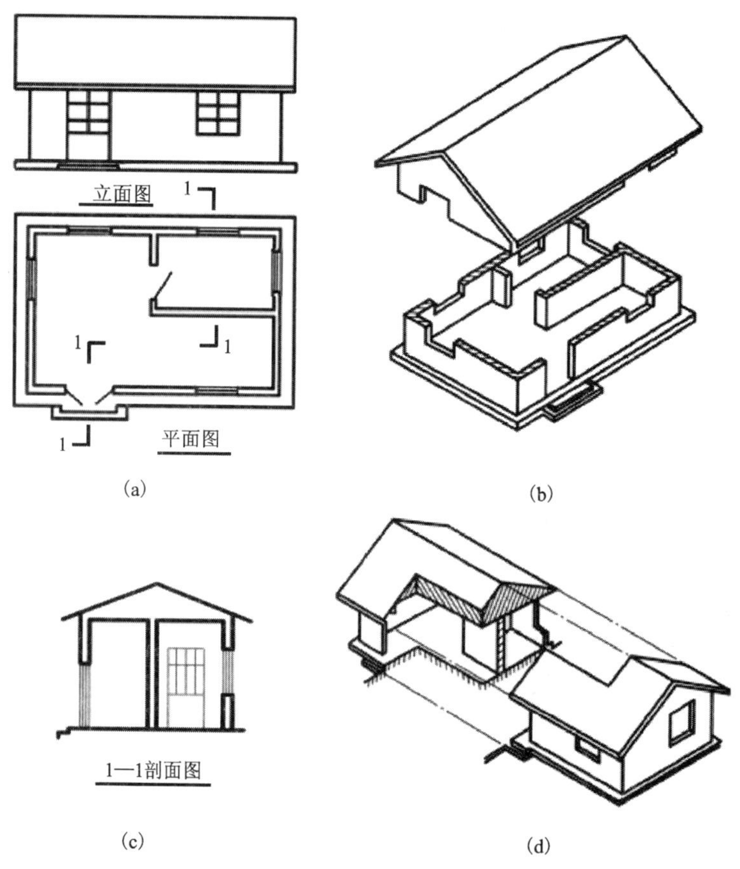

图 3 - 13　阶梯剖面图示意

转折剖切。如图 3－13(a)平面图剖切标注所示，1—1 阶梯剖第一个侧平面剖切面从右后方的窗户剖切进入，剖切到内部的小房间，第二个侧平面剖切面折至左前方的门洞，由台阶剖切出来，剖切到前面的墙体，移走剖切平面左侧部分，保留右侧部分，如图 3－13(d)所示，从左往右投影得到 1—1 剖面图，如图 3－13(c)所示。

(2)旋转剖面图

采用两个相交平面剖切形体，以两个切平面的交线为轴，将其旋转到正平面的位置再进行投射，所得到的剖面图，称为旋转剖面图。如图 3－14 所示，将该形体沿所示位置剖切，将两剖切平面沿交线旋转至与 V 面平行后向正立面投影，即得到旋转剖面图。

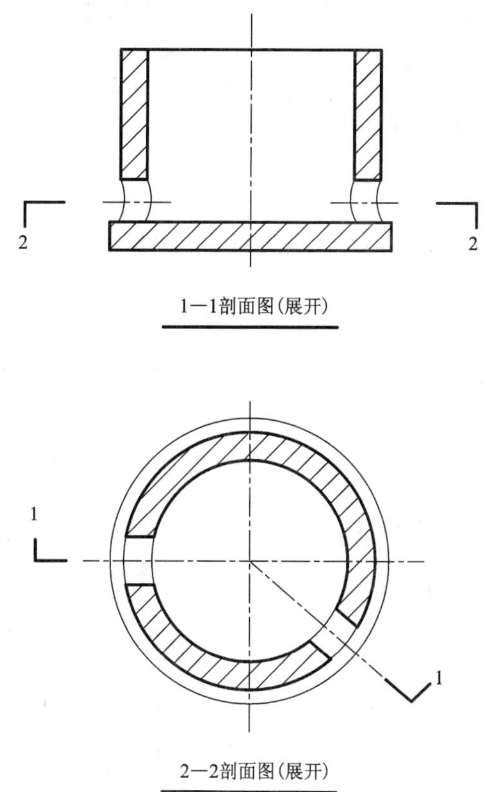

图 3－14　旋转剖面图示意

当形体结构的两部分在一基本投影面上的投影成一定的角度，用一个剖切平面无法将各部分的形状、尺寸真实表达出来时，常采用两个相交的平面进行剖切，并沿剖切平面交线旋转展开拉直形体，绘制出其剖面图，称为展开剖面图。如图 3－15(b)所示的转角楼梯，水平面投影图两个梯段成转折角度，剖切时一个剖切平面平行于正立面剖切第一个梯段，另一个剖切平面与第二个梯段平行，并以两个剖切平面的交线为轴旋转展开，使两个梯段都平行于正立面，这样往正立面投影即可绘制出如图 3－15(a)所示的 1—1 剖面图(展开)。

注意：旋转剖面图的图名后面应加注“展开”字样。

(3)局部剖面图

用剖切平面局部剖切开形体后所得到的剖面图称为局部剖面图。局部剖面图常用于外部

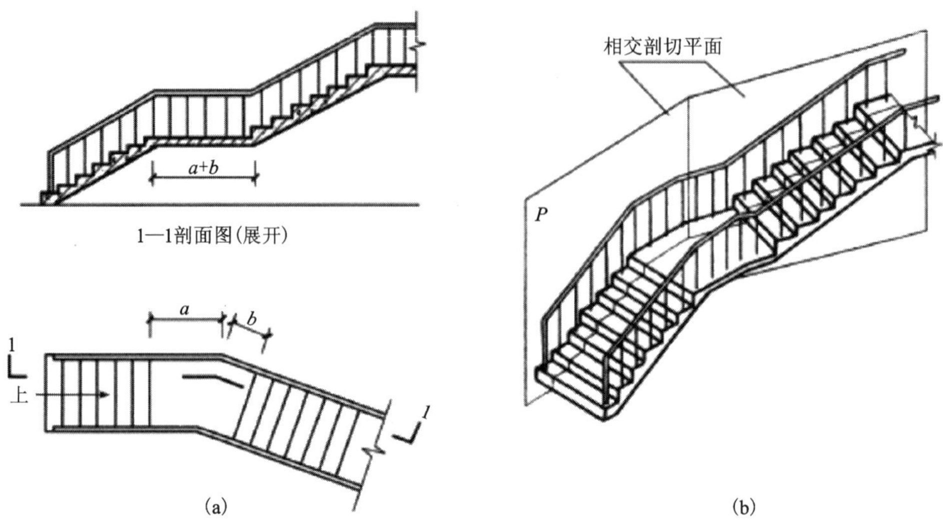

图 3-15　转角楼梯展开剖面图示意

形状比较复杂，仅需要表达某局部内部形状的形体。如图 3-16 所示，杯形基础的水平面投影图即为局部剖面图表示法，假想剖切掉杯形基础左前角的部分混凝土，露出钢筋，则可以表达出基础钢筋的配置方式。

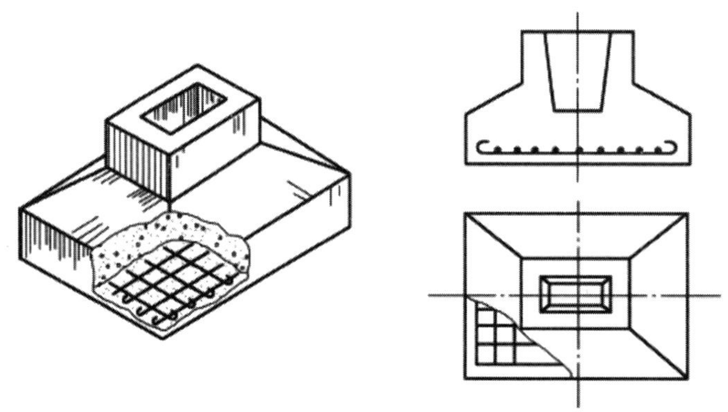

图 3-16　局部剖面图

局部剖面图大部分投影表达外形，局部表达内形，剖开与未剖开处以徒手画的波浪线为界。波浪线不得与图样上的其他图线重合，画在形体表面投影图形内。局部剖面图只是形体整个外形投影中的一部分，不需标注。

有些时候按实际需要，用分层剖切的方法表示其内部构造得到的剖面图称为分层局部剖面图。对一些具有多层构造层次的建筑构配件，可按实际需要，用分层剖切的方法表示其内部构造。在房屋工程图中，常用分层局部剖面图来表示墙面、楼地面和屋面的构造做法。如图 3-17 所示为一楼面的构造情况，以三条波浪线为界，分别把四层构造表达清楚。

阶梯剖面图、旋转剖面图和局部剖面图都是用两个或两个以上的平面剖切物体得到的。

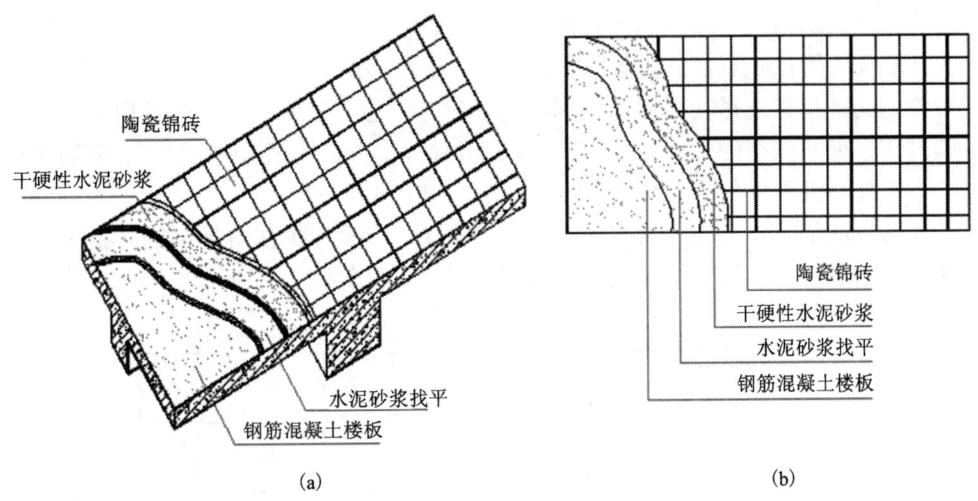

图 3－17 分层局部剖面图示意

(a)立体图；(b)平面图

2. 阶梯剖面图的标注与画法

(1)阶梯剖面图的标注

阶梯剖切平面由两个或两个以上相互平行且平行于投影面的平面组成，各剖切平面分别通过形体的不同内部空间，使内部构造能更清晰地表达出来。阶梯剖剖切符号与全剖剖切符号一样，由剖切位置线、剖视方向线和剖切编号三部分组成，区别是要在形体内部用相互垂直的剖切位置线作为剖切转折符号，来表示不同的剖切平面位置以及它们之间的转折过渡关系，如图 3－18 所示，两个剖切平面的阶梯剖需要在转折处标注一对反向的剖切转折符号来表示阶梯剖的位置和转折关系。

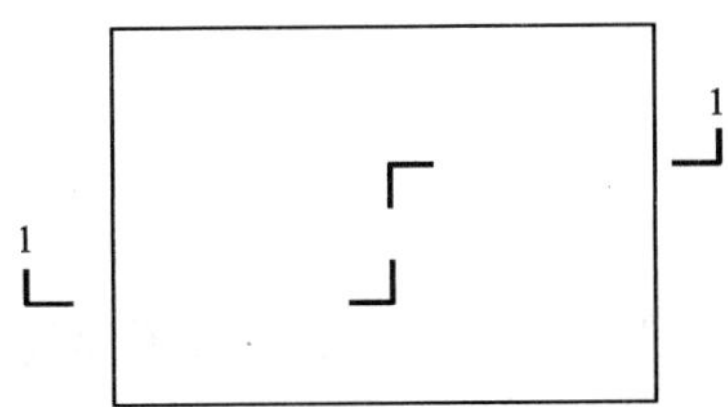

图 3－18 阶梯剖标注示意图

(2)阶梯剖面图的画法

与全剖面图一样，确定剖切位置和剖视方向以后，移除去观察者和阶梯剖切平面之间的部分，将剩余形体的投影往投影面进行正投影绘制阶梯剖面图，剖切到的断面轮廓用粗实线绘制并画材料图例或剖面线，没剖切到但可以看到的轮廓线用中实线绘制。阶梯剖面图也用剖切编号来标注图名。在绘制时，阶梯剖面图也可以由对应投影面的投影图改画而成。

（3）阶梯剖面图绘制注意事项

采用阶梯剖画剖面图应注意以下几点：

①为使断面投影反映真实，各剖切平面应平行于投影面。

②阶梯剖的转折宜选择在无内部轮廓线的部位且不能与形体内部轮廓线相交。

③因剖切平面是假想的，画剖面图时，应把几个平行的剖切平面视为一个剖切平面，在图中，不可画出剖切平面在转折处的交线，如图 3－19（d）所示。

④为使转折的剖切位置线不与其他图线发生混淆，应明确标注阶梯剖的转折关系，还可以在形体内部剖切位置线转折处外侧加注剖切编号，如图 3－19（b）所示。

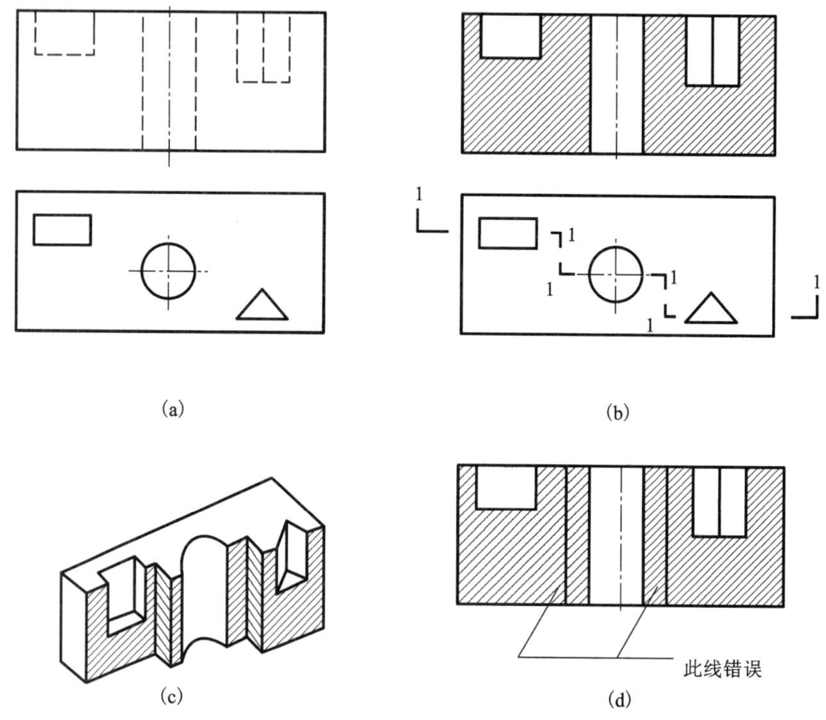

图 3－19　三个平行剖切平面阶梯剖

【例 3－3】 根据如图 3－20 所示形体的三面投影图和剖切标注，用 1∶1 的比例绘制其 1—1阶梯全剖面图。

分析：识读该三面投影图可知，该形体外形为一长方体块，在三个不同的位置分别有三个不同的孔洞，且孔洞中心轴均不在同一直线上。

由剖切标注可知，1—1 阶梯剖有三个正立剖切平面，分别通过形体内部三个孔洞的对称中心轴，如图 3－21 所示。剖切完后，移走前面部分，保留后面部分，往正立面进行正投影即可绘制出 1—1 剖面图，如图 3－22 所示。

作图：根据剖切位置和剖视方向，将正立面投影图改造成剖面图。先确定断面部分，加粗成 0.7b 的轮廓线；再确定非断面部分，即保留物体上的可见轮廓线，可见轮廓线为 0.5b，擦除原投影图中剖切后不存在的图线。最后在断面轮廓内画上 45°图例填充线，图例填充线为细实线，并为所绘制剖面图标注图名。绘图结果如图 3－22 的 1－1 剖面图。

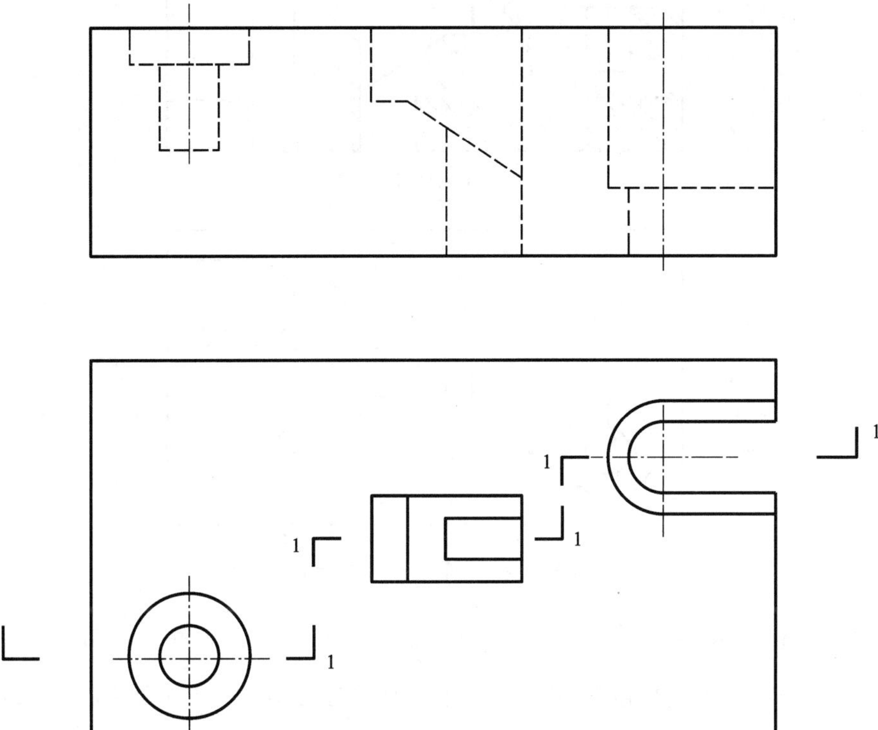

图 3-20　形体阶梯剖示意

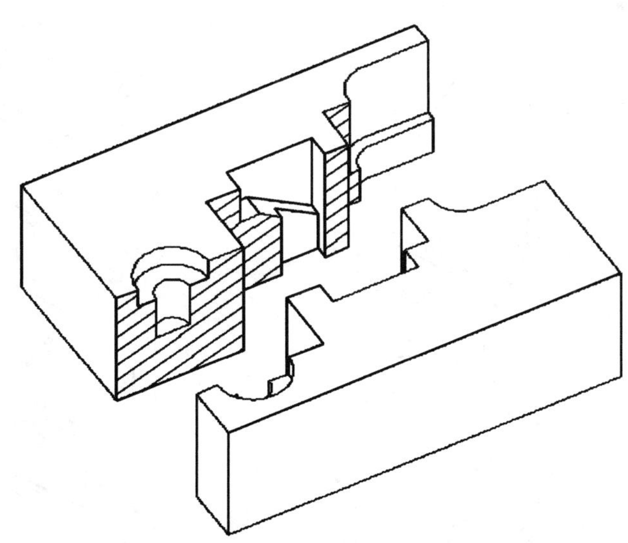

图 3-21　形体 1—1 阶梯剖轴测示意图

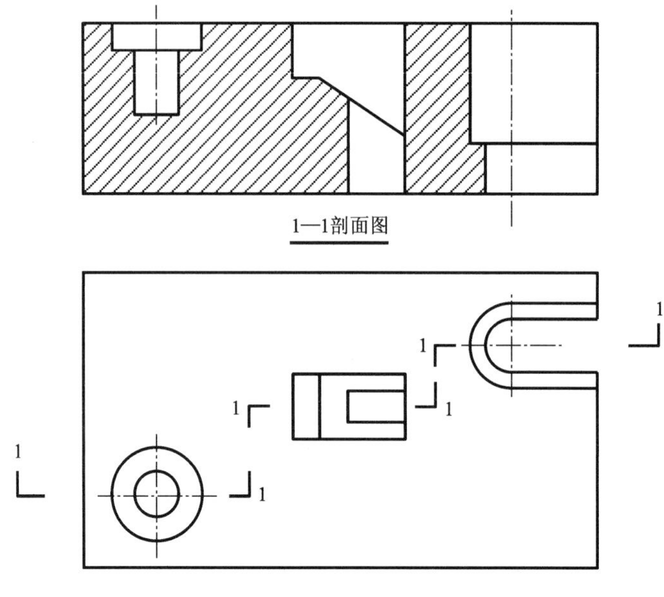

图 3－22　形体 1—1 阶梯剖面图

四、任务解析提示

分析图 3－12 双面清洗池的三面投影图和剖切符号可知，1—1 全剖如图 3－23(a)所示，剖切平面为侧平面经过右上方两个水池的下水孔中心线，保留右边部分往侧立面投影；2—2 阶梯剖如图 3－23(b)所示，剖切平面为两个正平面，分别通过左下方和右上前方水池下水孔的中心线，保留后面部分往正立面投影。

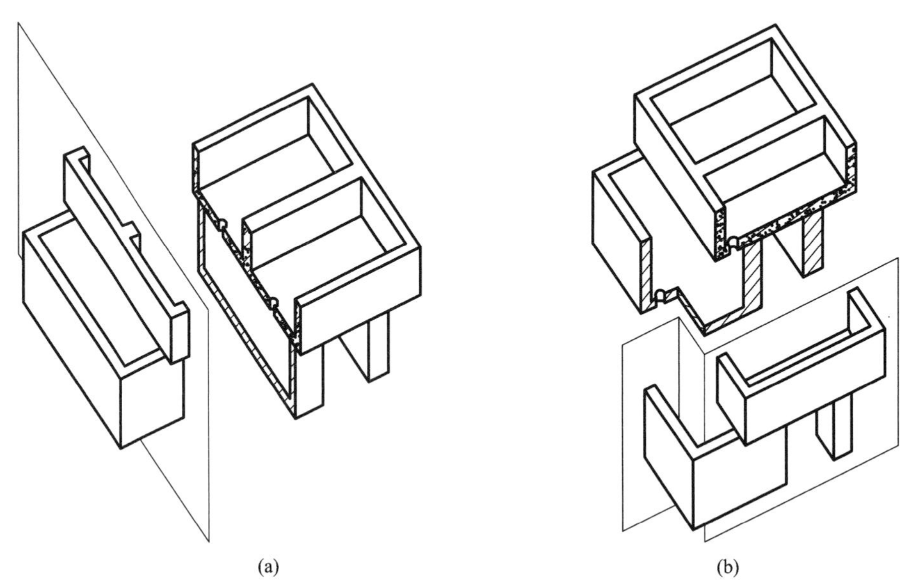

图 3－23　双面清洗池剖切轴测示意

(a)1—1 全剖示意；(b)2—2 阶梯剖示意

任务三　绘制楼盖断面图

一、任务提出

识读如图 3－24 所示钢筋混凝土梁板柱单元三面投影图，绘制其 1—1 侧立面全剖面图、水平面 X、Y 双向重合断面图（绘图比例 1∶50），2—2、3—3、4—4 移出断面图（绘图比例1∶25）。

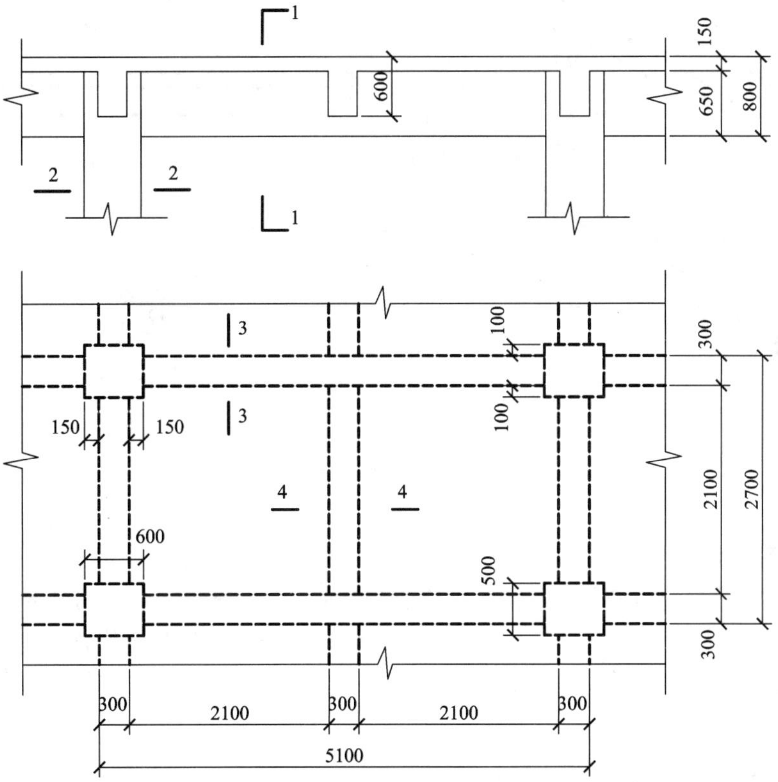

楼盖1—1剖面图

楼盖2—2断面

楼盖3—3断面

楼盖4—4断面

图 3－24　梁板柱单元三视图

楼盖X向重合断面

二、任务分析

读图可知，该构件表达了钢筋混凝土梁板柱单元柱、主梁、次梁和板之间的构造关系。绘制其剖面图和断面图，必须掌握断面图的概念、绘制方法和表达规则以及剖面图和断面图的区别。

楼盖Y向重合断面

三、必备知识和技能

1. 断面图的形成

对于某些单一的杆件或需要表示某一部位的截面形状时，可以只画出形体与剖切平面相交的那部分图形，即假想用剖切平面将形体剖切后，仅画出该剖切面与形体接触部分的正投影称为断面图。

断面图常用于表达形体上某一部分的断面形状，如建筑工程中梁、板、柱、造型等某一部位的断面真形，如图 3 -25 所示。

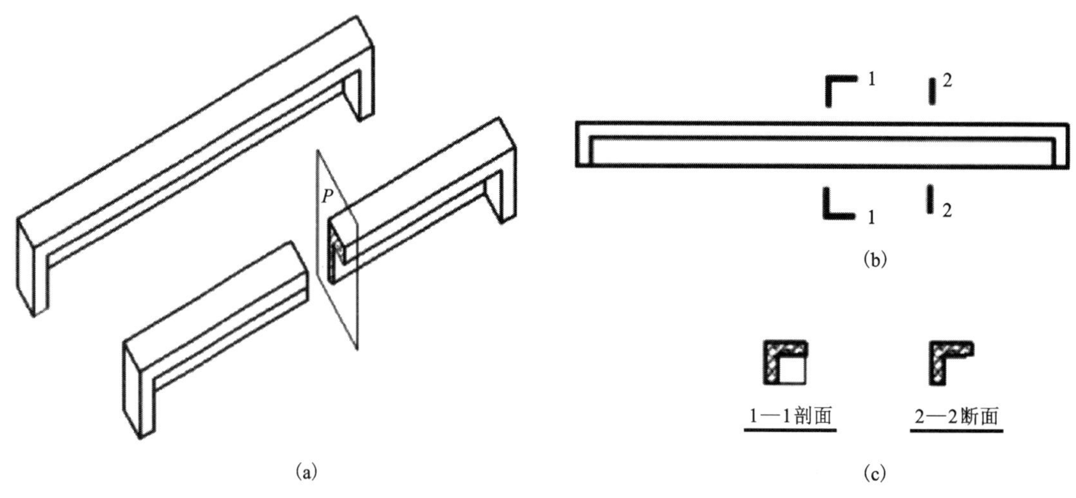

图 3 -25　断面图的形成

2. 断面图的标注

断面图也要标注剖切符号。如图 3 -25(c)所示，断面图的剖切符号由剖切位置线和剖切编号组成，剖切位置线用长度为 6 ~ 10 mm 的粗短线表示，在剖切位置线旁边注写编号来表示该侧为投射方向。编号注写在剖切位置线下侧，表示从上向下投影；注写在左侧，表示从右向左投影。

3. 断面图的画法

断面图的断面轮廓线用 0.7b 实线绘制，断面轮廓线范围内要绘出材料图例，画法同剖面图。

(1)移出断面图

将断面图画在物体投影轮廓线之外，称为移出断面图。移出断面图一般应标注剖切位置线、投射方向和断面名称。移出断面图可以用相同的比例画在剖切平面的延长线上，如图 3 -26所示；也可以用较大的比例绘制在其他适当位置，如图 3 -27 所示。

(2)中断断面图

将断面图画在杆件的中断处，称为中断断面图。适用于外形简单、细长的杆件。中断断面图不需要标注，如图 3 -28 所示。

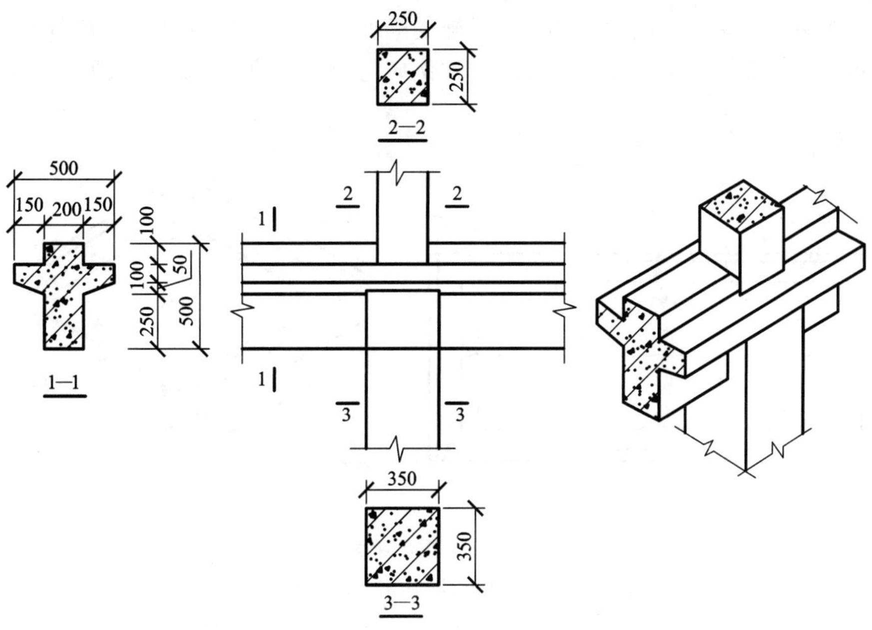

图 3－26　移出断面图画在剖切平面的延长线上

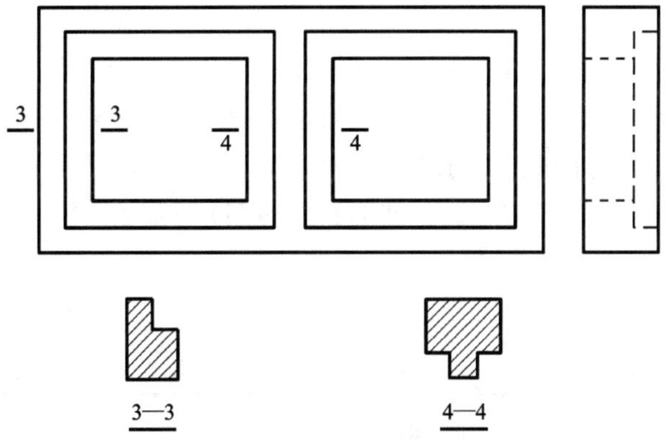

图 3－27　移出断面图画在原投影图下方

图 3－28　中断断面图的画法

(3)重合断面图

将断面图直接画在形体的投影图上，这样的断面图称为重合断面图。如图 3－29 所示。重合断面图一般不需要标注。重合断面图的比例应与原投影图一致，应于断面轮廓线内加画图例符号。

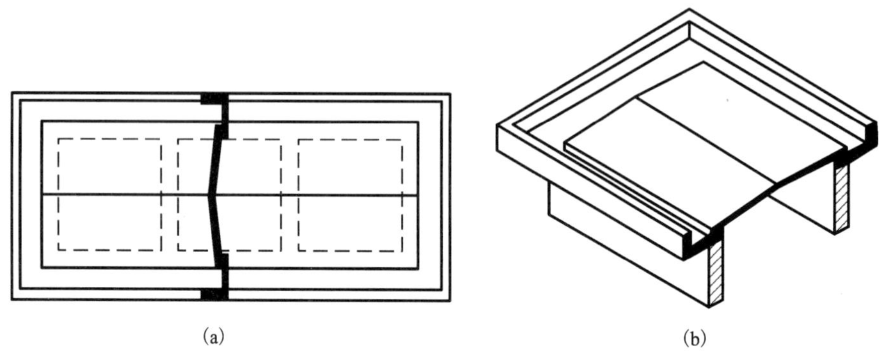

图 3－29　重合断面图

(a)厂房屋顶重合断面图；(b)立体图

4．断面图与剖面图的区别

①剖面图是被剖开形体的投影，是体的投影；而断面图只是一个截口的投影，是面的投影。断面图只画出物体被剖切后剖切平面与形体接触的那部分，即只画出截断面的图形，而剖面图则画出被剖切后剩余部分的投影，如图 3－30 所示。因此，剖面图里包含了断面图，但断面图要单独画出。

②断面图和剖面图的剖切符号不同。断面图的剖切符号只画剖切位置线(长度 6～10 mm 的粗实线)，不画剖视方向线，编号写在投影方向的一侧。如图 3－30(b)所示台阶的 1—1 断面图为剖切后保留右侧部分向侧立面投影。

③剖面图中的剖切平面可转折(如阶梯剖和旋转剖)，断面图中的剖切平面则不可转折。

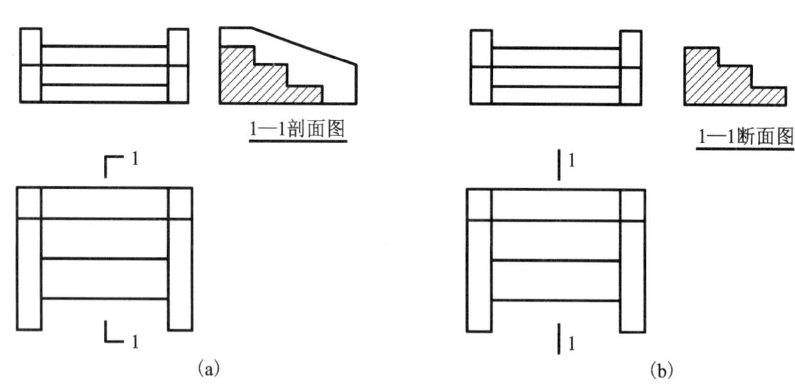

图 3－30　台阶剖面图和断面图区别

(a)剖面图；(b)断面图

四、任务解析提示

该楼盖结构立体图如图 3－31 所示。重合断面图无须标注，为梁板结构断面，水平面重合断面图分别表示 X 和 Y 两个方向梁板的断面关系，直接在平面图上以相同比例绘制，成相互垂直关系布置；2—2 移出断面图为柱断面，3—3 移出断面图为高 800 mm 的主梁断面（按矩形截面绘制），4—4 移出断面图为高 600 mm 的次梁断面（按矩形截面绘制）。

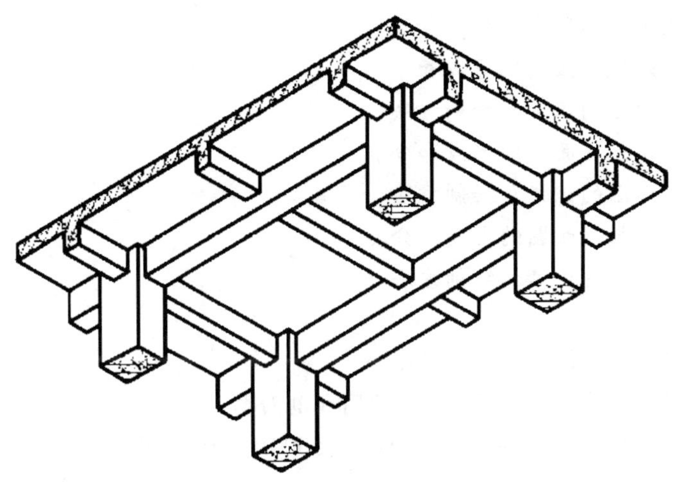

图 3－31　楼盖结构轴测示意

模块四　识读和绘制建筑施工图

【知识目标】

- 了解建筑施工图的基本概念和分类
- 理解并掌握建筑平面图的形成和分类
- 掌握建筑平面图的识读和绘制方法
- 理解并掌握建筑立面图的形成和分类
- 掌握建筑立面图的识读和绘制方法
- 理解并掌握建筑剖面图的形成和分类
- 掌握建筑剖面图的识读和绘制方法

【能力目标】

- 能熟练准确的识读简单建筑施工图
- 能正确绘制简单建筑的平面图、立面图和剖面图
- 能按照《房屋建筑制图统一标准》(GB/T 50001—2017)的要求进行符号与尺寸标注

任务一　绘制建筑平面图

一、任务提出

绘制如图 4－1 所示房屋的建筑平面图，图中房屋门、窗样式自定，采用 A3 图幅，比例自定。

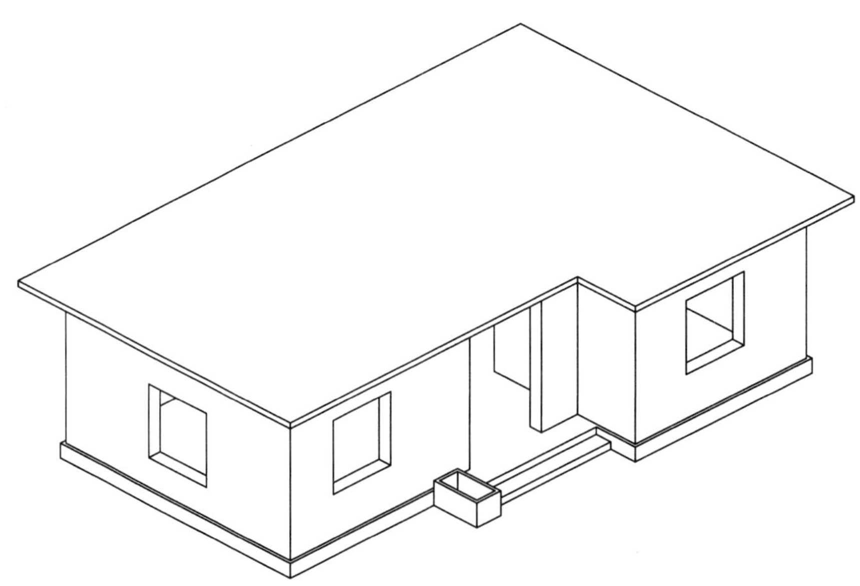

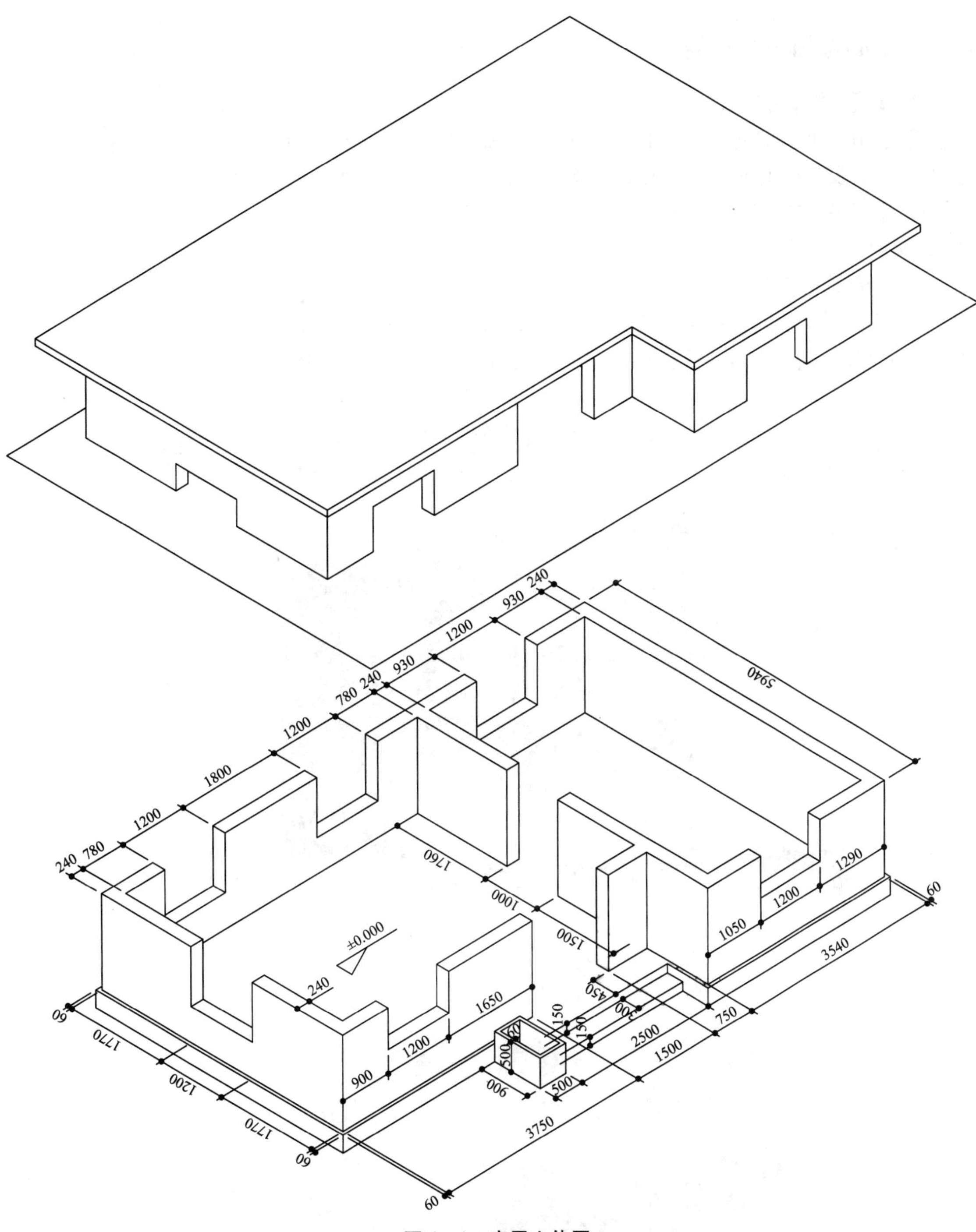

图 4－1　房屋立体图

二、任务分析

如图 4－1 所示为房屋立体图。该房屋是由两间房间组成的，进门处上两级台阶，墙厚 240 mm，墙下部勒脚伸出墙 60 mm。以一个水平剖面将该房屋剖开，画出房屋的平面图，掌握绘制建筑平面图基本知识。

三、必备知识和技能

1. 建筑平面图的形成

假想用一个水平剖切平面沿门窗洞口(指窗台以上、过梁以下的空间)将房屋剖切开，移去剖切平面及其以上部分，将余下的部分按正投影的原理投射在水平投影面上，所得到的图形即为建筑平面图，简称平面图。各层平面图只是相应“段”的水平投影，平面图的形成如图4－2所示。

2. 建筑平面图的用途

建筑平面图主要用来表示房屋的平面形状，内部布置及朝向。在施工过程中它是放线、砌筑、安装门窗、室内装修及编制预算的重要依据，是施工图中最重要的图纸之一。

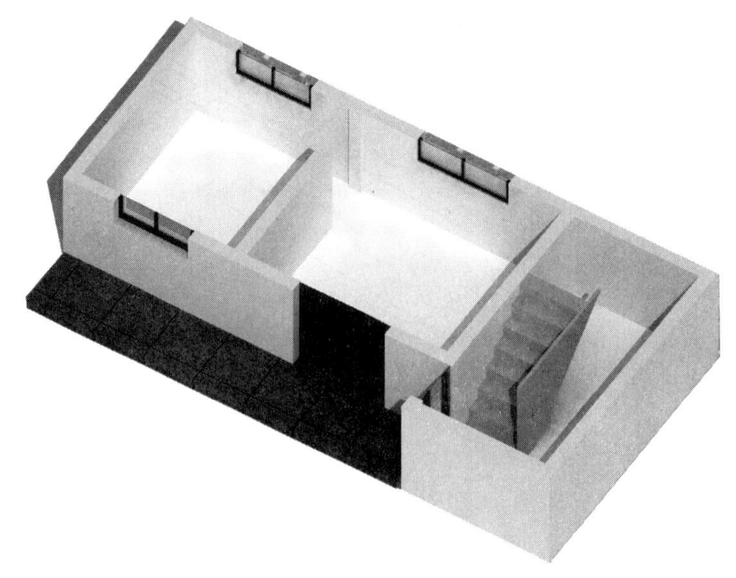

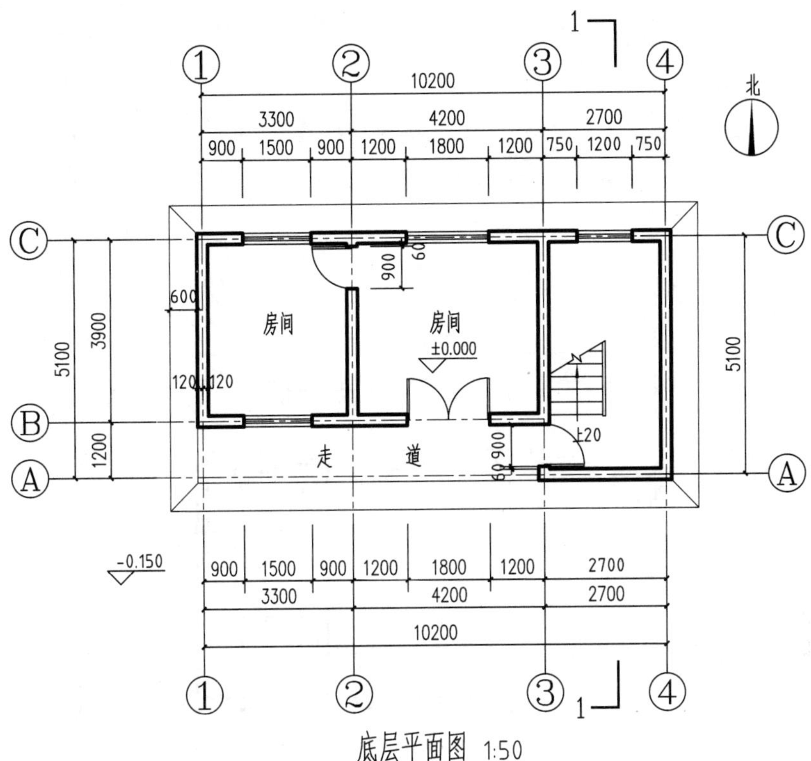

底层平面图 1:50

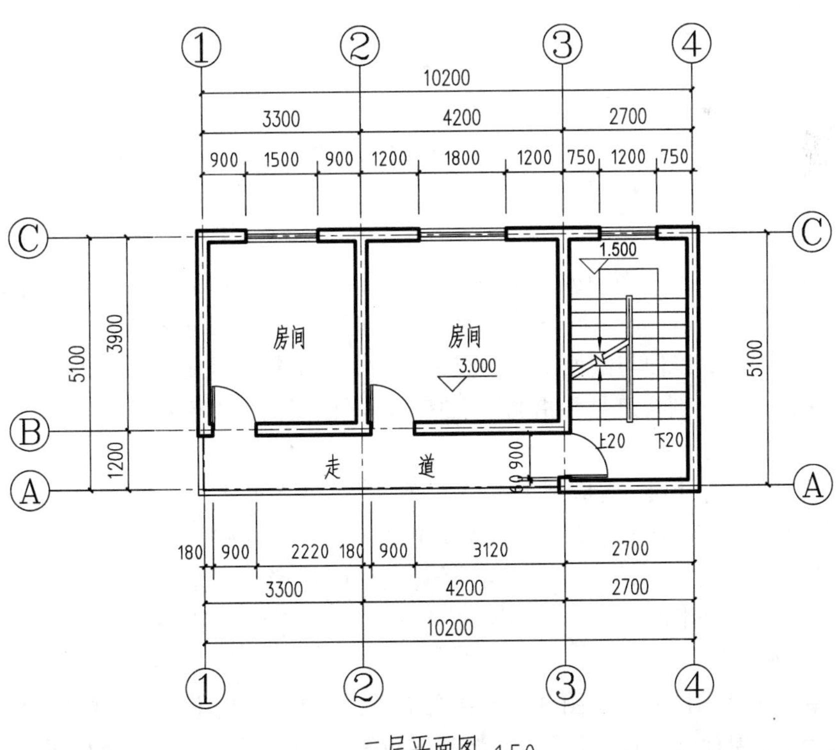

二层平面图 1:50

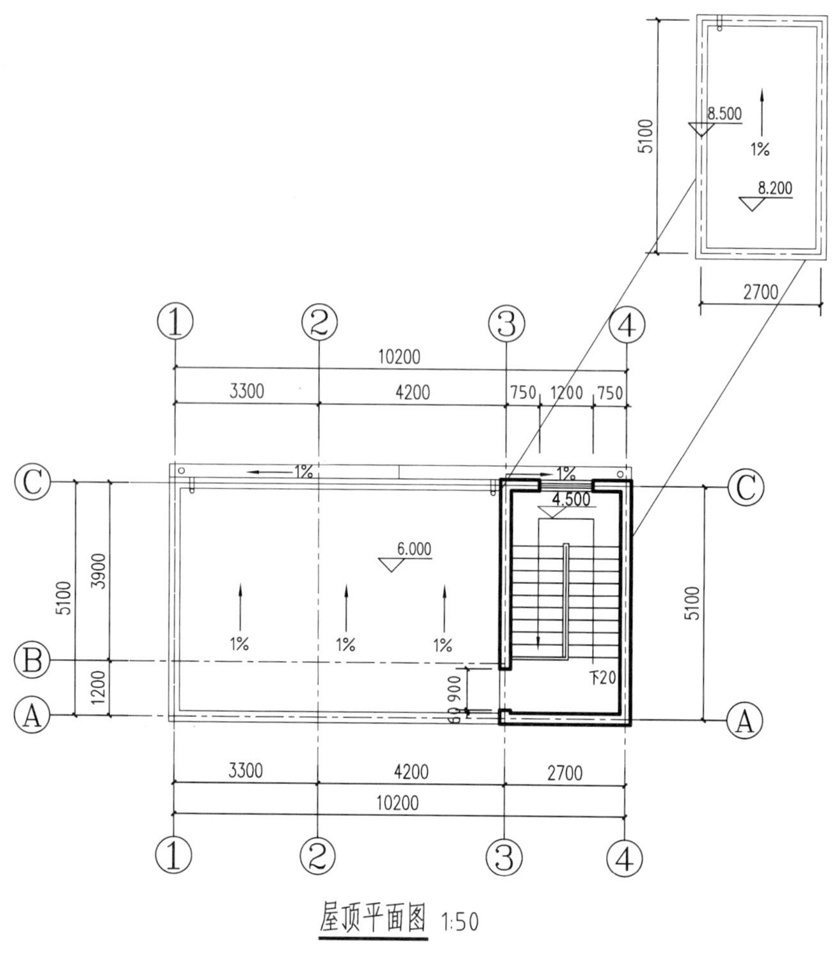

图 4－2　平面图的形成

3. 建筑平面图的分类

(1) 底层平面图

底层平面图又称一层平面图或首层平面图，是指 ±0.000 地坪所在的楼层的平面图。它除表示该层的内部形状外，还画有室外的台阶(坡道)、花池、散水和雨水管的形状和位置，以及剖面的剖切符号，以便与剖面图对照查询。为了更加精确地确定房屋的朝向，在底层平面图上应加注指北针。剖切符号和指北针在其他层平面图上可以不再标出。

(2) 标准层平面图

一般来说，房屋有几层，就应画出几个平面图，并在图的下方注明该层的图名，如底层平面图、二层平面图、三层平面图……屋顶平面图。但在实际建筑设计中，多层建筑往往存在许多平面布局相同的楼层，对于这些相同的楼层可用一个平面图来表示，称为“标准层平面图”或“×—×层平面图”。

(3) 顶层平面图

顶层是指建筑最顶层的平面图。对于顶层来说，楼梯不再向上或者楼梯的做法与标准层不一样。构造上，屋顶可能有女儿墙、构架和水箱等；结构上，板厚、配筋有顶层的要求。另外，有一些建筑，顶层的层高也不同，甚至有些顶层是复式建筑。

(4)屋顶平面图

屋顶平面图是指房屋的顶部单独向下所做的俯视图。主要是用来表达屋顶形式、排水方式及其他设施的图样。

4. 建筑平面图的内容及规定画法

(1)比例

建筑平面图通常用1:50、1:100、1:150、1:200、1:300的比例绘制。

(2)定位轴线及编号

在建筑工程施工图中，凡是主要的承重构件如墙、柱、梁的位置都要用轴线来定位。根据《房屋建筑制图统一标准》(GB/T 50001—2017)的规定，定位轴线用细点划线绘制。

定位轴线应编号，编号应写在轴线端部的圆内，圆应用0.25b线宽的实线绘制，直径宜为8～10 mm，详图上用10 mm，定位轴线圆的圆心应在轴线的延长线上或延长线的折线上。

平面图上定位轴线的编号宜标注在图样的下方及左侧，或在图样的四面标注。横向编号应用阿拉伯数字，从左至右按顺序编写；竖向编号应用大写英文字母，从下至上按顺序编写。英文字母中的I、O、Z不得用作轴线号，以避免与1、0、2混淆。

除了标注主要轴线之外，还可以标注附加轴线。附加定位轴线编号应以分数形式表示。两根轴线之间的附加轴线，应以分母表示前一根轴线的编号，分子表示附加轴线的编号。①号轴线或Ⓐ号轴线之前的附加轴线的分母应以01或0A表示。通用详图的定位轴线只画圆圈，不标注轴线号。

(3)图例

在建筑平面图中，由于所用比例较小，所以对平面图中的建筑配件和卫生设备，如门窗、楼梯、烟道、通风道、洗脸盆和大小便器等无法按真实投影画出，对此采用国标中规定的图例来表示。常用图例如表4－1所示。

表4－1 常用构造及配件图例

序号	名 称	图 例	说 明
1	墙 体	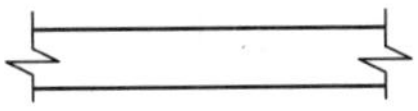	应加注文字或填充图例表示墙体材料，在项目设计图纸说明中列材料图例表给予说明
2	隔 断	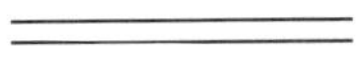	1. 包括板条抹灰、木制、石膏板、金属材料等隔断 2. 适用于到顶与不到顶隔断
3	栏 杆		
4	楼 梯	 上	1. 图4为底层楼梯平面，图5为中间层楼梯平面，图6为顶层楼梯平面 2. 楼梯及栏杆扶手的形式和梯段踏步数应按实际情况绘制
5		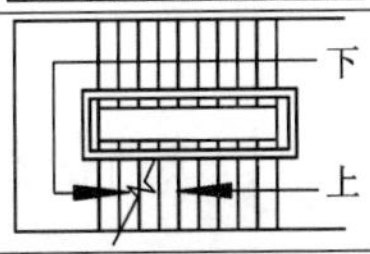 下 上	
6		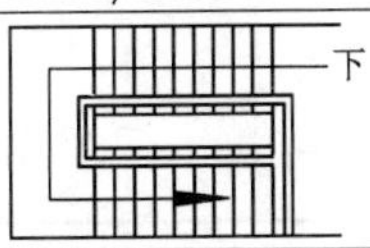 下	

续表 4－1

序号	名　称	图　例	说　明
7	坡　道	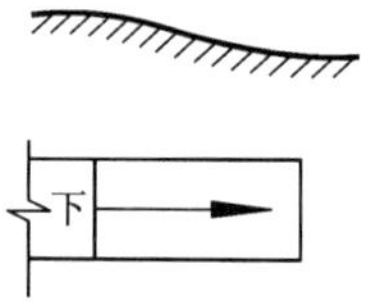 下	图 7 为长坡道，图 8 为门口坡道
8		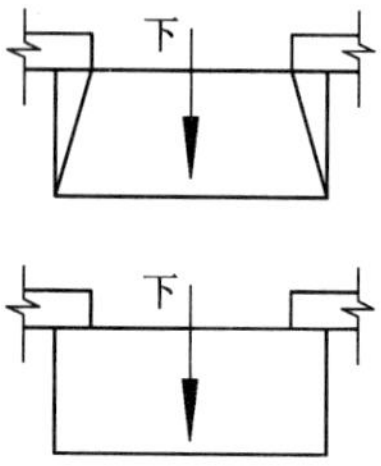 下 下	
9	墙预留槽	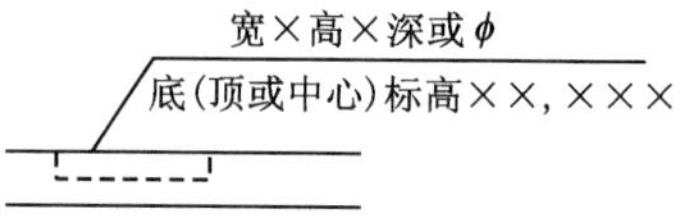 宽×高×深或 ϕ 底(顶或中心)标高××, ×××	1. 以洞中心或洞边定位 2. 宜以涂色区别墙体和留洞位置
10	烟　道	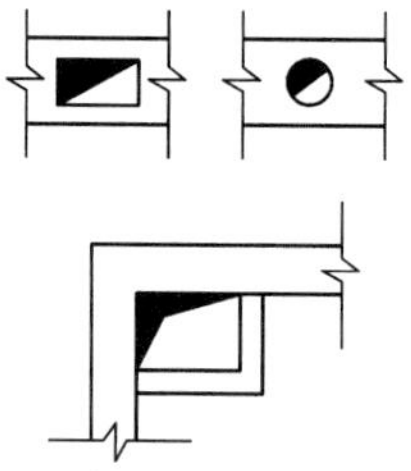	1. 阴影部分可以涂色代替 2. 烟道与墙体为同一材料，其相接处墙身线应断开
11	通风道	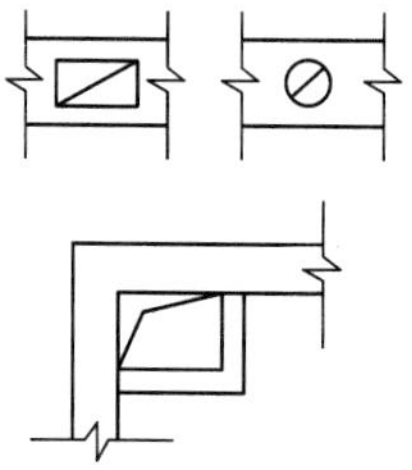	
12	空门洞	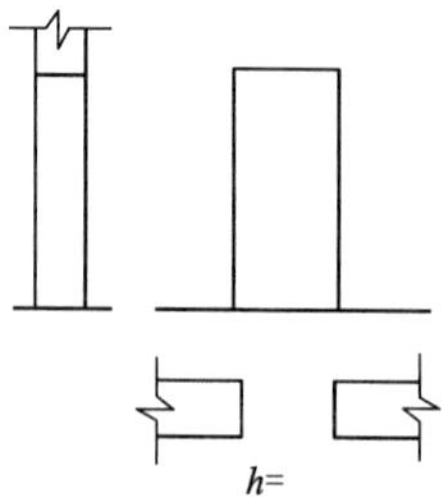 h=	h 为门洞高度

续表 4 – 1

序号	名　称	图　例	说　明
13	单扇门（包括平开或单面弹簧）	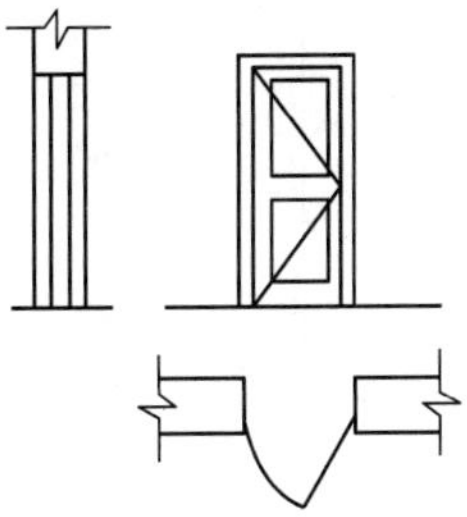	1. 门的名称代号用 M 2. 图例中剖面图左为外、右为内，平面图下为外、上为内 3. 立面图上开启方向线交角的一侧为安装合页的一侧，实线为外开，虚线为内开 4. 平面图上的开启线应 90°或 45°开启，开启弧线宜绘出 5. 立面图上的开启线在一般设计图中可不表示，在详图及室内设计图上应表示 6. 立面形式应按实际情况绘制
14	双扇门（包括平开或单面弹簧）		
15	墙中双扇推拉门	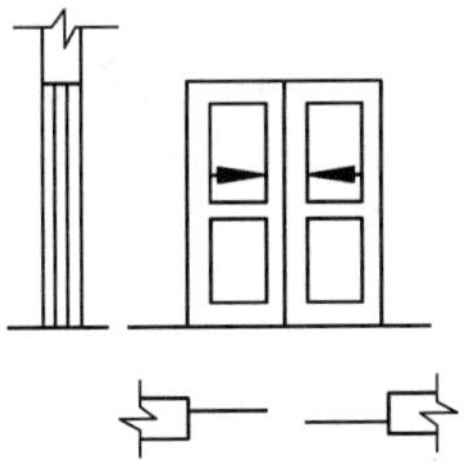	1. 门的名称代号用 M 2. 图例中剖面图左为外、右为内，平面图下为外、上为内 3. 立面形式应按实际情况绘制
16	墙外单扇推拉门	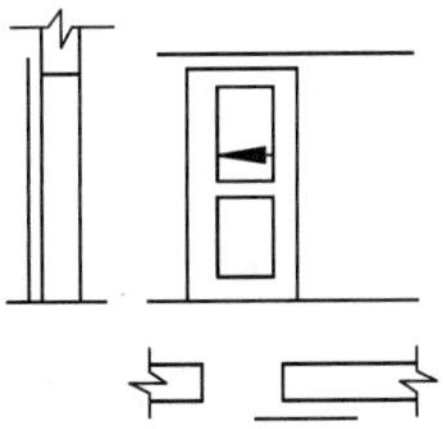	
17	墙外双扇推拉门	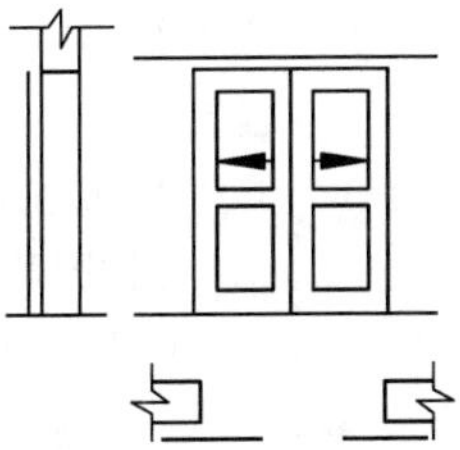	

续表 4－1

序号	名　称	图　例	说　明
18	单扇双面弹簧门	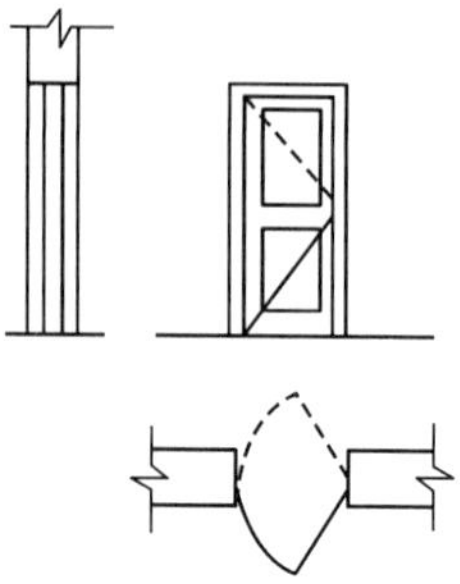	1. 门的名称代号用 M 2. 图例中剖面图左为外、右为内，平面图下为外、上为内 3. 立面图上开启方向线交角的一侧为安装合页的一侧，实线为外开，虚线为内开 4. 平面图上的开启线在一般设计图上应表示 5. 立面图上的开启线在一般设计图中可不表示，在详图及室内设计图上应表示 6. 立面形式应按实际情况绘制
19	双扇双面弹簧门	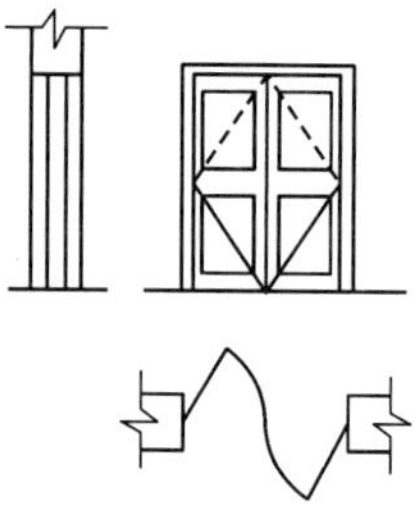	
20	单扇内外开双层门(包括平开或单面弹簧)	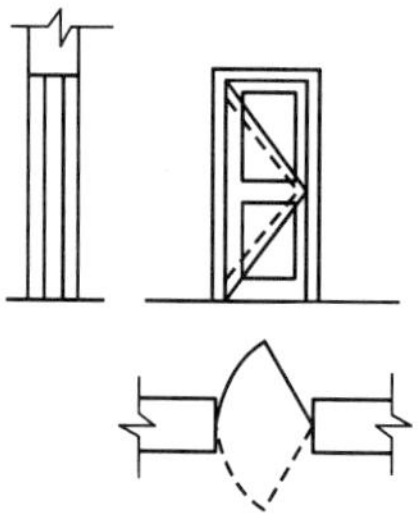	
21	转　门	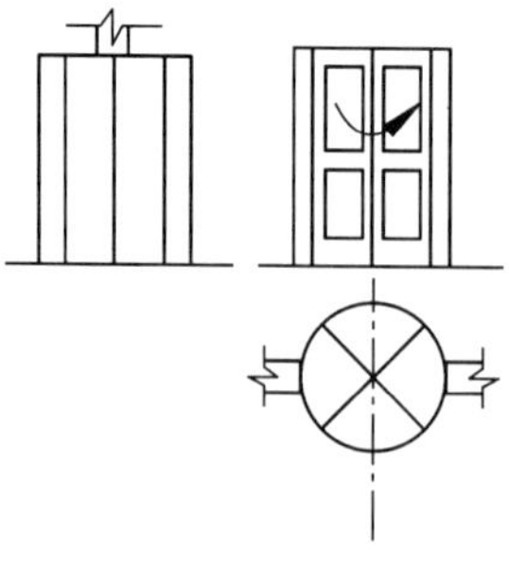	1. 门的名称代号用 M 2. 图例中剖面图左为外、右为内，平面图下为外、上为内 3. 平面图上开启线应 90°或 45°开启，开启弧线宜绘出 4. 立面图上的开启线在一般设计图中可不表示，在详图及室内设计图上应表示 5. 立面形式应按实际情况绘制

续表 4 –1

<table>
<tr><th>序号</th><th>名　称</th><th>图　例</th><th>说　明</th></tr>
<tr><td>22</td><td>竖向卷帘门</td><td>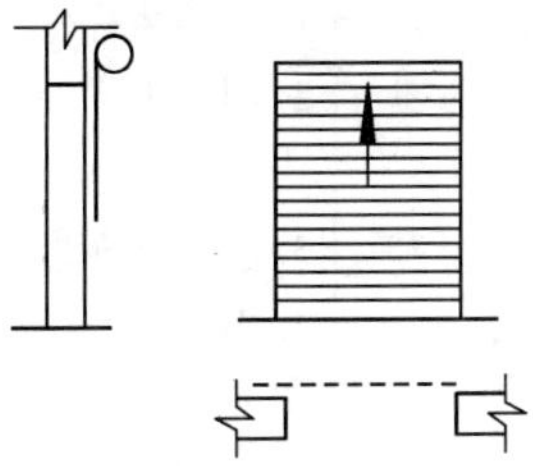</td><td></td></tr>
<tr><td>23</td><td>单层固定窗</td><td>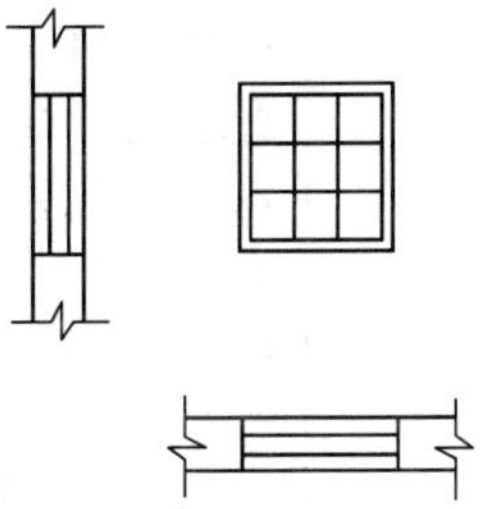</td><td rowspan="4">1. 窗的名称代号用 C 表示
2. 立面图中的斜线表示窗的开启方向，实线为外开，虚线为内开；开启方向线交角的一侧为安装合页的一侧，一般设计图中可不表示
3. 图例中剖面图左为外、右为内，平面图下为外、上为内
4. 平面图和剖面图上的虚线仅说明开关方式，在设计图中无须表示
5. 窗的立面形式应按实际情况绘制
6. 小比例绘图时平面、剖面图的窗线可用单粗实线表示</td></tr>
<tr><td>24</td><td>单层外开平开窗</td><td>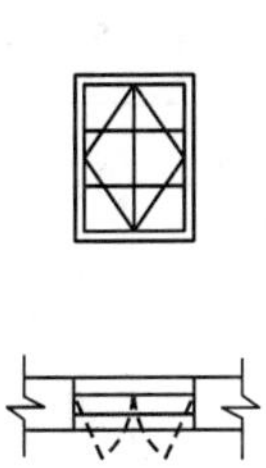</td></tr>
<tr><td>25</td><td>单层内开平开窗</td><td>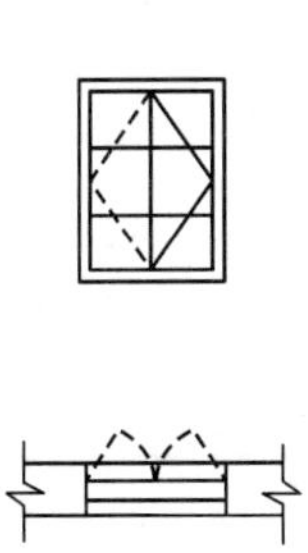</td></tr>
<tr><td>26</td><td>双层内外开平开窗</td><td>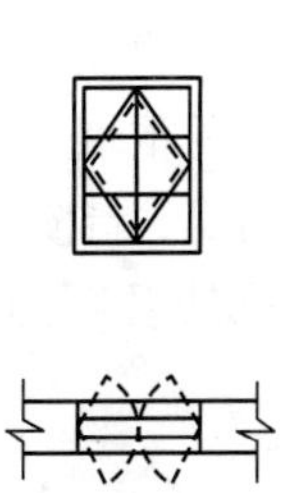</td></tr>
</table>

续表 4－1

序号	名　称	图　例	说　明
27	推拉窗		1. 窗的名称代号用 C 表示 2. 图例中剖面图左为外、右为内，平面图下为外、上为内 3. 窗的立面形式应按实际情况绘制 4. 小比例绘图时平面、剖面图的窗线可用单粗实线表示
28	百叶窗		1. 窗的名称代号用 C 表示 2. 立面图中的斜线表示窗的开启方向，实线为外开，虚线为内开；开启方向线交角的一侧为安装合页的一侧，一般设计图中可不表示 3. 图例中剖面图左为外、右为内，平面图下为外、上为内 4. 平面图和剖面图上的虚线仅说明开关方式，在设计图中无须表示 5. 窗的立面形式应按实际情况绘制
29	高　窗	$h=$	1. 窗的名称代号用 C 表示 2. 立面图中的斜线表示窗的开启方向，实线为外开，虚线为内开；开启方向线交角的一侧为安装合页的一侧，一般设计图中可不表示 3. 图例中剖面图左为外、右为内，平面图下为外、上为内 4. 平面图和剖面图上的虚线仅说明开关方式，在设计图中无须表示 5. 窗的立面形式应按实际情况绘制 6. h 为窗底距本层楼地面的高度

(4)图线

在建筑平面图上，需要选用不同的不同线型、线宽的图线来清晰表示平面图的内容。按国标规定：对于被剖切到的主要建筑构配件，如承重墙、柱的断面轮廓线及剖切符号用粗实线；被剖切到的次要建筑构配件的轮廓线(如墙身、台阶、散水、门窗开启线)用中实线；建筑构配件不可见轮廓线用中虚线；其余可见轮廓线及图例、尺寸标注等线用细实线；较简单的图样可用粗实线和细实线两种线宽。

(5)尺寸标注及标高

在建筑工程平面图中，用轴线和尺寸线表示各部分的长、宽尺寸和准确位置。平面图的外部尺寸一般分三道尺寸：最外面一道是外包尺寸，表示建筑物的总长度和总宽度；中间一道是轴线间距，表示开间和进深；最里面的一道是细部尺寸，表示门窗洞口、孔洞和墙体等详细尺寸。在平面图内还注有内部尺寸，表明室内的门窗洞、孔洞、墙体及固定设备的大小和位置。在首层平面图上还需要标注室外台阶、花池和散水等局部尺寸。

在各层平面图上还注有楼地面标高，表示各层楼地面距离相对标高零点(即正负零)的高差。一般规定，首层地面的标高为 ±0.000。

(6)门窗编号

在施工图中，门用代号 M 表示，窗用代号 C 表示，同一编号代表同一类型的门或窗。

(7)剖切符号、指北针及房屋名称的标注

指北针用来表明建筑的朝向，其圆的直径宜为 24 mm，用细实线绘制；指北针尾部的宽度宜为 3 mm，指针头部应注“北”或“N”字。

剖切符号、指北针只在底层平面图上标注。平面图应标注房间名称。

任务二　绘制建筑立面图

一、任务提出

根据图 4 －1 的建筑平面图尺寸，绘制如图 4 －3 所示房屋的正立面图。房屋门、窗样式自定，采用 A3 图幅，比例自定。

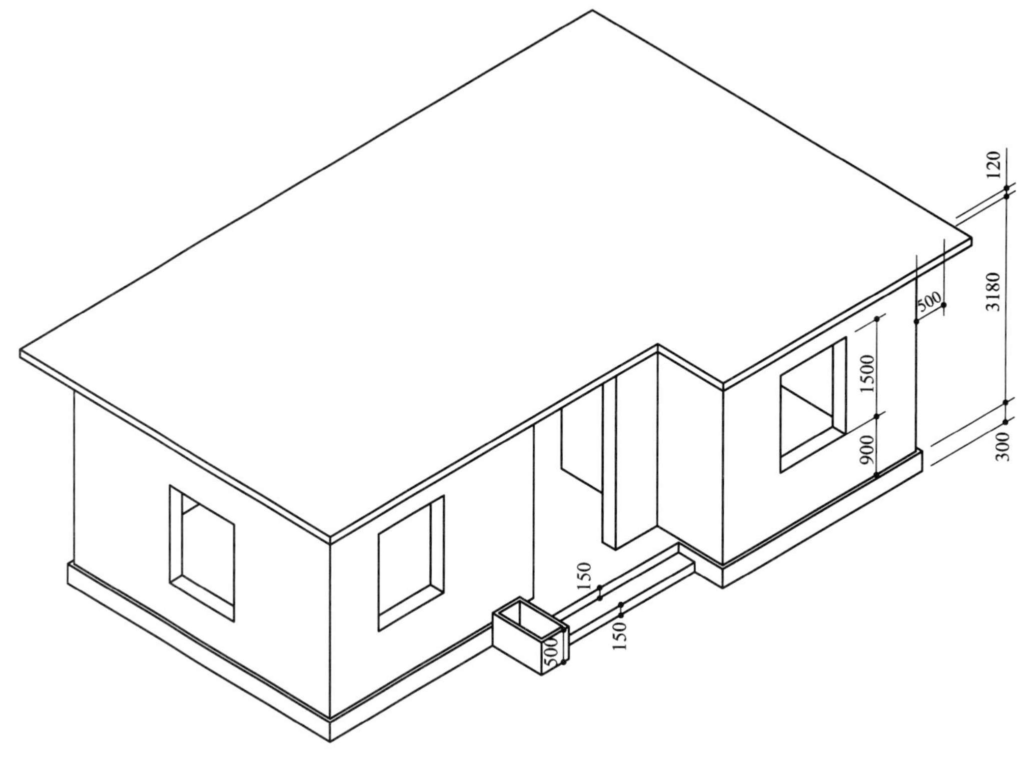

图 4 －3　房屋立体图

二、任务分析

如图 4 －3 所示房屋的平面尺寸可参考图 4 －1，此房屋总高 3600 mm，底部勒脚高 300 mm，窗台高 900 mm，窗高 1500 mm，门洞高 2700 m。要绘制建筑立面图就必须掌握建筑立面图的形成以及建筑立面图的绘制方法。

三、必备知识和技能

1. 建筑立面图的形成

在与房屋立面平行的投影面上所作出房屋的正投影图，称为建筑立面图，简称立面图。

2. 建筑立面图的用途

立面图主要用于表示建筑物的体形和外貌，表示立面各部分的形状及相互关系；表示立面装饰要求及构造做法等。因此，立面图是设计师表达立面设计效果的重要图纸，在施工中是外墙面造型、外墙面装修、工程概预算及备料等的依据。

3. 建筑立面图的命名

立面图的命名方式有两种：一种可按房屋的朝向来命名，如东立面图、南立面图、西立面图和北立面图。还有一种可按立面图上首尾轴线的编号来命名，如①～④立面图、Ⓐ～Ⓒ立面图，如图 4－4 所示。

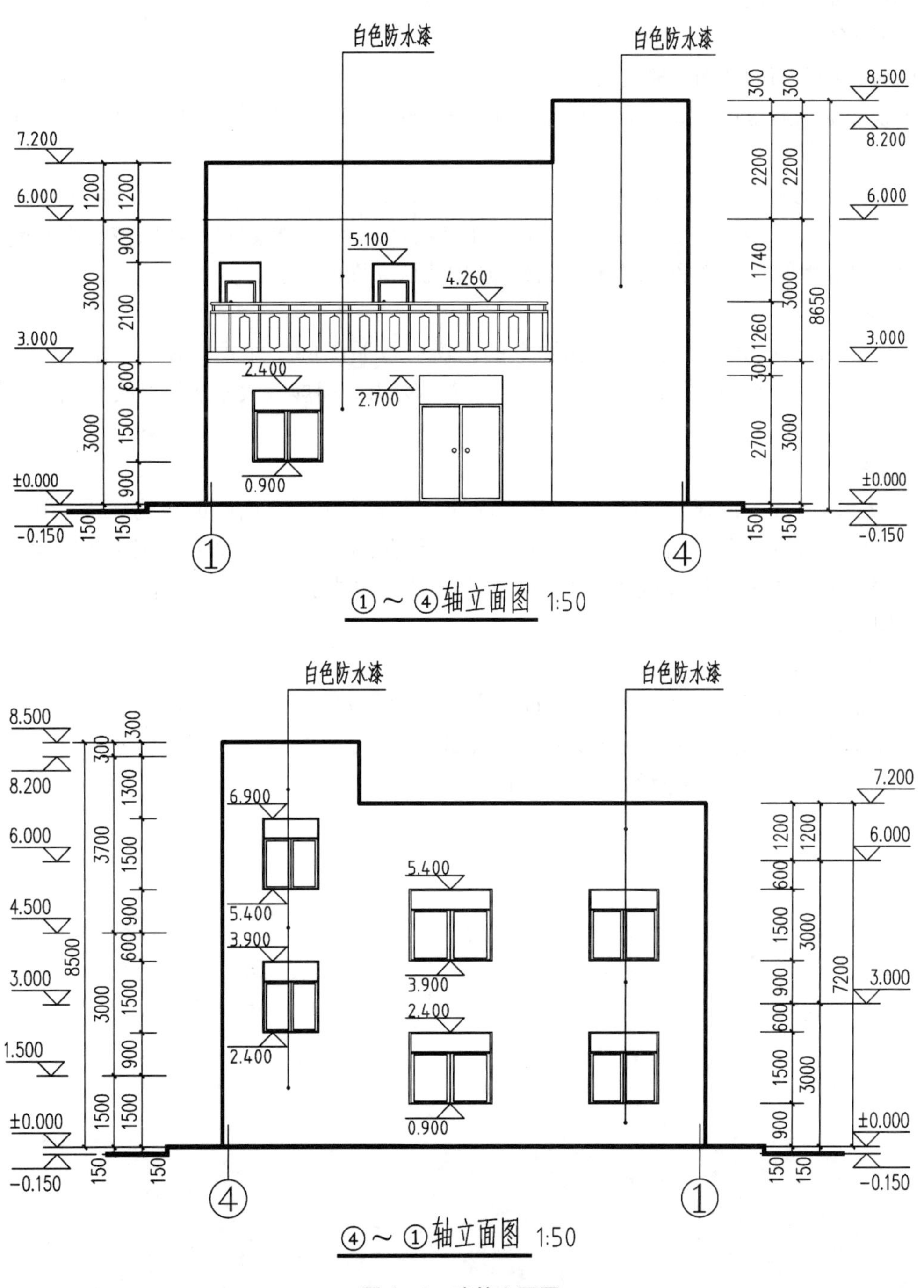

图 4－4　建筑立面图

4. 建筑立面图的内容及规定画法

建筑立面图表现建筑物外形上可以看到的全部内容，如散水、台阶、雨水管、遮阳措施、花池、勒脚、门头、门窗、雨罩、阳台、檐口；屋顶上面可以看到的烟囱、水箱间、通风道；还可以看到外楼梯等可看到的其他内容和位置；以及表明外墙各主要部位的标高，表明外墙各部位建筑装饰材料做法。

(1)图名及比例

图名可按立面的朝向、轴线来命名。

建筑立面图通常用1∶50、1∶100、1∶150、1∶200、1∶300的比例绘制，一般与其平面图相对应。

(2)定位轴线及编号

在建筑立面图中只画出两端的轴线并标注其编号，编号应与建筑平面图该立面两端的轴线编号一致，以便与建筑平面图对照阅读，从中确认立面的方位。

(3)图例

由于立面图的比例小，因此立面图上的门窗应按照图例立面式样表示，并画出开启方向。开启线以人站在门窗外侧看为准，细实线表示外开，细虚线表示内开，线条先关一侧为合页安装边。

(4)图线

为使建筑立面图清晰、美观，应采用不同的线型来表示。立面图的外轮廓线，用粗实线表示；突出墙面的雨篷、阳台、门窗洞口、窗台、台阶、柱和花池等投影，用中实线表示；其余如门窗、墙面等分格线、落水管、材料符号引出线及说明引出线等，用细实线表示；室外地坪线，用加粗实线表示。

(5)尺寸标注及标高

沿立面图高度方向标注三道尺寸，即总高尺寸、定位尺寸、细部尺寸。

建筑立面图要标注的标高一般有：各层楼面的标高，室外地坪的标高，每层的窗台和窗顶的标高，门顶的标高，屋面的标高，女儿墙的标高。

任务三　绘制建筑剖面图

一、任务提出

根据任务一的建筑平面图尺寸，绘制如图 4－5 所示建筑的剖面图，房屋门、窗样式自定，采用 A_3 图幅，比例自定。

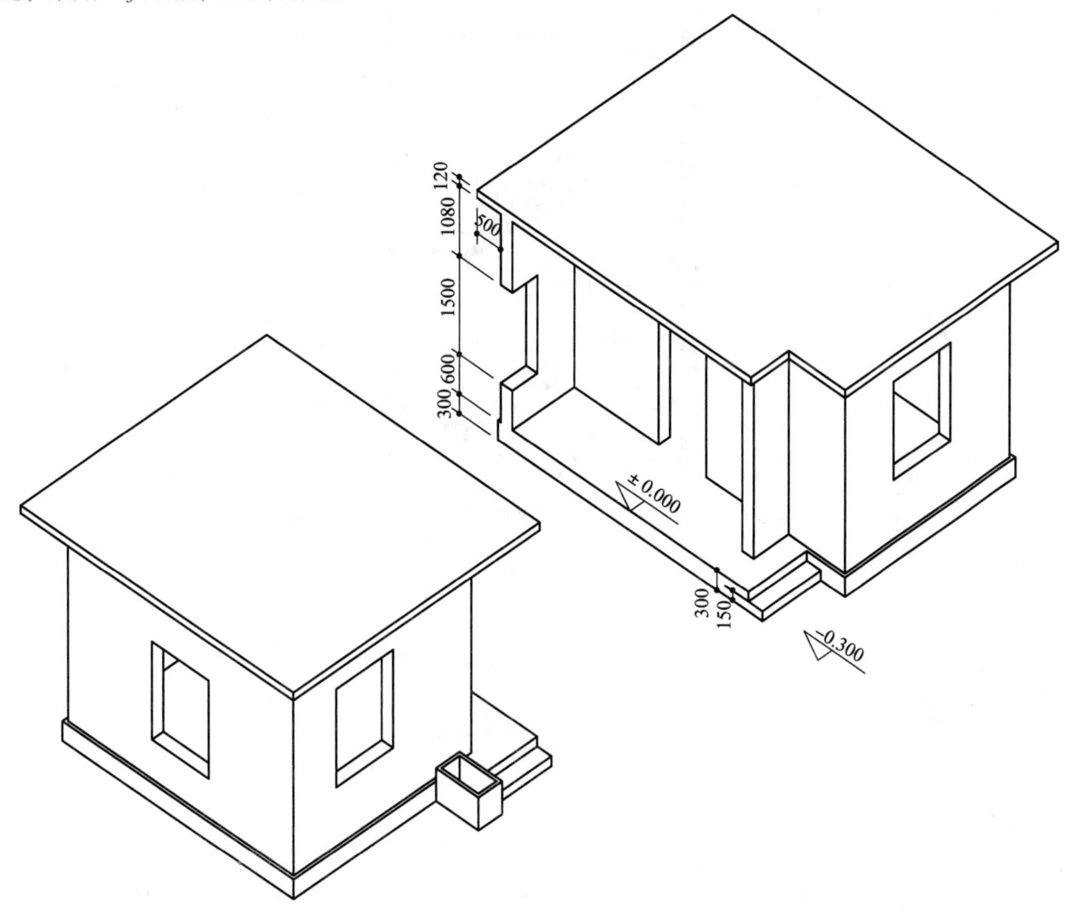

图 4－5　房屋立体图

二、任务分析

如图 4－5 所示房屋的平面尺寸可参考图 4－1，以一个垂直剖面将该房屋剖开，进门处上两级台阶，每级台阶高 150 mm，房屋总高 3600 mm，内门洞高 2400 mm，墙厚 240 mm，墙下部勒脚伸出墙 60 mm。要绘制建筑剖面图就必需掌握建筑剖面图的形成及绘制方法。

三、必备知识和技能

1. 建筑剖面图的形成及命名

假想用一个正立投影面或侧立投影面的平行面将房屋剖切开，移去剖切面与观察者之间的部分，将剩下部分按正投影的原理投射到与剖切面平行的投影面上，得到的图形称为剖面图。

用侧立投影面的平行面进行剖切，得到的剖面图称为横剖切图；用正立投影面的平行面进行剖切，得到的剖面图称为纵剖切图。一般在标注剖切符号时，都同时标注了编号，剖面图的名称都用其编号来命名，如1—1剖面图、2—2剖面图，如图4－6所示。

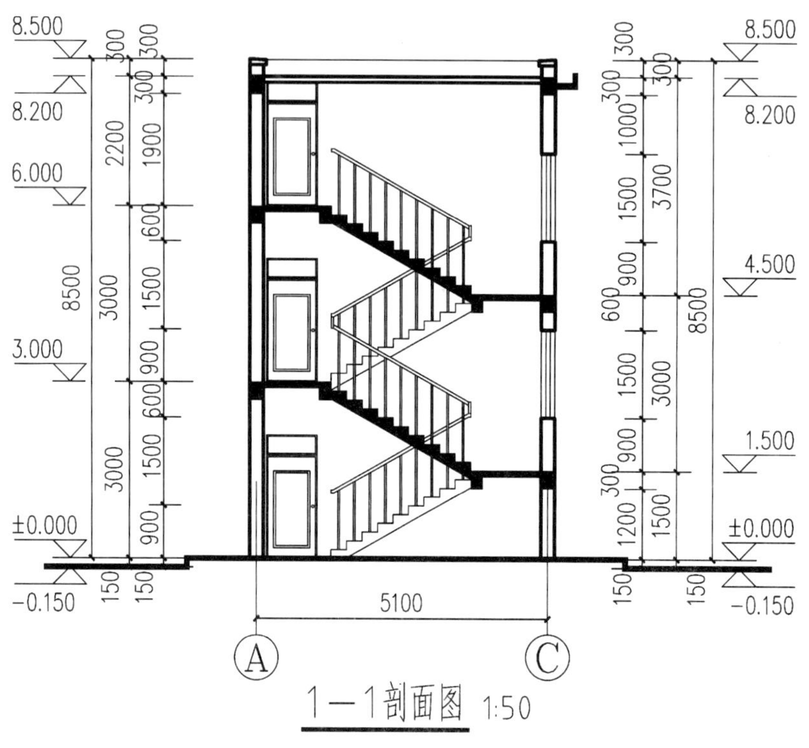

图4－6　建筑剖面图

2. 建筑剖面图的用途

建筑剖面图主要表示房屋的内部竖向空间的组合情况、各层高度、楼面和地面的构造以及各配件在垂直方向上的相互关系等内容。在施工中，可作为控制标高、砌筑内墙、铺设楼板和屋面板、内装修等工作的依据，是与平、立面图相互配合的不可缺少的重要图样之一。

3. 建筑剖面图的内容及规定画法

剖面图主要表示房屋内部在高度方向上的结构和构造，如表示房屋内部沿高度方向的分层情况、层高、门窗洞口的高度以及各部位的构造形式等，是与房屋平、立面图相互配合的不可缺少的基本图样之一。

(1)图名及比例

建筑剖面图通常用1∶50、1∶100、1∶150、1∶200、1∶300的比例绘制，一般与其平面图、立面图相对应。

(2)定位轴线及编号

在被剖切到的墙、柱及剖面图的两端画出定位轴线并标注编号。

(3)图线

按国标规定：对于被剖切到的主要建筑构造(包括构配件)如承重墙、柱的断面轮廓线及剖切符号用粗实线；对于被剖切到的次要建筑构造(包括构配件)的轮廓线(如墙身、台阶、散水、门窗开启线)、建筑构配件的轮廓线及尺寸起止斜短线用中实线；其余可见轮廓线及图例、尺寸标注等线用细实线；较简单的图样可用粗实线和细实线两种线宽。

(4)尺寸标注及标高

建筑剖面图水平方向尺寸需标注被剖切到的墙、柱的轴线间距，外部高度方向需标注 3 道尺寸(即总高尺寸、定位尺寸、细部尺寸)。在室外地坪、楼地面、阳台、檐口、女儿墙、台阶及平台等处都应标注标高。

任务四　绘制基础结构平面布置图和断面详图

一、任务提出

某建筑底层平面图如图 4－2 所示，采用如图 4－7 所示墙下钢筋混凝土条形基础。已知该基础采用现浇 C20 混凝土，基底标高 －1.2 m，断面为坡形，顶面宽 360 mm，底面宽 800 mm，底部高 200 mm，总高 400 mm；基础底部为 100 mm 厚 C15 混凝土垫层，每边比基础宽出 100 mm；基础配钢筋级别为二级，沿基础长度方向每隔 100 mm 放置直径为 12 mm 钢筋，沿基础宽度方向每隔 150 mm 放置直径为 10 mm 的通长（沿条形基础长度方向）钢筋。基础墙中有截面尺寸为 240 mm×240 mm 的圈梁，梁面标高 －0.060 m，圈梁断面四个角上各配 1 根直径为 12 mm 的通长（沿圈梁长度方向）二级钢筋，并沿圈梁长度方向每隔 200 mm 配置直径为 8 mm 的一级钢筋做箍筋。基础墙体均为 240 mm 厚砖墙。

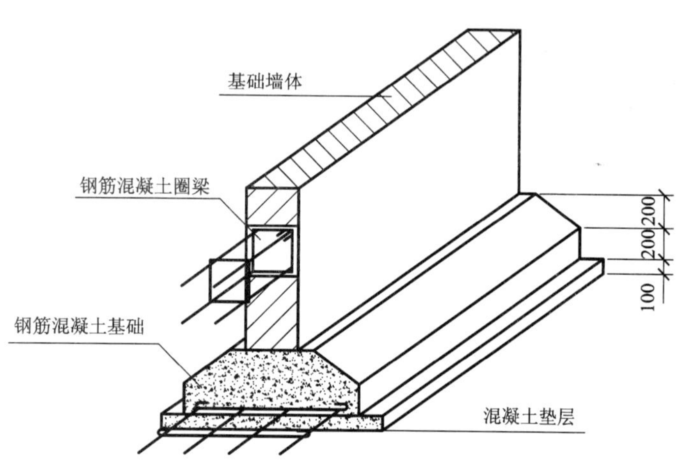

图 4－7　墙下钢筋混凝土条形基础示意图

要求：根据建筑结构制图标准和结构施工图要求，在 A3 图纸上按 1∶100 比例绘制该建筑基础平面布置图和断面详图。

二、任务分析

基础是建筑下部的承重结构，其结构平面布置图和断面详图的绘制不仅要符合正投影的原理和建筑制图标准，也要符合结构制图标准，因此，除了了解墙下条形基础的结构形式，还必须了解建筑结构制图标准、掌握基础结构平面布置图的内容要求和钢筋混凝土结构构件详图表达要求。

三、必备知识和技能

1. 结构施工图简介

房屋的结构施工图是根据房屋建筑中的承重构件进行结构设计，然后画出的图样。结构设计时要根据建筑要求选择结构类型，并进行合理布置，再通过力学计算确定各承重构件断面形状、大小、材料及构造等。现代建筑普遍为钢筋混凝土结构，承重构件基本有基础、柱、梁、板等，因此结构施工图主要表达这些主要承重构件的平面布置和构件形状、大小、材料、构造及其相互关系的图样，主要用来作为施工放线、开挖基槽、支模板、绑扎钢筋、设置预埋件、浇捣混凝土和安装梁、板、柱等构件及编制预算和施工组织计划等的依据。

结构施工图通常应包括：结构设计总说明，结构平法施工图。

结构设计总说明是带全局性的文字说明，它包括：建筑结构形式、选用材料的类型、规格、强度等级，地基情况，施工注意事项，选用标准图集等。

结构平法施工图是表示房屋中各承重构件配筋情况的图样。它包括：

①基础平法施工图；

②柱平法施工图；

③梁平法施工图；

④楼层平面布置图；

⑤楼梯平法施工图。

2.《建筑结构制图标准》有关规定

(1)常用构件代号

结构承重构件较多，为了便于在建筑结构施工图中表示各构件的名称，常用构件代号用各构件名称的汉语拼音的第一个字母表示，详见表4－2。

表4－2　常见构件代号

序号	名称	代号	序号	名称	代号	序号	名称	代号
1	框架柱	KZ	12	边框梁	BKL	23	悬挑板	XB
2	转换柱	ZHZ	13	楼层框架梁	KL	24	梯梁	TL
3	芯柱	XZ	14	框架扁梁	KBL	25	梯柱	TZ
4	梁上柱	LZ	15	屋面框架梁	WKL	26	平台板	PTB
5	剪力墙上柱	QZ	16	非框架梁	L	27	普通独基	DJ
6	约束边缘构件	YBZ	17	框支梁	KZL	28	基础梁	JL
7	构造边缘构件	GBZ	18	托柱转换梁	TZL	29	灌注桩	GZH
8	非边缘暗柱	AZ	19	悬挑梁	XL	30	承台	CT
9	扶壁柱	FBZ	20	井字梁	JZL	31	承台梁	CTL
10	连梁	LL	21	楼面板	LB	32	雨篷	YP
11	暗梁	AL	22	屋面板	WB	33		

(2)常用钢筋等级和符号(表4－3)

钢筋按其强度和品种分成不同的等级，并用不同的符号表示，如表4－3所示。

表4－3　常用钢筋等级和符号

牌号	类别	符号	屈服强度标准值
HPB300	热轧光圆钢筋	Φ	300 MPa
HRB335	热轧带肋钢筋	Φ	335 MPa
HRB400	热轧带肋钢筋	Φ	400 MPa
HRB500	热轧带肋钢筋	Φ	500 MPa

说明：H、P、R、B分别为热轧(hotrolled)、光圆(plain)、带肋(ribbed)、钢筋(bars)四个词的英文首字母。

（3）常用钢筋图例（表4－4）

表4－4　常用钢筋图例

序号	名称	图例	说明
1	钢筋横断面		
2	无弯钩的钢筋端部	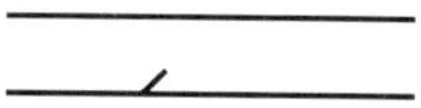	下图表示长、短钢筋投影重叠时，短钢筋的端部用45°斜划线表示
3	带半圆形弯钩的钢筋端部		
4	带直钩的钢筋端部		
5	带丝扣的钢筋端部		

（4）钢筋的画法（表4－5）

表4－5　钢筋的画法

序号	说　明	图例
1	在结构平面图中配置双层钢筋时，底层钢筋的弯钩应向上或向左，顶层钢筋的弯钩则向下或向右	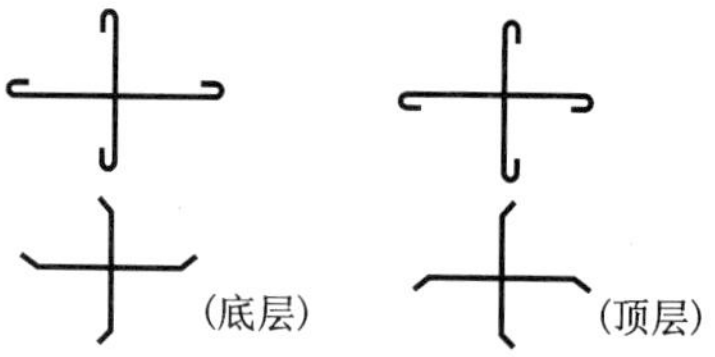 （底层）（顶层）
2	钢筋混凝土墙体配双层钢筋时，在配筋立面图中，远面钢筋的弯钩应向上或向左，而近面钢筋的弯钩向下或向右（JM 近面；YM 远面）	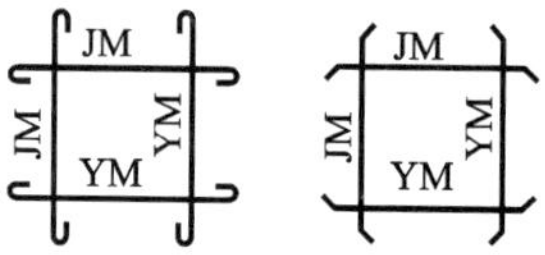 JM YM JM YM　JM YM JM YM
3	若在断面图中钢筋布置不能表达清楚，应在断面图外增加钢筋大样图（如：钢筋混凝土墙、楼梯等）	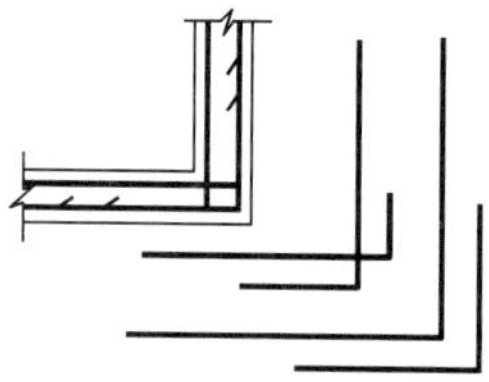
4	图中所表示的箍筋、环筋等若布置复杂时，可加画钢筋大样及说明	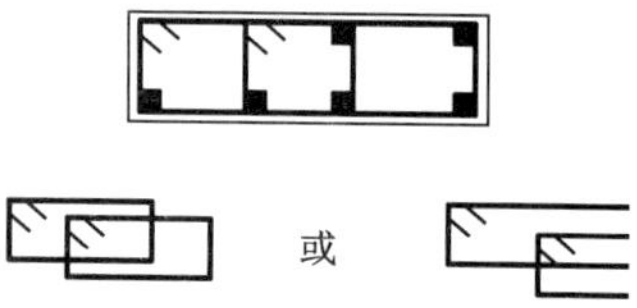 或
5	每组相同的钢筋、箍筋或环筋，可用一根粗实线表示，同时用一两端带斜短画线的横穿细线，表示其余钢筋及起止范围	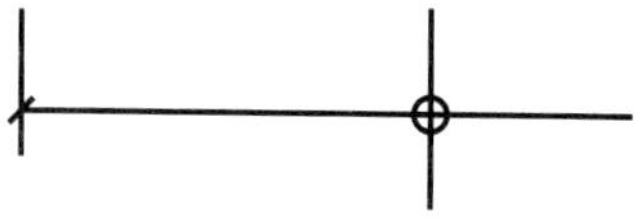

(5)钢筋的名称

钢筋混凝土构件中混凝土和钢筋协同受力，混凝土耐压，钢筋耐拉，配置在混凝土中的钢筋，主要作用是协助混凝土承受拉应力。如图 4 -8 所示，以钢筋混凝土简支梁为例，在荷载作用下，构件上部为受压区，下部为受拉区，因此一般需在构件下部配置受力钢筋。此外，钢筋骨架在构件里能起到约束混凝土的作用。

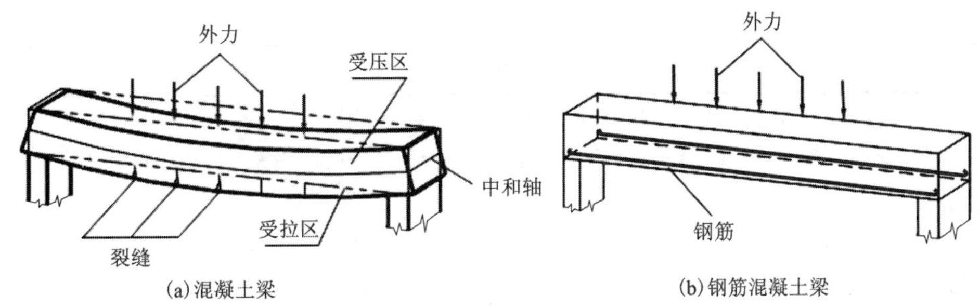

(a)混凝土梁　(b)钢筋混凝土梁

图 4 -8　简支梁受力示意图

因此，钢筋按其作用和位置可分为以下几种，如图 4 -9 所示。

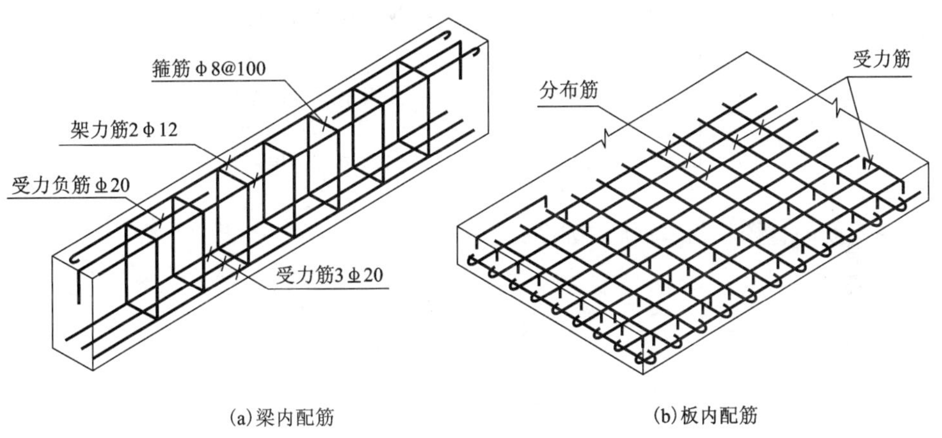

(a)梁内配筋　(b)板内配筋

图 4 -9　梁板钢筋配置示意图

①受力筋：承受拉、压应力的钢筋。

②箍筋：承受一部分斜拉应力，并固定受力筋的位置，多用于梁和柱内。

③架立筋：用以固定梁内箍筋的位置，构成梁内的钢筋骨架。

④分布筋：用于屋面板、楼板内，与板的受力筋垂直布置，将承受的重量均匀地传给受力筋，并固定受力筋的位置，以及抵抗热胀冷缩所引起的温度变形。

⑤构造筋：因构件构造要求或施工安装需要而配置的构造筋。如腰筋、预埋锚固筋、环等。

(6)保护层

钢筋外缘到构件表面的距离称为钢筋的保护层。其作用是保护钢筋免受锈蚀，提高钢筋与混凝土的黏结力。混凝土保护层最小厚度见表 4 -6。

表4－6　混凝土保护层最小厚度　　(mm)

环境类别	板、墙、壳	梁、柱、杆
一	15	20
二 a	20	25
二 b	25	35
三 a	30	40
三 b	40	50

注：1. 混凝土强度等级不大于C25时，表中保护层厚度数值应增加5 mm；

2. 钢筋混凝土基础宜设置混凝土垫层，基础中钢筋的混凝土保护层厚度应从垫层顶面算起，且不应小于40 mm。

(7)钢筋的标注

钢筋的直径、根数及相邻钢筋中心距在图样上一般采用引出线方式标注，其标注形式有下面两种：

①标注钢筋的根数和直径。

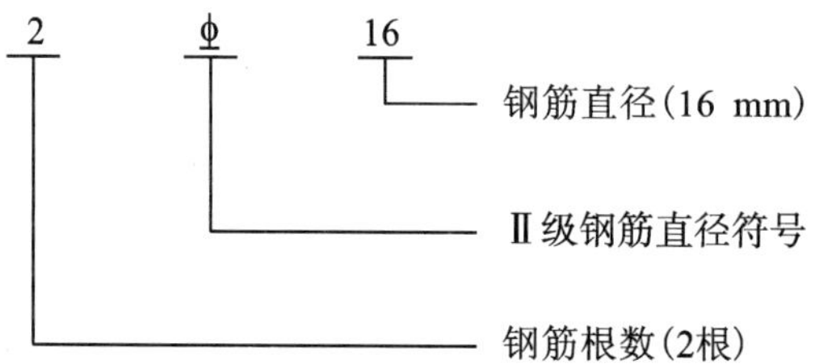

②标注钢筋的直径和相邻钢筋中心距。

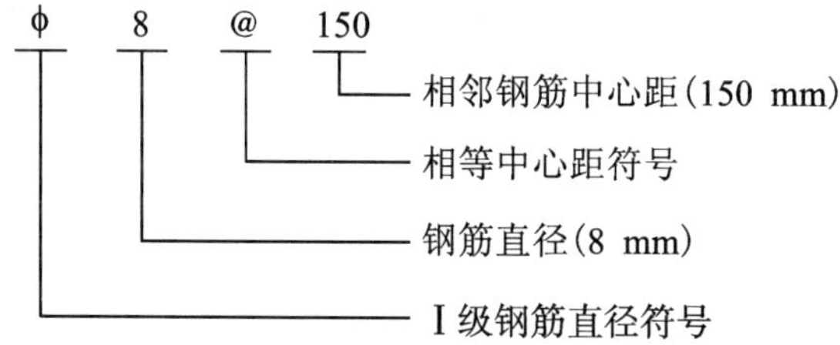

构件中对不同形状、不同规格的钢筋应进行编号。规格、直径、形状、尺寸完全相同的钢筋编同一个号，任一项不同则需分别编号，按先主后次的顺序逐一编号，编号数字写在直径为6 mm的细实线圆内。简单构件可不编号。

(8)钢筋混凝土构件图示方法

为了清楚地表明构件内部的钢筋，可假设混凝土为透明体，这样构件中的钢筋在施工图中便可看见。钢筋在结构图中其长度方向用单根粗实线表示，断面钢筋用黑圆点表示，构件的外形轮廓线用中实线绘制。

3. 基础平面图与基础详图绘制要求

基础平面图是表示基础平面布置的图样，是假想用一个水平面在房屋的底层室内地面以下适当位置剖切，移去上部房屋和基坑内的泥土所作的水平剖面图。

这样，剖切到基础墙或地垄墙的墙身，并看到它们的大放脚（基础墙下端加宽墙厚，加宽部分的构造叫大放脚，如图 4 - 10 所示）以及基础宽度。但在表示基础平面图时，只画出基础墙和基础底面；梁和墙身的投影重合时，梁可用单线结构构件画出；而基础、大放脚等细部的可见轮廓线都省略不画。在基础平面图中，剖切到的基础墙画中实线，基础底面画细实线，可见的梁画粗实线（单线），不可见的梁画粗虚线（单线）；如果剖切到钢筋混凝土柱，则用涂黑表示。

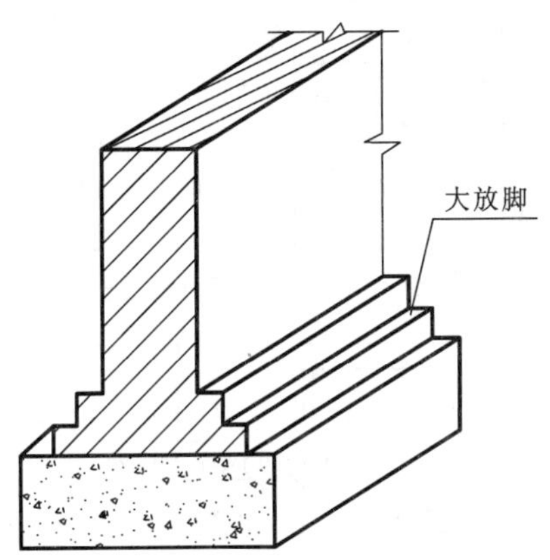

图 4 - 10　条形基础大放脚示意图

基础平面图应标注出各部分的尺寸，轴线编号应和建筑施工图中底层平面图一致。基础平面图的比例一般采用 1∶50、1∶100、1∶150 或1∶200。

基础的细部形状和尺寸用基础详图表示。基础详图是垂直剖切的断面图，以表示基础的形状、大小、构造及埋置深度，通常在基础平面图相应位置标注剖切符号，并以剖切编号作为基础断面详图的图名。基础详图常用 1∶20、1∶30 等较大比例画出。

4、工程图例

（1）基础平面图和基础详图

某传达室一层建筑平面图如图 4 - 11 所示，其基础平面布置图如图 4 - 12 所示，墙下条形基础断面详图如图 4 - 13 所示。由基础平面布置图可知，该房屋采用墙下条形基础，所有基础均为 1—1 断面形式，基础墙厚 240 mm，基底宽 840 mm，基底标高 - 1.000 m，基础大放脚标高范围为 - 1.000 m 至 - 0.560 m。由 1—1 基础断面图可知，该条形基础由素混凝土基础和砖基础组合而成，底部为 200 mm 高的 C20 素混凝土，混凝土基础比砖基础每边宽出 180 mm；上部砖基础为两步大放脚，每步为每 120 mm 高收 60 mm。基础砖墙在 - 0.060 m 标高处有圈梁（QL），圈梁配筋有两种，分别为角部①号钢筋，4 根直径 14 mm 的一级钢筋位于圈梁四角，平行于圈梁长度方向布置；②号钢筋为箍筋，直径为 8 mm 的一级钢筋，沿圈梁长度方向中心间距每 200 mm 布置一根。

（2）钢筋混凝土梁构件详图

如图 4 - 14 所示，该梁的详图由立面图、钢筋移出详图、梁支座 1—1 和跨中 2—2 剖切断面详图组成。由图可知梁的两端搁置在砖墙上，共有四种钢筋。其中，①②号钢筋为受力

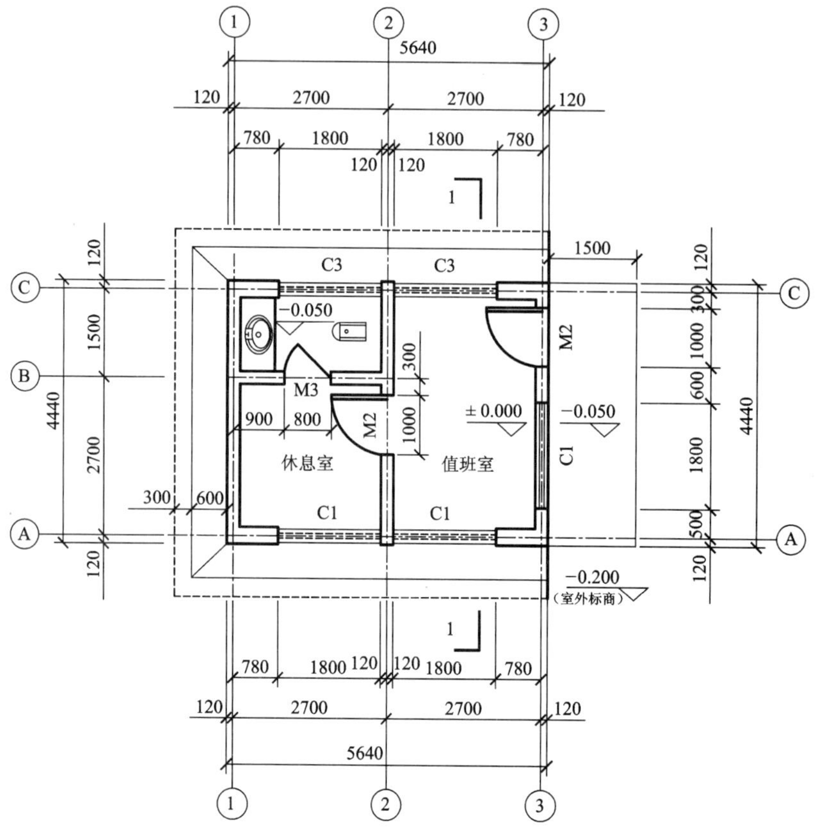

图 4－11　某传达室一层建筑平面图

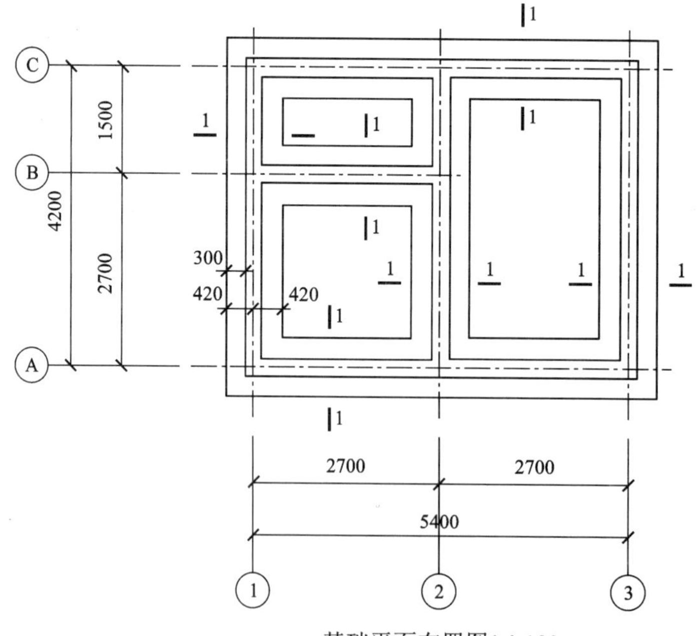

图 4－12　某传达室基础平面布置图

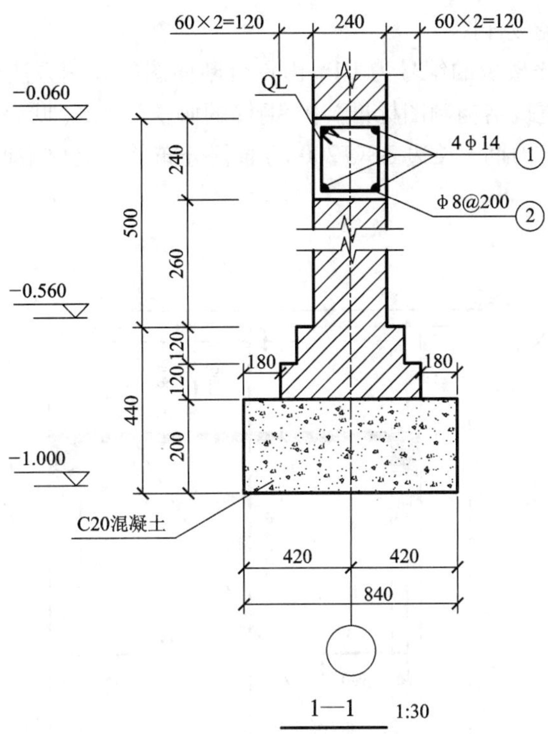

图4-13　墙下条形基础断面详图

筋，①号筋位于梁下部，贯通梁全长，②号筋在支座端设90°弯钩，位于梁上部中间，只在梁的支座两侧布置，梁跨中没有；③号筋为架立筋，两端设180°圆弯钩，位于梁上部两角，贯通梁全长；④号筋为箍筋。

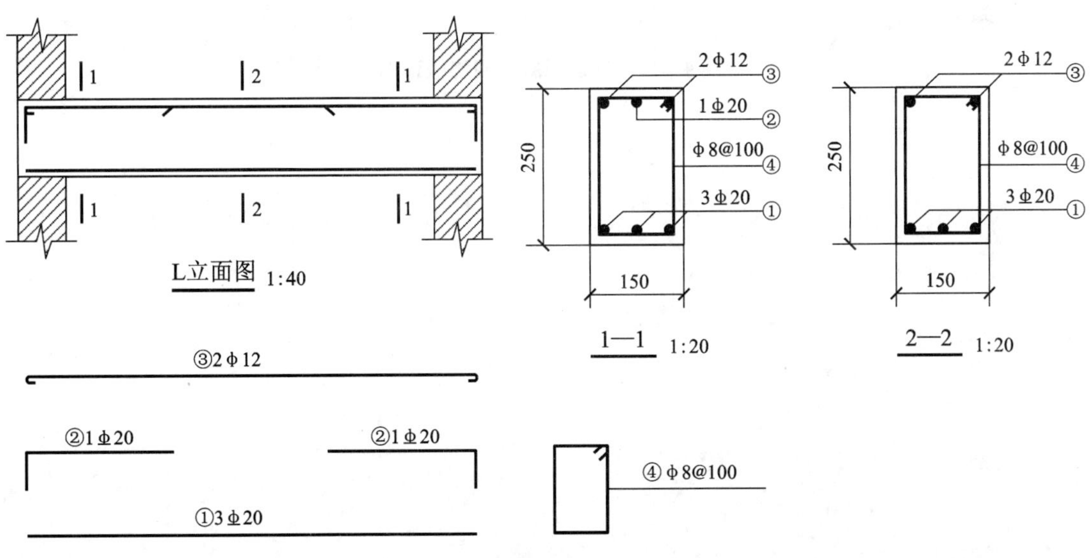

图4-14　钢筋混凝土梁构件详图

(3) 钢筋混凝土现浇板详图

如图 4 – 15 所示，该楼板的编号为 B1，由重合断面图的表达方法可知，在 2 号和 3 号轴线处板下为梁。根据《建筑结构制图标准》中“钢筋的画法”规定（见表 4 – 5），板下部配筋为短边 ϕ10@150 的通长受力筋、长边 ϕ8@200 的通长分布筋，上部配筋为 ϕ8@200 的支座边缘受力筋。

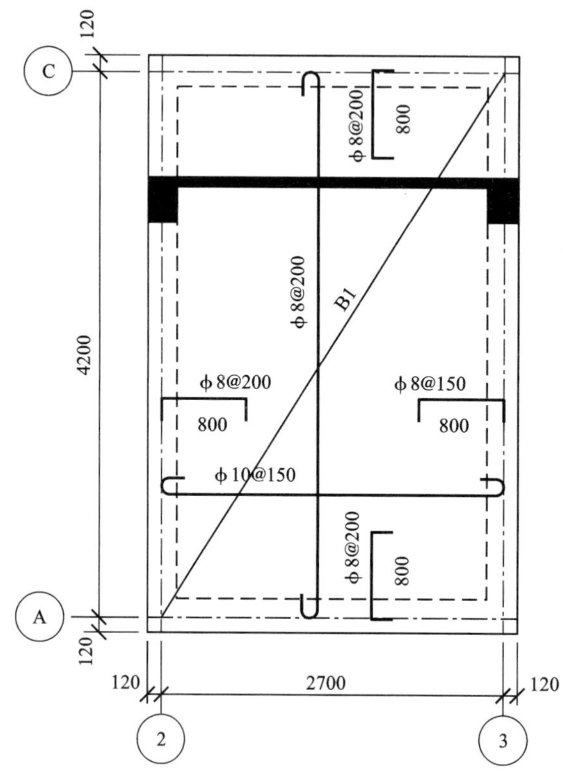

图 4 – 15 钢筋混凝土现浇板详图

模块五　CAD 绘制建筑图样

【知识目标】

- 了解 AutoCAD2018 软件的工作界面及图形文件的管理
- 掌握 AutoCAD 二维图形基本绘图命令
- 掌握 AutoCAD 二维图形常用图形编辑命令
- 掌握 AutoCAD 图形尺寸标注的方法
- 掌握 AutoCAD 创建建筑构件三维模型和编辑命令

【能力目标】

- 能熟练进行 AutoCAD 图形文件的管理
- 能熟练应用 AutoCAD 软件绘制各种平面图形
- 能按照《房屋建筑制图统一标准》(GB/T50001—2017)的要求，用 AutoCAD 软件标准绘制建筑图样并对其进行尺寸标注
- 能熟练应用 AutoCAD 软件制作建筑构件的三维模型

任务一　CAD 绘图环境的设置

CAD绘图环境的设置

一、提出任务

熟悉 AutoCAD2018 的基本工作界面，按如下的要求设置好绘图环境，并保存在我的电脑 D 盘根目录下指定文件夹中。

主要内容有：文件的新建和保存、绘图环境的设置。

1. 新建 CAD 文件，选择 cadiso 样板文件，保存在我的电脑 D 盘中，图名保存为：任务一. dwg，文件类型为 AutoCAD2018 图形。

2. 打开任务一. dwg 的 CAD 图纸，按如下要求设置绘图环境。

(1)图形界限更改为：420 * 297；

(2)调出菜单栏；

(3)图形单位更改为精度 0，角度精度为 0.0；

(4)状态栏中仅打开极轴、对象捕捉、对象追踪三项；

(5)调整绘图背景为黑色，十字光标大小为 100。

二、任务分析

如上所述为任务一要求设置的绘图环境。要运用 CAD 软件正确设置该绘图环境，就必须熟悉 AutoCAD2018 操作界面，学习 AutoCAD2018 中有关的格式设置的正确方法。

三、必备知识

1. AutoCAD 2018 的工作界面介绍

AutoCAD2018 安装完成以后，计算机桌面上生成 AutoCAD2018 快捷图标，如图 1－1 所示。

1）启动 AutoCAD2018 的常用方法：

- 双击桌面上的 AutoCAD2018 快捷图标 。
- 点击开始菜单中 AutoCAD2018 程序。

2）AutoCAD2018 的工作界面

启动 AutoCAD2018 后，常用的工作界面如图 5－1 所示。

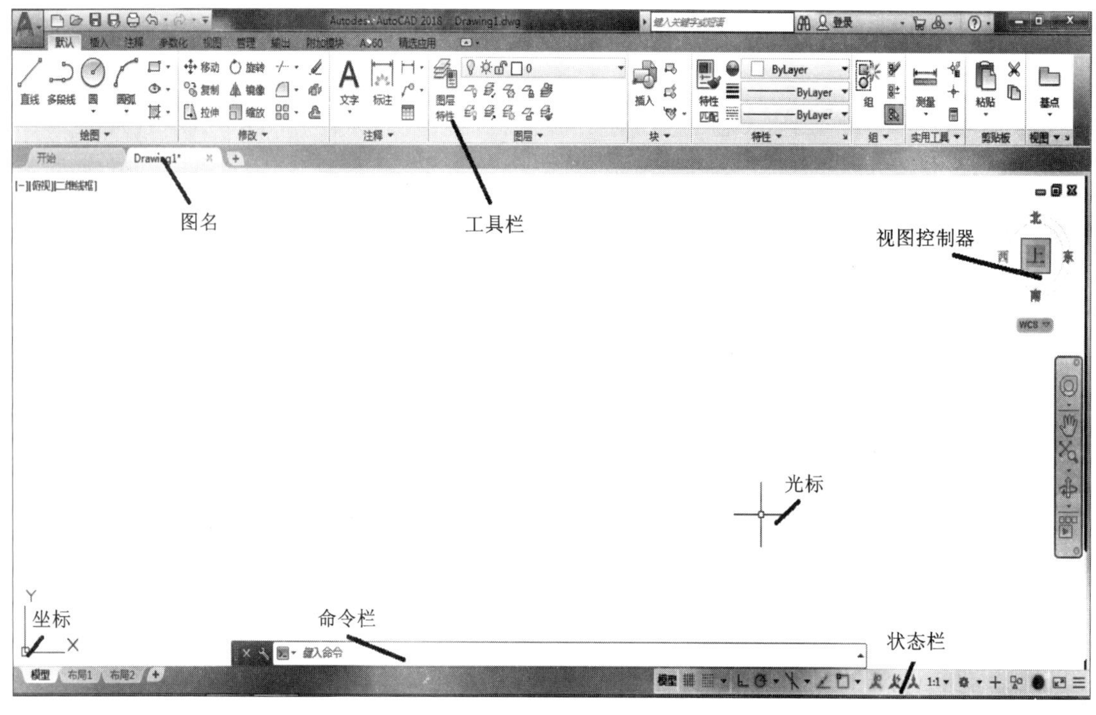

图 5－1　AutoCAD2018 工作界面

AutoCAD2018 有三种工作空间，分别是【草图与注释】、【三维建模】和【三维基础】，这三种工作界面可以方便地进行切换。单击下拉菜单【工具】→【工作空间】，就出现下一级菜单【草图与注释】、【三维建模】和【三维基础】；也可以单击屏幕右下角状态按钮 选择。用户可以在工作空间中进行选择和切换，如图 5－2 所示。同时，对于习惯用 CAD 经典模式绘图的同学，可以通过工作空间的自定义选项，自己定义适合自己的工作空间。

3）菜单栏

菜单栏包括【文件】、【编辑】、【视图】、【插入】、【格式】、【工具】、【绘图】、【标注】、【修改】、【窗口】、【帮助】共 11 个选项，都会出现一个下拉菜单。

在菜单栏任一个位置处，单击右键可弹出快捷面板 ，用于选择是否显示

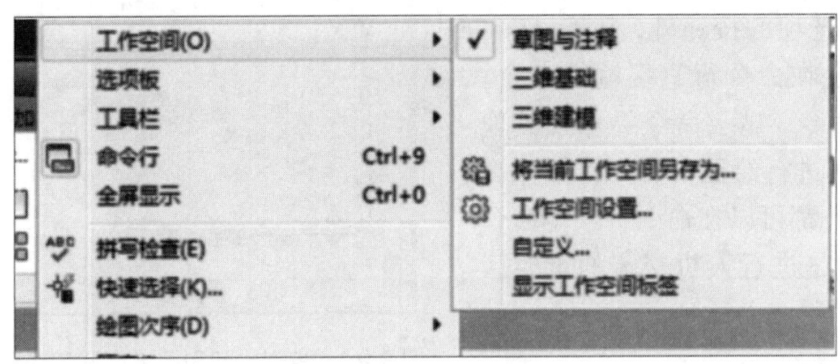

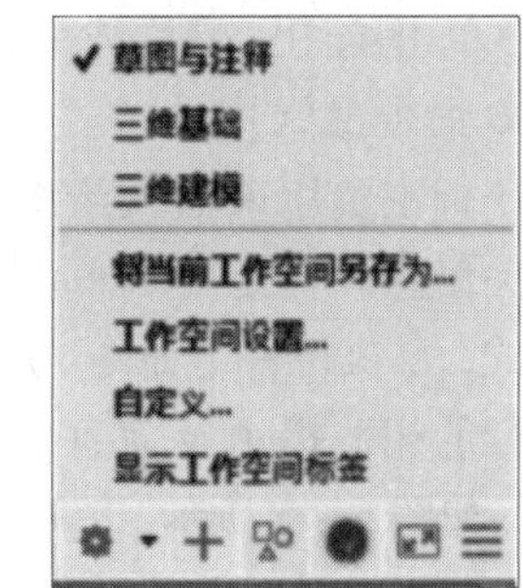

图 5－2　三种工作界面切换

菜单栏内容。菜单栏右端的 按钮，可以实现一个.dwg 文件的最小化、最大化、关闭等操作。

在主菜单中，如果其中的命令选项呈灰色显示，则该命令选项为暂时不可用；如果某个命令选项后面带有“…”符号，则表示选择该命令选项后将会打开一个对话框，在对话框中进行相关设置。

4）工具栏

工具栏是由一组图标型工具按钮组成的，它是一种执行 AutoCAD 命令更为快捷的方法。

AutoCAD2018 系统共提供了三十多个工具栏，在工具栏中单击某个按钮，便会执行相应的功能操作，而不必从菜单浏览器中选择所需要的菜单命令。工具栏可以是固定的，也可以是浮动的。浮动的工具栏可以位于绘图区域的任何位置，如果拖动浮动工具栏的一边可以调整工具栏的大小。放置好常用的工具栏后，可以将它们锁定，方法是：用鼠标右键单击任意一个工具栏，从快捷菜单中选择【锁定位置】，选择所要锁定的选项。

为了不占用更多的绘图空间，通常在【草图与注释】界面，系统默认只能打开标准工具栏。用户也可以随时打开需要的其他工具栏。方法为：将鼠标移至工具栏的任意位置，单击鼠标右键，弹出如图 5－3 所示的工具栏快捷菜单，选中需要的选项即可。左边标有“√”的选项表示已被选中。

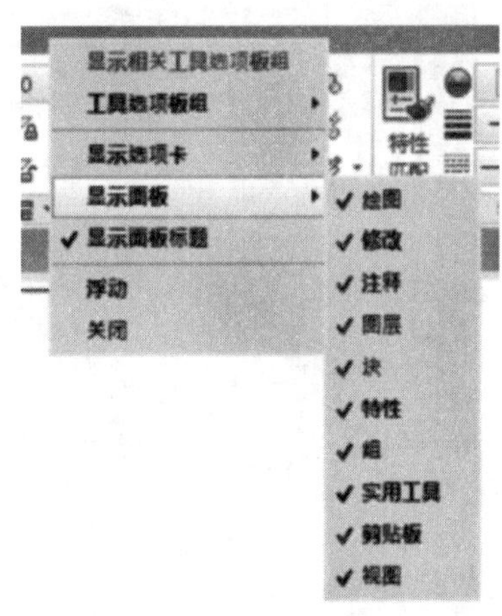

图 5－3　工具栏快捷菜单

在使用工具按钮过程中，当对某个工具按钮不熟悉或忘记时，将鼠标在按钮位置停留 0.5 s，指针右下角会出现按钮的名称。

5）绘图区域

绘图区域在屏幕的中间，是用户工作的主要区域，用户的所有工作效果都反映在这个区域，相当于手工绘图的图纸。选项卡控制栏位于绘图区的左下边缘，单击【模型】、【布局】，可以在模型空间和图纸空间之间进行切换，如图 5－4 所示。

6）命令行与文本窗口

执行一个 AutoCAD 命令有多种方法，除了下拉菜单、单击绘图工具栏或面板选项的按钮外，执行 AutoCAD 命令最常用的方式就是在命令行直接输入命令。命令行主要用来输入绘图命令、显示命令提示及其他相关信息。在使用 AutoCAD 进行绘图时，不管用什么方式，每执行一个命令，用户都可以在命令行获得命令执行的相关提示及信息，它是进行人机交流的重要区域，如图 5－5 所示。

Y
X
模型
布局1
布局2

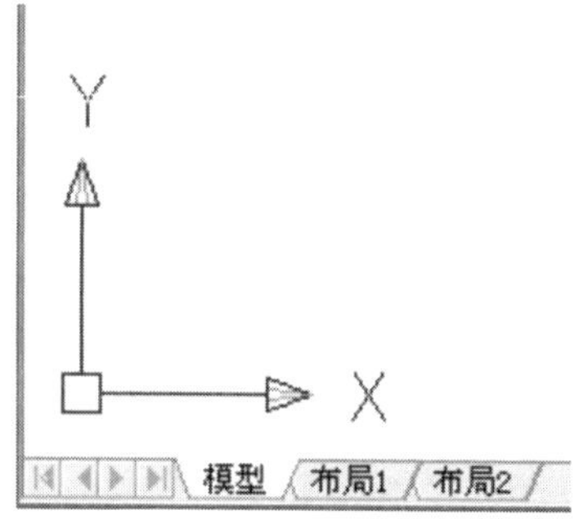

图 5－4　模型空间和图纸空间切换

打开文本窗口命令的方法有：

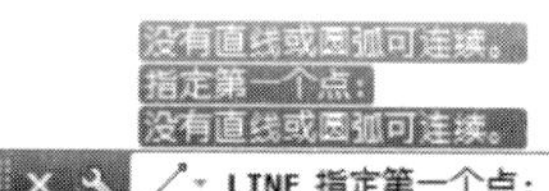

没有直线或圆弧可连续。
指定第一个点:
没有直线或圆弧可连续。
LINE 指定第一个点:

图 5－5　命令行

- 下拉菜单：【视图】→【显示】→【文本窗口】
- 命令行：textscr
- 快捷键：F2

打开文本窗口后可查看所有操作，也可以直接将操作命令粘贴在 Word 文档中，如图 5－6 所示。

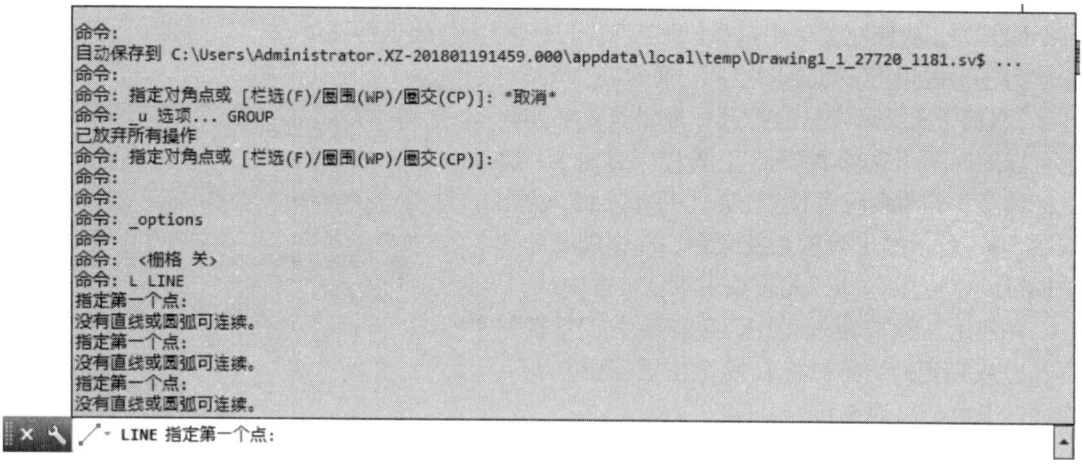

命令:
自动保存到 C:\Users\Administrator.XZ-201801191459.000\appdata\local\temp\Drawing1_1_27720_1181.sv$ ...
命令:
命令: 指定对角点或 [栏选(F)/圈围(WP)/圈交(CP)]: *取消*
命令: _u 选项... GROUP
已放弃所有操作
命令: 指定对角点或 [栏选(F)/圈围(WP)/圈交(CP)]:
命令:
命令:
命令: _options
命令:
命令: <栅格 关>
命令: L LINE
指定第一个点:
没有直线或圆弧可连续。
指定第一个点:
没有直线或圆弧可连续。
指定第一个点:
没有直线或圆弧可连续。
LINE 指定第一个点:

图 5－6　文本窗口

7）状态栏

状态栏包括应用程序状态栏和图形状态栏，他们提供了有关打开和关闭图形工具的有用信息和按钮。应用程序状态栏位于工作界面的最底部，如图 5－7 所示。

当光标在绘图区域移动时，状态栏的区域可以显示当前光标的 X、Y、Z 三维坐标值。状

图 5－7　状态栏

态栏中间是【捕捉】、【栅格】、【正交】、【极轴】、【对象捕捉】、【对象追踪】、【DUCS】、【DYN】、【线宽】、【模型】开关按钮。用鼠标单击它们可以打开或关闭相应的辅助绘图功能，也可使用相应的快捷键打开。AutoCAD2018 状态栏新增加了注释工具、导航工具、全屏显示、隔离等按钮。

8）功能区

功能区由许多面板组成，给当前工作空间的操作提供了一个单一、简洁的放置区域。使用功能区时，无需显示多个工具栏，从而使得应用程序窗口变得简洁有序。

在 AutoCAD2018 中新增加了功能区，用户使用【草图与注释】工作空间或【三维建模】工作空间创建或打开图形时，功能区将自动显示。如果要显示功能区，可以在命令行提示下，输入“ribbon”即可调出功能区。

2. AutoCAD2018 的图形文件管理

AutoCAD2018 的图形文件管理主要包括文件的新建、打开、保存、关闭。

1）新建图形文件

可以用以下几种方法建立一个新的图形文件：

- 下拉菜单：【文件】→【新建】
- 标准工具栏按钮：
- 命令行：new.
- 快捷键 Ctrl + N

打开新建图形文件命令后，屏幕出现如图 5－8 所示的【选择样板】对话框。用户可以选择其中一个样本文件，单击 打开(O) 按钮即可。除了系统给定的这些可供选择的样板文件（样板文件扩展名为 · dwt），用户还可以自己创建所需的样板文件，以后可以多次使用。

如果不需要选择样板，用户还可以选择使用 打开(O) 中的小三角，则出现如图 5－8所示的选项，可根据需要选择打开模板文件、英制无样板打开、公制无样板打开。

2）打开原有文件

一个已存在的 AutoCAD 文件可以用以下几种方法打开：

- 下拉菜单：【文件】→【打开】
- 标准工具栏按钮：
- 命令行：open
- 快捷键：Ctrl + O

打开文件后，出现如图 5－9 所示的对话框，用户可以找到已有的某个 AutoCAD 文件单击，然后选择对话框中右下角的打开按钮。

3）保存图形文件

为了防止因突然断电、死机等情况的发生而对已绘图样的影响，用户应养成随时保存所绘图样的良好习惯。

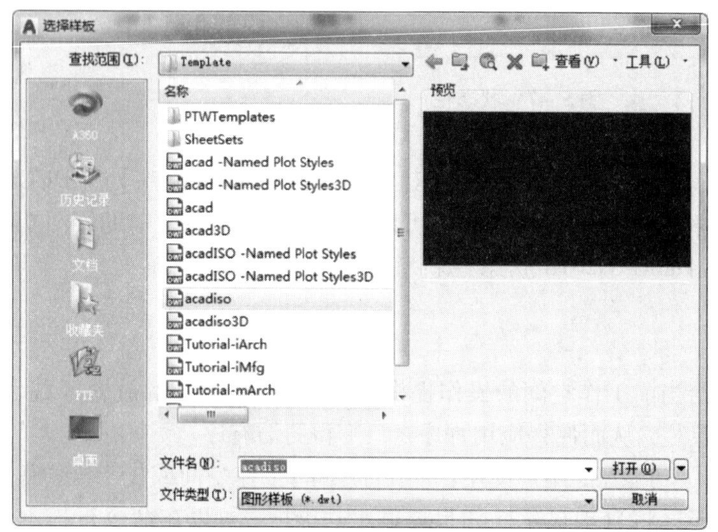

图 5-8　选择样板

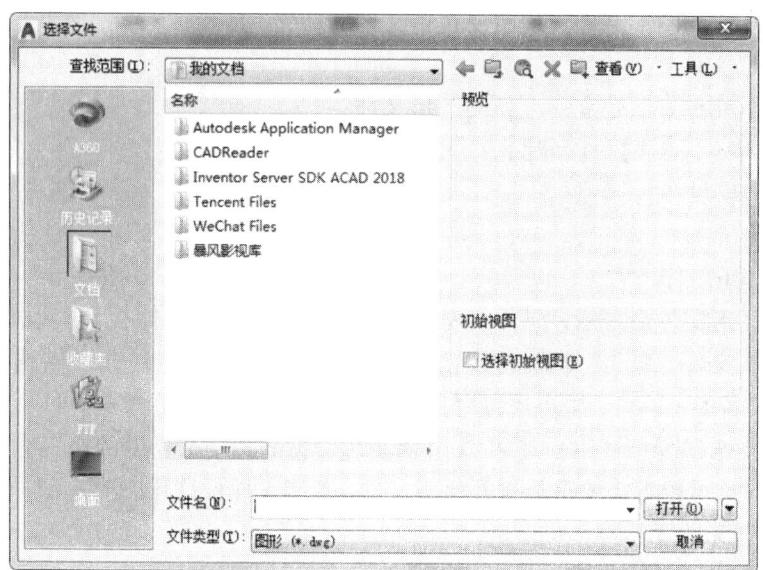

图 5-9　选择文件

可以用以下几种方法快速保存绘制好的 AutoCAD 图形文件：

- 下拉菜单：【文件】→【保存】
- 工具栏按钮：
- 命令行：qsave
- 快捷键：Ctrl + S

当执行快速保存命令后，对于还未命名的文件，系统会提示输入要保存的名称，对于已命名的文件，系统将以已存在的名称保存，不再提示输入文件名。

用户还可以用下面的另存方法改变已有文件的保存路径或名称：

- 下拉菜单：【文件】→【另存为】。
- 命令行：saveas 或 save
- 快捷键：Ctrl + Shift + S

4）关闭文件

要关闭当前打开的 AutoCAD 图形文件而不退出 AutoCAD 程序，可以使用以下几种方法：

- 下拉菜单：【文件】→【关闭】
- 命令行：close
- 快捷键：Ctrl + F4
- 按钮：图形文件窗口右上角 （下拉菜单右方）

如果要退出 AutoCAD 程序，则程序窗口和所有打开的图形文件均将关闭。可以使用以下几种方法：

- 下拉菜单：【文件】→【退出】
- 命令行：quit 或 exit
- 快捷键：Ctrl + Q
- 按钮：标题栏窗口右上角 （标题栏右方）

使用 closeall 命令或单击下拉菜单【窗口】→【关闭】或【全部关闭】，也可以快速关闭一个或全部打开的图形文件。

四、任务解析

1. 新建文件、选择样板、保存文件

如图 5－10 所示，新建 CAD 文件，选择 cadiso 样板文件，保存在我的电脑 D 盘中，图名保存为：任务一. dwg。

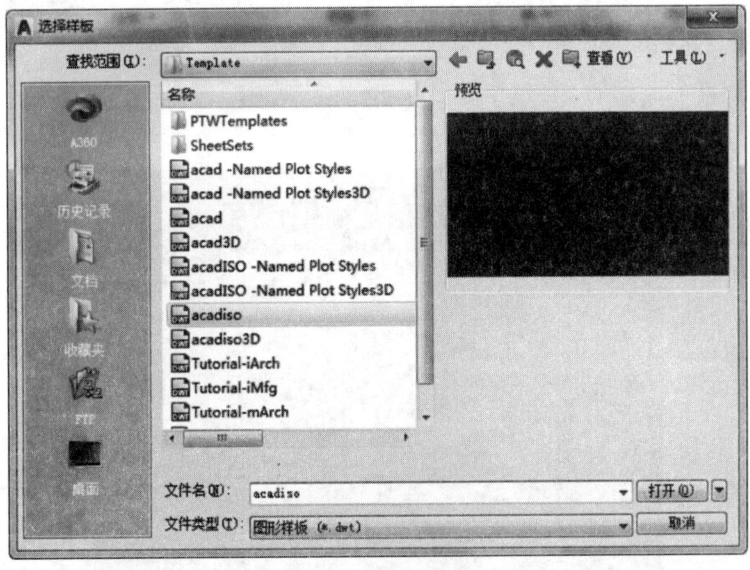

图 5－10　新建并保存文件（一）

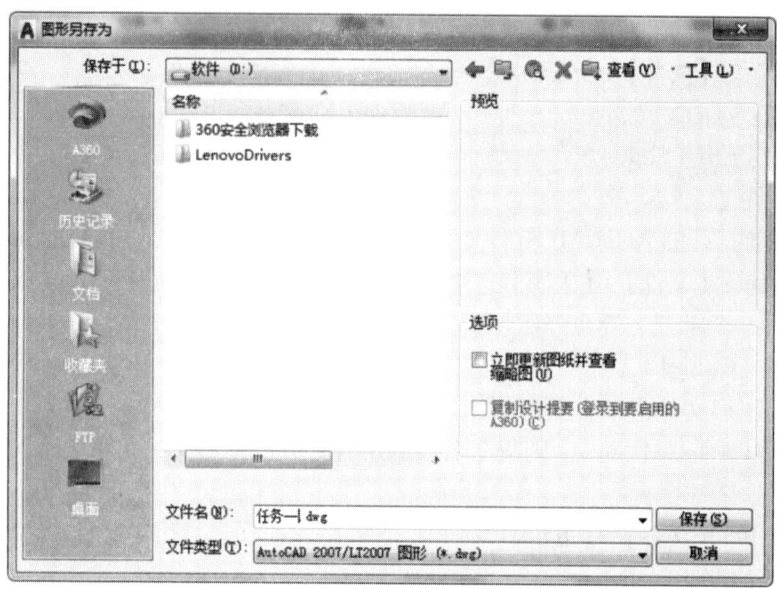

图 5－10　新建并保存文件(二)

(1)新建 CAD 文件，选择 cadiso 样板

(2)保存在我的电脑 D 盘中，图名保存为：任务一. dwg

2. 设置图形界线

【格式】下拉菜单→图形界线，或者直接在命令栏输入 Limits，启动图形界线命令，如图 5－11 所示，将图形界限更改为：420 * 297。打开状态栏中的栅格，然后双击鼠标滚轮，替换到更改后的图形界限。

```
命令: LIMITS
重新设置模型空间界限:
指定左下角点或 [开(ON)/关(OFF)] <0.0000,0.0000>:
指定右上角点 <420.0000,297.0000>: 420,297
命令: '_.zoom
指定窗口的角点，输入比例因子 (nX 或 nXP)，或者
[全部(A)/中心(C)/动态(D)/范围(E)/上一个(P)/比例(S)/窗口(W)/对象(O)] <实时>: _e 正在重生成模型。
命令: 指定对角点或 [栏选(F)/圈围(WP)/圈交(CP)]: *取消*
```

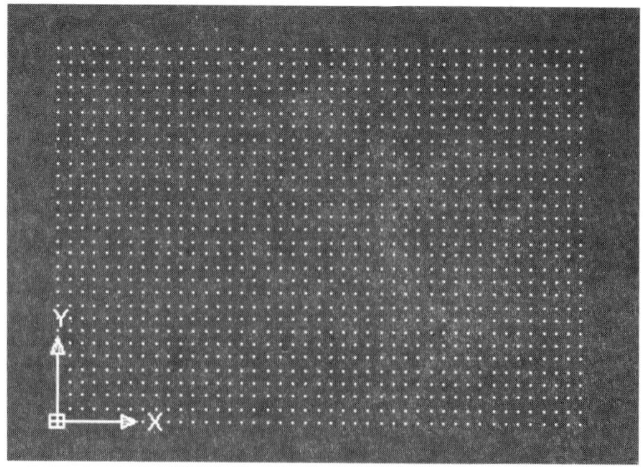

图 5－11　设置图形界限

3. 菜单栏

如图 5－12 所示，可以调出或者关闭菜单栏选项。

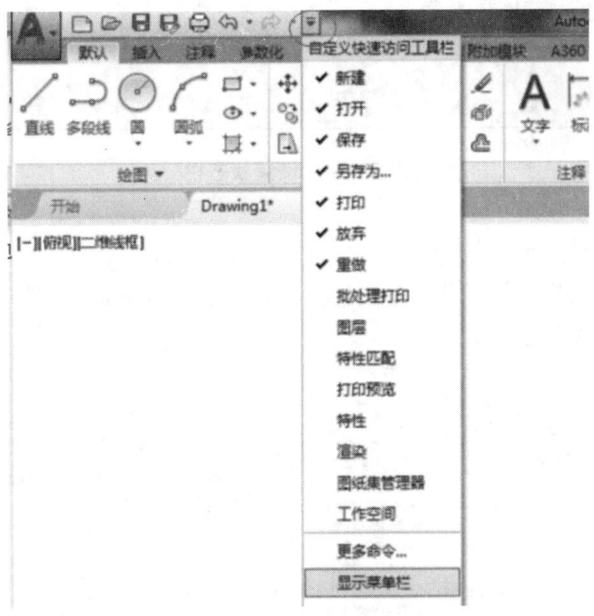

图 5－12　显示菜单栏

4. 设置图形单位

如图 5－13 所示，图形单位更改为精度 0，角度精度为 0.0。点击格式菜单中的“单位”进行设置。

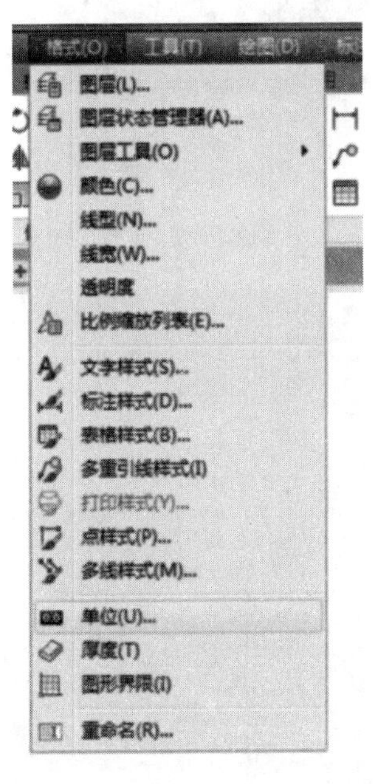

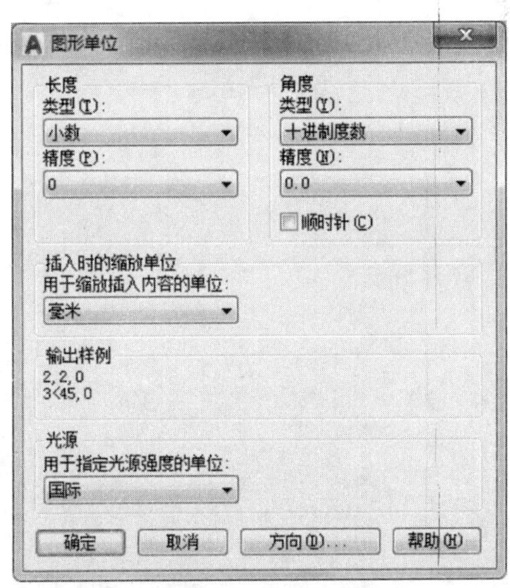

图 5－13　设置图形单位

5. 状态栏设置

如图 5 - 14 所示，状态栏不使用图标，打开极轴、对象捕捉、对象追踪三项。这样对于刚开始使用 CAD 的同学显得更加直观。

图 5 - 14　设置状态栏

6. 调整绘图区背景、十字光标

如图 5 - 15 所示，调整绘图背景为黑色，十字光标大小为 100。选项对话框中，可以根据自己的个人习惯，调整相关的设置。

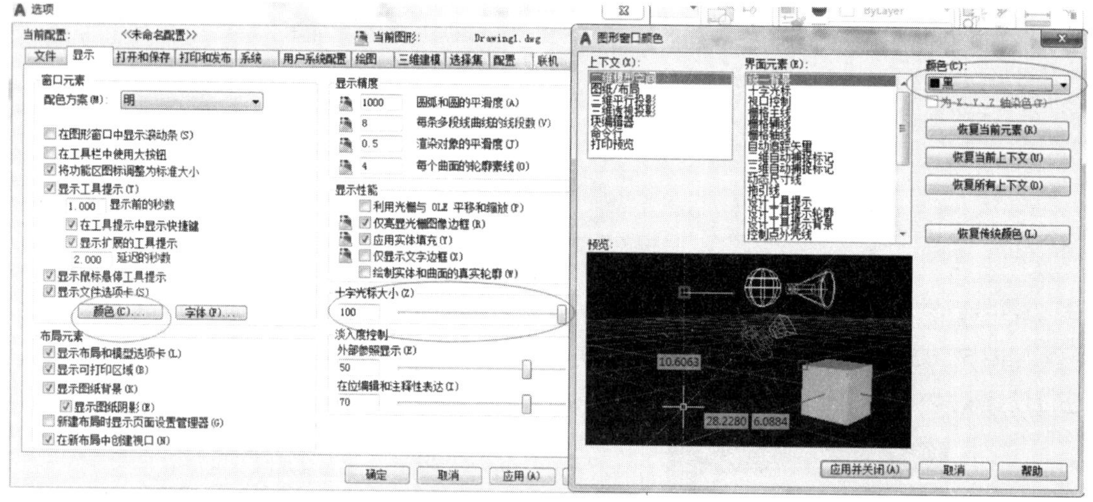

图 5 - 15　设置选项卡

任务二　创建 CAD 样板文件

一、任务提出

按《房屋建筑制图统一标准》(GB/T50001—2017)的要求创建 CAD 样板文件，在样板文件中绘制如图 5－16 所示的 A3 图框，样板文件名为学生姓名拼音简写，保存至指定的位置。

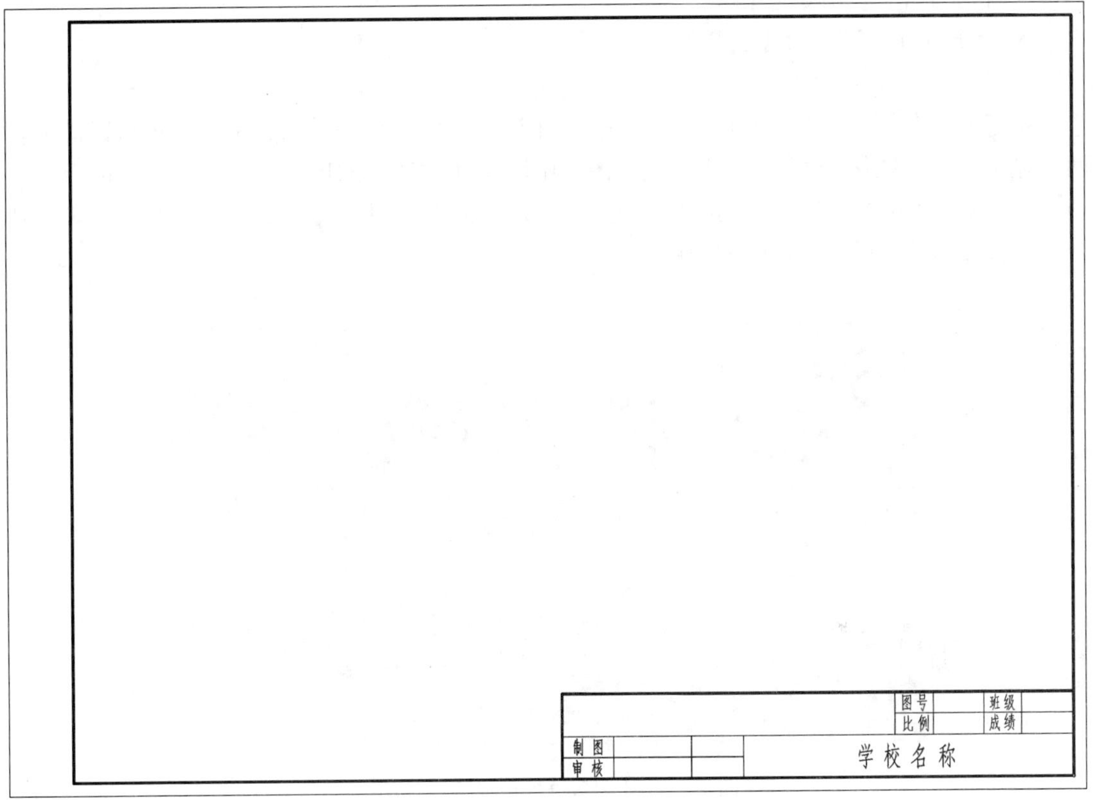

图 5－16　A3 样板文件

二、任务分析

想要设置出符合《房屋建筑制图统一标准》(GB/T50001—2017)的建筑绘图样板文件，就需要掌握 AUTOCAD 中有关的格式设置、绘图和编辑命令。

三、必备知识

1. 图层与对象特性

AutoCAD 向用户提供了“图层”这种有用的管理工具，把具有相同颜色、线型、线宽等特性的图形放到同一个图层上，以便用户更有效地组织、管理、修改图形对象。

(1)图层及其特性的设置

图层具有以下特性：

- 图名：每一个图层都有自己的名字，以便查找。

- 颜色、线型、线宽：每个图层都可以设置自己的颜色、线型、线宽。
- 图层的状态：可以对图层进行打开和关闭、冻结和解冻、锁定和解锁的控制。

(2)创建和设置图层

创建和设置图层，都可以在【图层特性管理器】对话框中完成，【图层特性管理器】对话框还可以完成许多图层管理工作，如删除图层、设置当前图层、设置图层的特性、控制图形的状态，还可以通过创建过滤器，将图层按名称或特性进行排序，也可以手动将图层组织为图层组，然后控制整个图层组的可见性。启动【图层特性管理器】对话框的方法有：

- 下拉菜单：【格式】→【图层】
- 面板选项板【图层】工具栏按钮：
- 命令行：layer

执行上述命令后，屏幕弹出如图 5－17 所示【图层特性管理器】对话框。在该对话框中有两个显示窗格：左边为树状图，用来显示图形中图层和过滤器的层次结构列表；右边为列表图，显示图层和图层过滤器及其特性和说明。如果在树状图中选定了某一个图层过滤器，则列表图仅显示该图层过滤器中的图层。

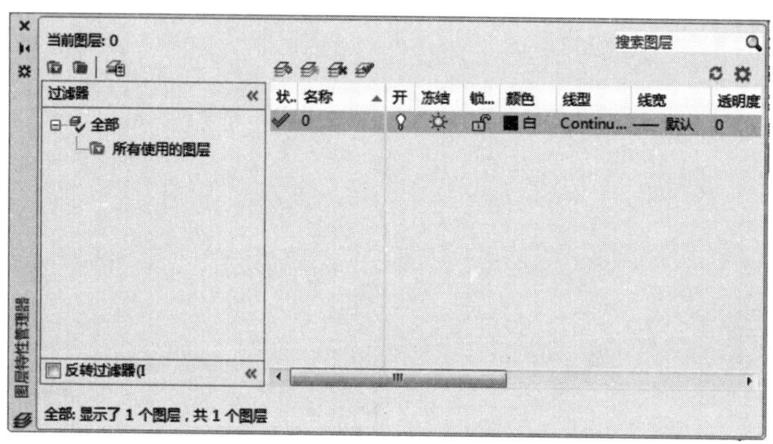

图 5－17　【图层特性管理器】对话框

(3)新建图层

单击【图层特性管理器】对话框中的 按钮，在列表图中 0 图层的下面会显示一个新图层。在【名称】栏填写新图层的名称，图层名可以使用包括字母、数字、空格、以及 Microsoft Windows 和 AutoCAD 未作他用的特殊字符命名，应注意图层名应便于查找和记忆。填好名称后回车或在列表图区的空白处单击即可。

在【名称】栏的前面是【状态】栏，它用不同的图标来显示不同的图层状态类型，如图层过滤器、所用图层、空图层或当前图层，其中√图标表示当前图层。

(4)删除图层

为了节省系统资源，可以删除多余不用的图层。方法为；单击不用的一个或多个图层，再单击【图层特性管理器】对话框上方的 按钮即可。注意，不能删除 0 层、当前层和含有图形实体的层，当删除这些图层时，系统发出如图 5－18 所示的警告信息。

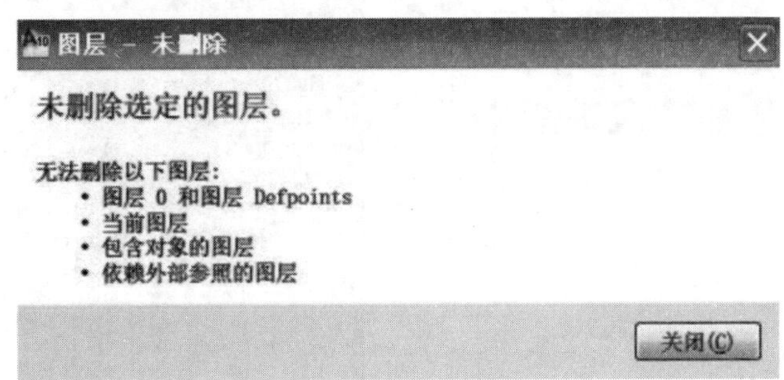
图层 - 未删除

未删除选定的图层。

无法删除以下图层：
- 图层 0 和图层 Defpoints
- 当前图层
- 包含对象的图层
- 依赖外部参照的图层

关闭(C)

图 5 - 18　警告信息

(5)设置当前图层

所有的 AutoCAD 绘图工作只能在当前层进行。当需要画粗实线时，必须先将“粗实线”所在的图层设为当前层。设置当前图层的方法有：

- 在【图层特性管理器】对话框的列表图区单击某一图层，再单击鼠标右键选择快捷菜单中的【置为当前】选项，【图层特性管理器】对话框中【当前图层】的显示框中显示该图层名。
- 在【图层特性管理器】对话框的列表图区双击某一图层。
- 在绘图区域选择某一图形对象，然后单击【图层】工具栏或面板选项板的 按钮，系统则会将该图形对象所在图层设为当前图层。
- 单击【图层】工具栏中图层列表框的 按钮，选择列表中一图层单击将其置为当前图层。
- 单击【图层】工具栏中的 按钮，可以将上一个当前层恢复到当前图层。

(6)设置图层的颜色、线型和线宽

用户在创建图层后，应对每个图层设置相应的颜色、线型和线宽。

1)设置图层的颜色

单击某一图层列表的【颜色】栏，会弹出如图 5 - 19 所示的【选择颜色】对话框，选择一种颜色，然后单击 确定 按钮。

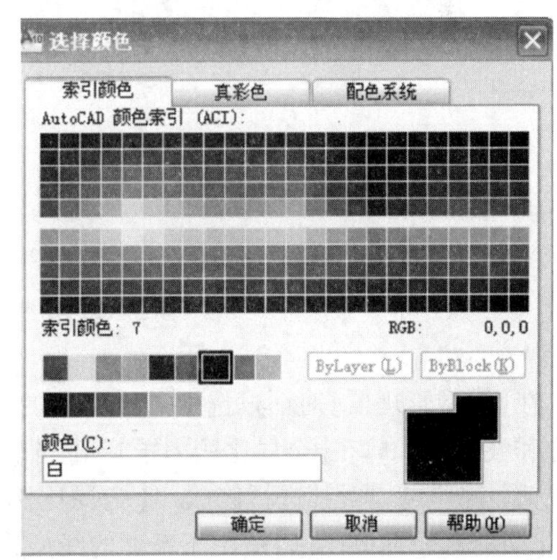

图 5 - 19　【选择颜色】对话框

2)设置图层的线型

要对某一图层进行线型设置，则单击该图层的【线型】栏，会弹出如图 5 - 20 所示的【选择线型】对话框。在默认情况下，系统只给出连续实线(continuous)这一种线型。如果需要其他线型，可以单击 加载(L)... 按钮，弹出如图 5 - 21 所示的【加载或重载线型】对话框，从中选择需要的线型，然后单击 确定 按钮返回【选择线型】对话框，所选线型已经显示在【已加载的线型】列表中。选中该线型再单击 确定 按钮即可。

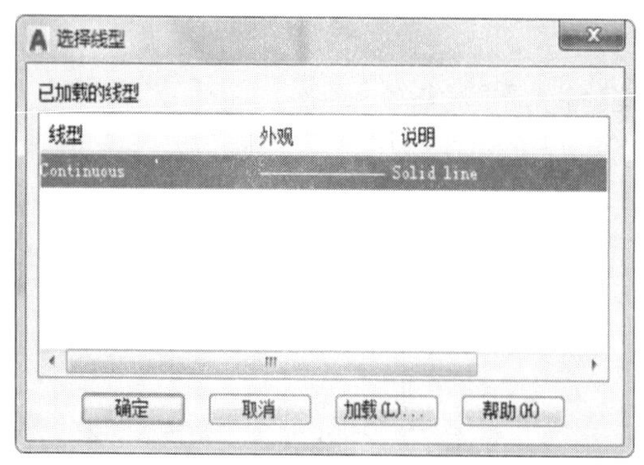

图 5－20 【选择线型】对话框

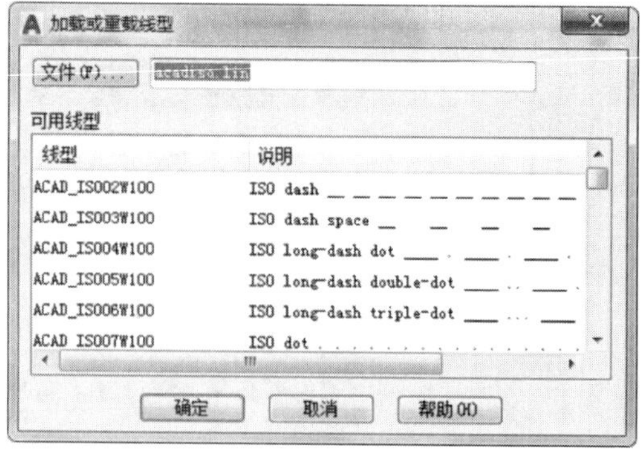

图 5－21 【加载或重载线型】对话框

用户在绘制虚线或点画线时，有时会遇到所绘线型显示成实线的情况。这是由于线型的显示比例因子设置不合理所致。用户可以使用如图 5－22 所示的【线型管理器】对话框对其进行调整。调用【线型管理器】对话框的方法有：

a）下拉菜单：【格式】→【线型】。

b）命令行：linetype。

c）下拉列表：【对象特性】工具栏的【线型控制】下拉列表中选择“其他”。

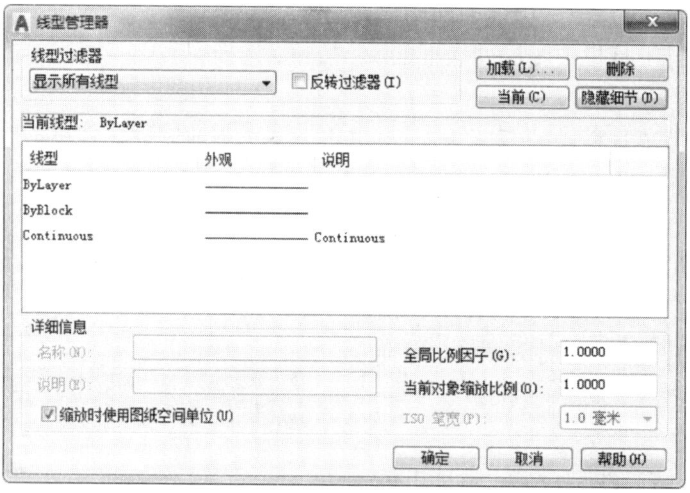

图 5－22 【线型管理器】对话框

在【线型管理器】对话框选中需要调整的线型，在下方的【详细信息】选区会显示线型的名称和线型样式。在【全局比例因子】和【当前对象缩放比例】编辑框中显示的是系统当前的设置值，用户可以对其进行修改。【全局比例因子】适用于显示所有线型的全局缩放比例因子；【当前对象缩放比例】适用于新建的线型，其最终的缩放比列是全局缩放比例因子与该对象缩放比例因子的乘积。

在【线型管理器】对话框的右上角还有四个功能按钮，其作用分别为：加载(L)... 按钮与【选择线型】对话框中的相应按钮功能相同；删除 按钮可以删除指定的线型；

当前(C) 按钮可以将指定的线型置为当前线型；显示细节(D) 按钮可以将【详细信息】选区内容显示。

2）设置图层的线宽

单击某一图层列表的【线宽】栏，会弹出【线宽】对话框。通常，系统会将图层的线宽设定为默认值。用户可以根据需要在【线宽】对话框中选择合适的线宽，然后单击 确定 按钮完成图层线宽的设置。

利用【图层特性管理器】对话框设置好图层的线宽后，在屏幕上不一定能显示出该图层图线的线宽。可以通过是否按下状态栏中的【显示隐藏线宽】按钮，来控制是否显示图线的线宽。

要想使对象的线宽在模型空间显示得更大些或小些，用户还可以通过图 5－23 所示的【线宽设置】对话框调整它的显示比列。应注意的是，显示比例的修改并不影响线宽的打印值。调用【线宽设置】对话框的方法有：

- 下拉菜单：【格式】→【线宽】
- 命令行：lweight

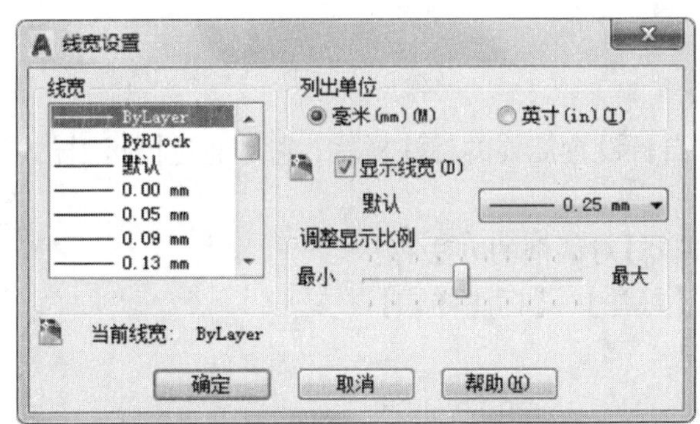

图 5－23　【线宽设置】对话框

拖动对话框中【调整显示比例】滑块，然后单击 确定 按钮，可以改变模型空间线宽的显示大小。在【列出单位】选区，通常选择“毫米”显示单位。

（7）图层的打开和关闭、冻结和解冻、锁定和解锁

在【图层特性管理器】对话框的列表图区，有【开】、【冻结】、【锁定】三栏项目，它们可以控制图层在屏幕上能否显示、编辑、修改与打印。

1）图层的打开和关闭

该项可以打开和关闭选定的图层。当图标为 时，说明图层被打开，它是可见的，并且可以打印；当图标为 时，说明图层被关闭，它是不可见的，并且不能打印。

打开和关闭图层的方法有：

- 在【图层特性管理器】列表图区，单击 或 按钮。
- 在【图层】工具栏的图层下拉列表中，单击 或 按钮。

2）图层的冻结和解冻

该项可以冻结和解冻选定的图层。当图标为 时，说明图层被冻结，图层不可见，不

能重生成，并且不能进行打印；当图标为 时，说明图层未被冻结，图层可见，可以重生成，也可以进行打印。

由于冻结的图层不参与图形的重生成，可以节约图形的生成时间，提高计算机的运行速度。因此对于绘制较大的图形，暂时冻结不需要的图层是十分有必要的。

冻结和解冻图层的方法：

- 在【图层特性管理器】列表图区，单击 或 按钮。
- 在【图层】工具栏的图层下拉列表中，单击 或 按钮。

3）图层的锁定和解锁

该项可以锁定和解锁选定的图层。当图标为 时，说明图层被锁定，图层可见，但图层上的对象不能被编辑和修改。当图标为 时，说明被锁定的图层解锁，图层可见，图层上的对象可以被选择、编辑和修改。

锁定和解锁图层的方法有：

- 在【图层特性管理器】列表图区，单击 或 按钮。
- 在【图层】工具栏的图层下拉列表中，单击 或 按钮。

2. 尺寸标注

（1）标注样式

1）标注样式管理器

AutoCAD 允许用户自行设置需要的标注样式，它是通过【标注样式管理器】对话框来完成的。

启动【标注样式管理器】对话框的方法有：

- 单击下拉菜单：【标注】→【标注样式】
- 【标注】工具按钮：
- 命令行：dimstyle
- 快捷命令：d

执行上述命令后，弹出如图 5－24 所示的【标注样式管理器】对话框。

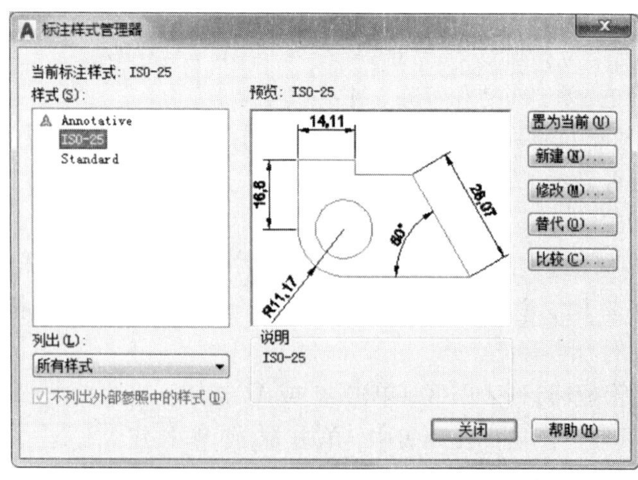

图 5－24 【标注样式管理器】对话框

2)新建标注样式对话框

通常默认的标注样式 ISO－25 不完全适合我国的建筑制图标准，用户在使用时，必须在它的的基础上进行修改来创建需要的尺寸标注样式。新的标注样式是在【标注样式管理器】对话框中创建完成的。

在【标注样式管理器】对话框中单击 新建(N)... 按钮，弹出如图 5－25 所示的【创建新标注样式】对话框。在该对话框的【新样式名】编辑框中填写新的标注样式名，如图填写“建筑”，在【基础样式】下拉列表中选择以哪一个标注样式为基础创建新标注样式；在【用于】下拉列表中选择新的标注样式的适用范围，如选择“直径标注”选项，新的标注样式只能用于直径的标注。如果勾选注释性复选框，则用这种样式标注的尺寸成为注释性对象。单击 继续 按钮，弹出【创建新标注样式：建筑】对话框，对话框的标题栏中加入了新建样式的名称。

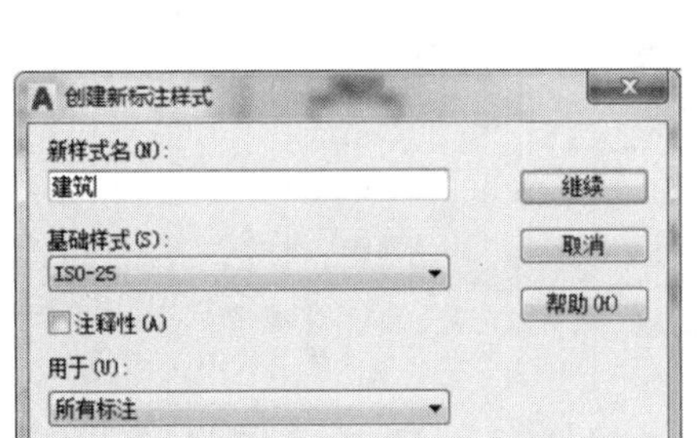

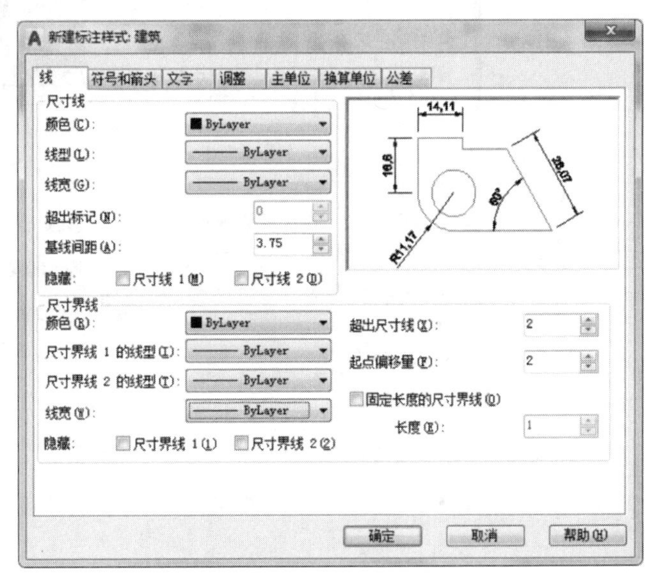

图 5－25　【创建新标注样式】对话框

3)创建新的标注样式实例

用户应该参照我国建筑制图标准规定，创建新的尺寸标注样式。

①创建建筑线性尺寸标注样式

单击下拉菜单：【标注】→【标注样式】打开【标注样式管理器】对话框，单击 新建(N)... 按钮，弹出【创建新标注样式】对话框。在该对话框的【新样式名】编辑框中填写新的标注样式名“建筑”；然后单击 继续 按钮，弹出【创建新标注样式：建筑】对话框，在对话框中进行设置。

【线】选项卡：基线间距 8；超出尺寸线 2，起点偏移量 2。如图 5－26 所示。

【符号与箭头】选项卡：箭头形式设为建筑标记，箭头大小设置为 2.5。

【文字】选项卡：文字高度 3.5，从尺寸线偏移 0.6。

【调整】选项卡：如果设置为注释性对象，则文件中注释比例的选取应该等于图的最终比例。如果不设置为注释性对象，则应将全局比例设置为与出图比例相反，其余选项默认。如果采用1：1的绘图比例，而图样的最终比例是1：100，可在此选择注释性复选框，并将文件右下角的注释比例改为1：100。

【主单位】选项卡：精度0，其余选项默认。

单击 确定 按钮，完成设置。

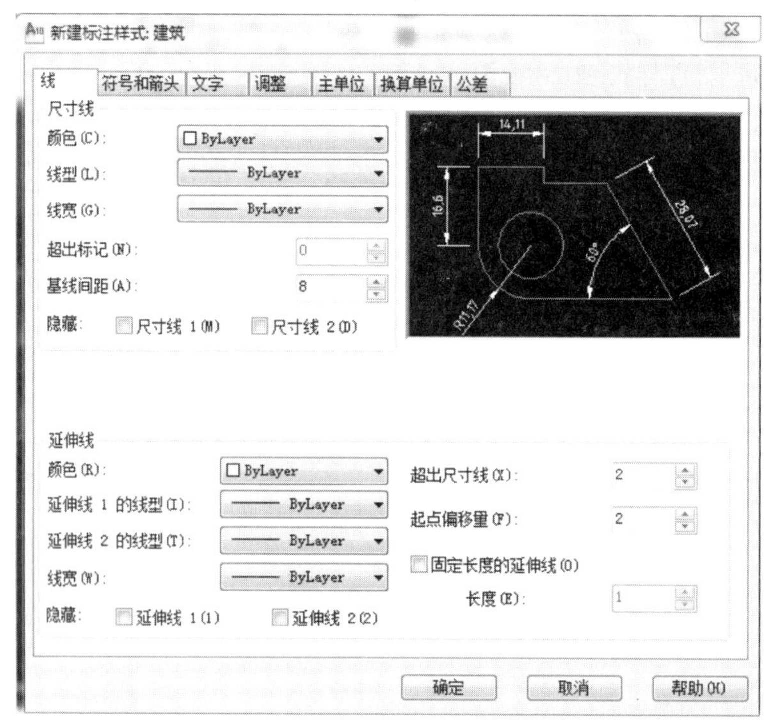

图5－26 【线】选项卡

②创建直径尺寸标注样式

单击下拉菜单：【标注】→【标注样式】打开【标注样式管理器】对话框，单击 新建(N)... 按钮，弹出【创建新标注样式】对话框。在【建筑】样式的基础上选择用于圆直径，然后单击 继续 按钮，弹出【创建新标注样式：直径】对话框，在对话框中进行设置。

【符号与箭头】选项卡：箭头形式设为实心闭合，箭头大小设置为4。

【文字】选项卡：文字高度3.5，ISO标准，从尺寸线偏移0.6。

【调整】选项卡：调整选区，选择箭头；标注特征比例同建筑线性样式；优化选区选手动放置文字，在尺寸界线之间绘制尺寸线。

其余都和【建筑】样式相同。单击 确定 按钮，完成设置。

③创建角度尺寸标注样式

在标注角度尺寸时，不论是多大的角度，位置如何，都要求将尺寸数字水平放置。

单击下拉菜单：【标注】→【标注样式】打开【标注样式管理器】对话框，单击 新建(N)... 按钮，弹出【创建新标注样式】对话框。在【建筑】样式的基础上选择用于角度，然后单击

继续 按钮，弹出【创建新标注样式：角度】对话框，在对话框中进行设置。

【符号与箭头】选项卡：箭头形式设为实心闭合，箭头大小设置为 4。

【文字】选项卡：文字高度 3.5，从尺寸线偏移 0.6，文字对齐方式设为水平。

其余都和【建筑】样式相同。单击 确定 按钮，完成设置。

2）设置当前标注样式

在进行尺寸标注的时候，是按当前标注样式进行标注的。将已有标注样式置为当前样式的方法有：

- 在【标注样式管理器】对话框的【样式】显示框中选已有标注样式，然后单击 置为当前(U) 按钮。
- 在【标注样式管理器】对话框的【样式】显示框中选中已有标注样式，单击右键选择快捷菜单中的【置为当前】选项。
- 在【标注】工具栏或【样式】工具栏的【标注样式控制】下拉列表中，选择其中一种标注样式单击将其置为当前。

3. 文字输入

（1）创建文字样式

文字样式的创建是通过【文字样式】对话框完成的。启动【文字样式】对话框的方法有：

- 下拉菜单：【格式】→【文字样式】
- 【注释】工具栏按钮：A
- 命令行：style。

执行上述命令后，弹出如图 5－27 所示的【文字样式】对话框。AutoCAD 中文字样式的默认设置是：标准样式（Standard）。建筑制图中字体应用国标工程字，这一种样式不能满足使用者的要求，用户可以根据需要创建一个新的文字样式。下面以工程图中使用的国标“数字”样式为例，讲述文字样式的设置。

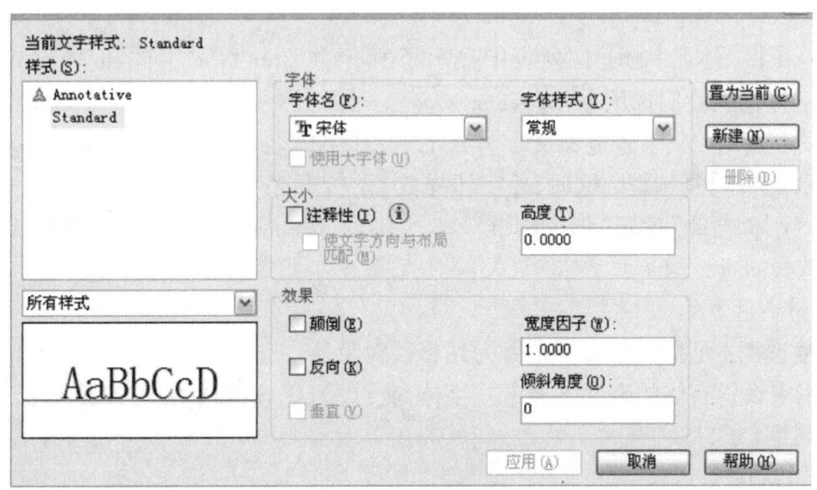

图 5－27　文字样式

1）执行下拉菜单【格式】→【文字样式】，弹出如图5－27所示的【文字样式】对话框，在【样式】下拉列表中显示的是当前所应用的文字样式。每次新建文档时，AutoCAD默认的文字样式是“Standard”，用户可以在此基础上，修改新建文字样式。

2）单击 新建(N)... 按钮：弹出如图5－28所示的【新建文字样式】对话框。在该话框的【样式名】编辑框中填写新建的文字样式名，文字样式名最长可以用255个字符，其中包括字母、数字、空格和一些特殊字符（如美元符号、下划线、连字符等），如填写“数字”。然后单击 确定 按钮，返回【文字样式】对话框。这时，在【文字样式】对话框的【样式】下拉列表中已经增加了“数字”样式名。

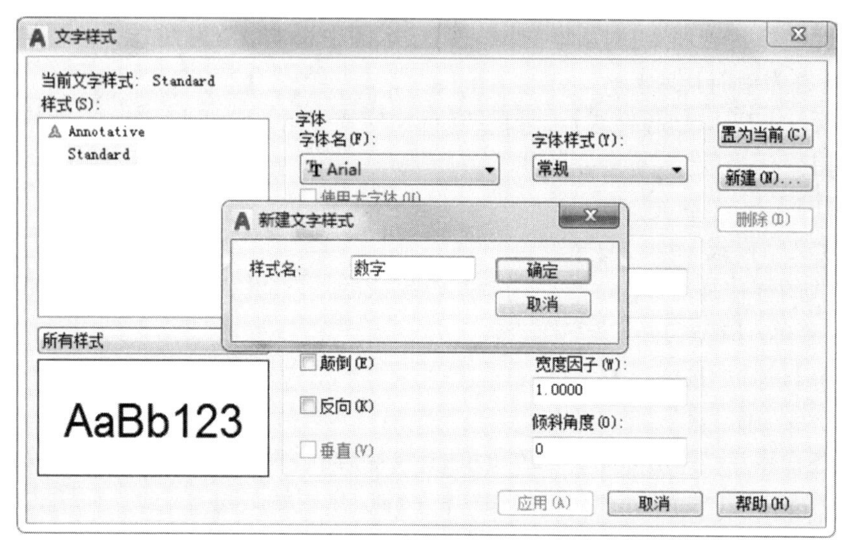

图5－28 新建文字样式

3）【字体】

字体名：在【字体名】的下拉列表中显示了所有的True Type字体和AutoCAD的矢量字体。在这里字体选区我们选用 gbeitc.shx 。

字体样式：使用shx字体定义文字样式时，在【字体名】下拉列表中选择一种shx字体，再选中【使用大字体】复选框，这时，【字体样式】下拉列表变为【大字体】列表。选中其中的gbcbig.shx大字体，“gb”代表“国家标准”，“c”代表“Chinese－中文”，要是用shx字体显示中文，必须选择gbcbig.shx大字体。

4）【大小】选区

注释性复选框：是指设定文字是否为注释性对象。

高度：用来设置字体的高度。通常将字体高度设为0，这样，在文字输入时，系统会提示输入字体的高度。

5）【效果】选区

用来设置字体的显示效果。包括颠倒、反向、垂直、宽度比例和倾斜角度。

如果完成了上述的文字样式设置，单击 确定 按钮，系统保存新创建的文字样式。然后退出【文字样式】对话框完成一个新文字样式的创建。

(2)多行文字的输入

执行【多行文字】输入命令的方法有：

- 下拉菜单：【绘图】→【文字】→【多行文字】
- 【文字】工具栏或【绘图】工具栏按钮：A
- 命令行：mtext
- 快捷命令：mt

执行【多行文字】命令后，屏幕会弹出如图 5－29 所示多行文字编辑器。指定的两个角点是文字输入边框的对角点，用来定义多行文字对象的宽度。

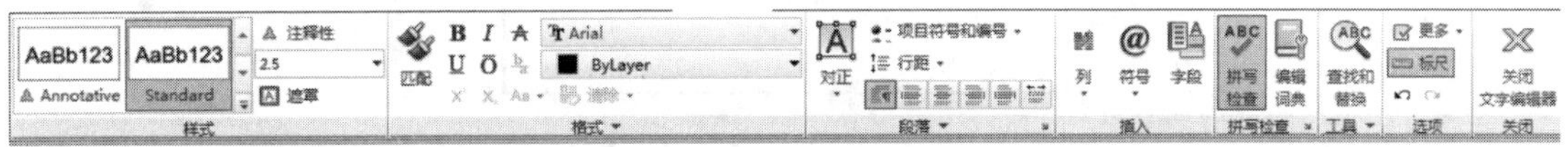

图 5－29　多行文字输入

多行文字编辑器由上面的【文字格式】工具栏和下面的内置多行文字编辑窗口组成。多行文字编辑窗口类似于 Word 等文字编辑工具，用户对它的使用应该比较熟悉。

(3)多行文字的编辑和修改

用户可以使用下面介绍的多种方法对多行文字进行编辑和修改。

对多行文字的编辑有以下几种方法：

- 单击下拉菜单【修改】→【对象】→【文字】→【编辑】，这是命令行提示“选择注释对象或[放弃 U]:”，用拾取框选择要进行编辑的多行文字，屏幕将弹出多行文字编辑器和【文字格式】工具栏，在多行文字编辑器中重新填写需要的文字，然后单击 确定 按钮。这时，命令行继续提示“选择注释对象或[放弃 U]”，可以连续执行多个文字对象的编辑操作。
- 在命令行输入 ddedit 或 ed 命令，命令行的提示与操作同上。
- 在绘图区域选中多行文字对象，单击右键选择快捷菜单中的【编辑多行文字】选项，命令行的提示与操作依然同上。
- 双击多行文字对象，也可以用同样的方法来编辑文字。但是这样的方法只能执行一次编辑操作，如果要编辑其他多行文字对象需要重新双击对象。

4. 绘制直线

直线的绘制是通过确定直线的起点和终点完成的，执行【直线】绘制命令的方法有：

- 下拉菜单：【绘图】→【直线】
- 工具栏按钮：
- 命令行：line
- 快捷键：L

在“指定下一点或[放弃(U)]:”提示符后键入“U”，回车，即可取消刚才画的一段直线，再键入“U”，回车，再取消前一段直线，以此类推。

在“指定下一点或[闭和(C)/放弃(U)]:”提示符后键入“C”，回车，系统会将折线的起点和终点相连，形成一个封闭线框，并自动结束命令。

另外，Line 命令还有一个附加功能，即如果在“指定第一点:”提示符后直接键入回车，系统就认为直线的起点是上一次画的直线或圆弧的终点，若上一次画的是直线，则现在画的直线就能和上次画的直线精确地首尾相接；若上次画的是圆弧，则新画的直线沿圆弧的切线方向画出。

【**例 5－1**】 绘制如图 5－30 所示的图形。

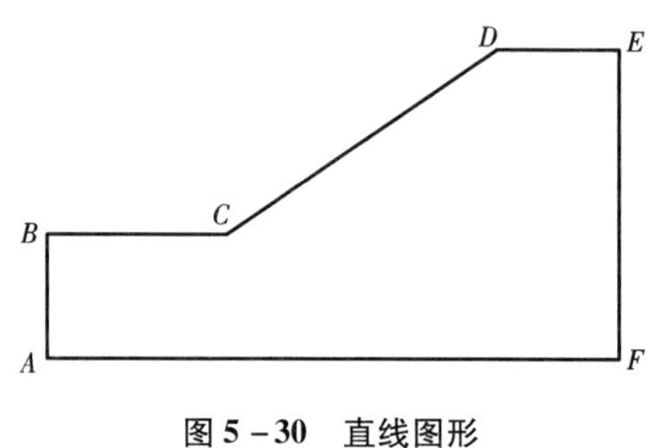

图 5－30　直线图形

点击下拉菜单【绘图】→【直线】，命令行提示如下：

命令：_line 指定第一点：0，0 　　　　　　　　　　//选择 A 点
指定下一点或［放弃(U)］：@0，20 　　　　　　　　//选择 B 点
指定下一点或［放弃(U)］：@30，0 　　　　　　　　//选择 C 点
指定下一点或［闭合(C)/放弃(U)］：@45，30 　　　　//选择 D 点
指定下一点或［闭合(C)/放弃(U)］：@20，0 　　　　//选择 E 点
指定下一点或［闭合(C)/放弃(U)］：@0，－50 　　　//选择 F 点
指定下一点或［闭合(C)/放弃(U)］：@－95，0 　　　//选择 A 点
指定下一点或［闭合(C)/放弃(U)］： 　　　　　　　//回车

四、任务解析

1. 图层设置

如图 5－31 所示，打开图层特性管理器，点击新建图标，然后进行重命名，按国标要求设置如下图显示的图层。

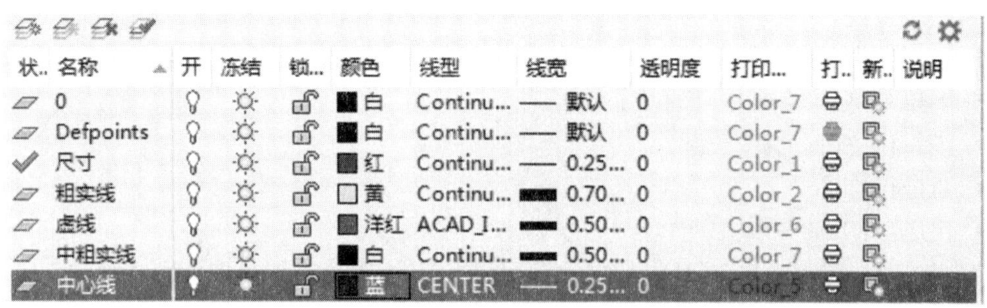

状..	名称	开	冻结	锁...	颜色	线型	线宽	透明度	打印...	打..	新..	说明
	0				白	Continu...	默认	0	Color_7			
	Defpoints				白	Continu...	默认	0	Color_7			
	尺寸				红	Continu...	0.25...	0	Color_1			
	粗实线				黄	Continu...	0.70...	0	Color_2			
	虚线				洋红	ACAD_I...	0.50...	0	Color_6			
	中粗实线				白	Continu...	0.50...	0	Color_7			
	中心线				蓝	CENTER	0.25...	0	Color_5			

图 5－31　图层设置

2. 文字样式设置

如图 5－32 所示，打开【文字样式】对话框，点击【新建】图标，然后进行【重命名】为【汉字】。【字体名】选择 gbenor. shx，勾选【使用大字体】，设置【字体样式】为 gbcbig. shx，其他选项不变。然后再新建【数字】文字样式，【字体名】选择 gbeitc. shx，勾选【使用大字体】，设置【字体样式】为 gbcbig. shx，其他选项不变。

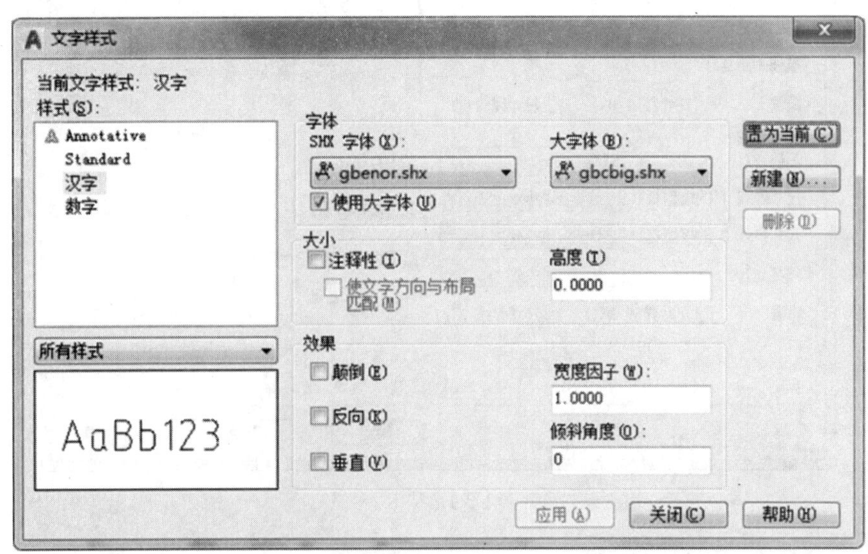

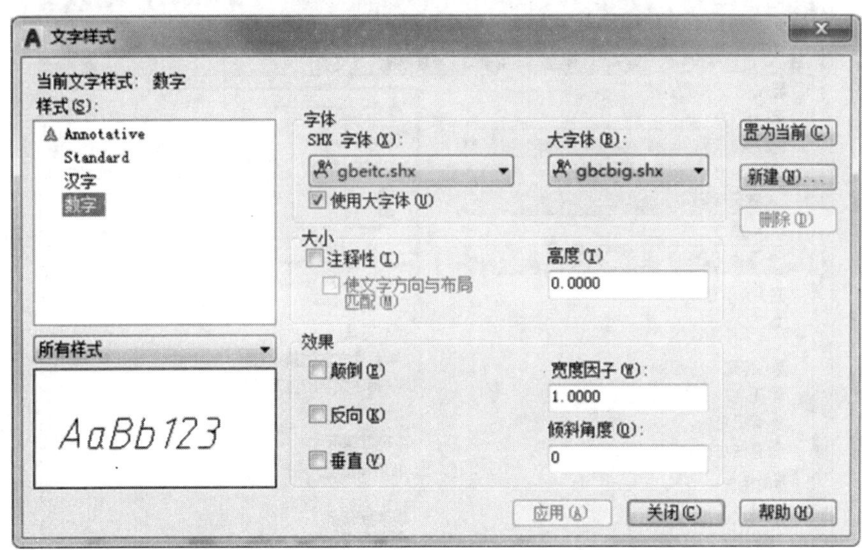

图 5－32　文字样式设置

3. 标注样式设置

如图 5－33 所示，打开【标注样式】对话框，点击【新建】图标，然后进行【重命名】为【BZ】，确定后，按照图所示进行设置。

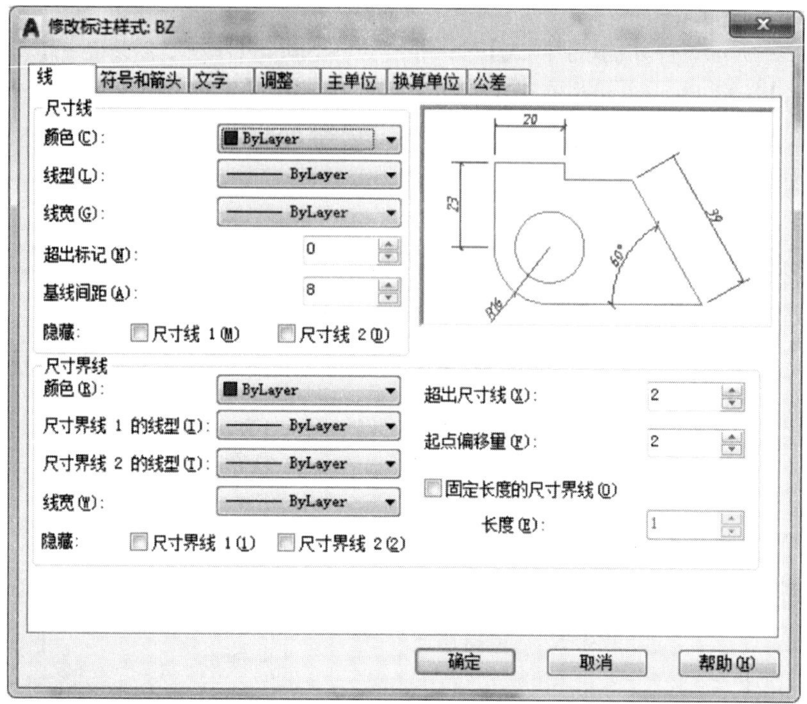

【线】选项卡

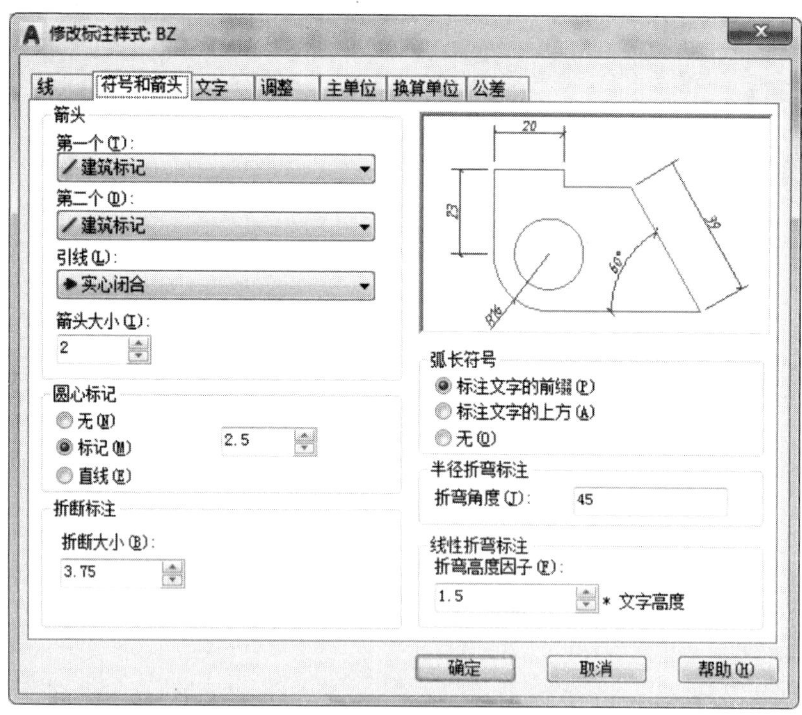

【符号和箭头】选项卡

图 5－33　尺寸标注样式设置(一)

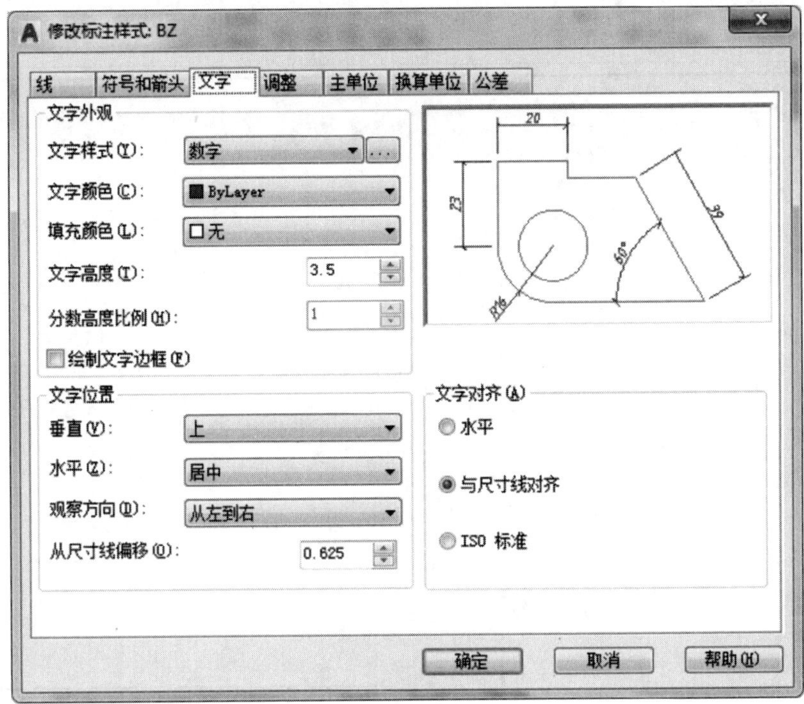

【文字】选项卡

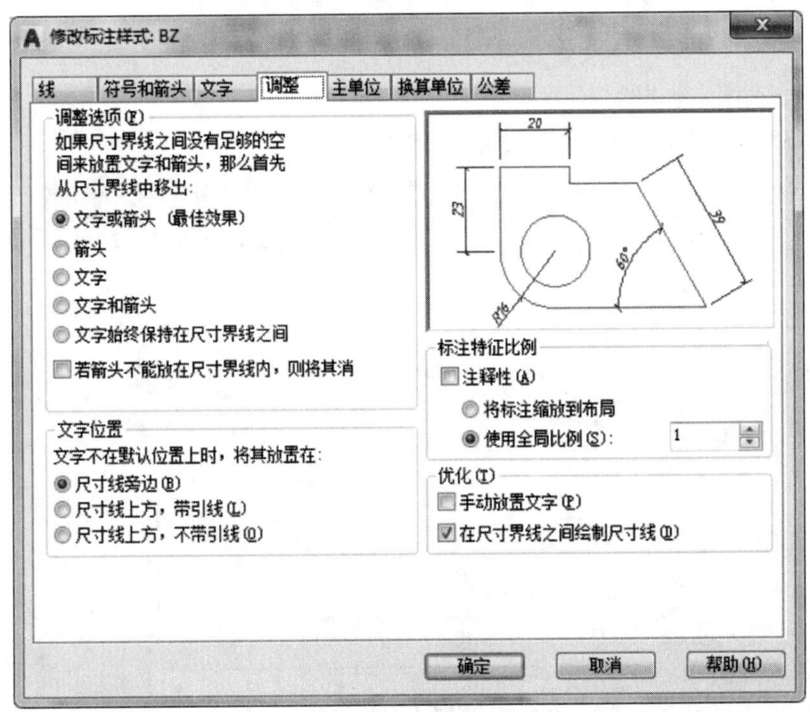

【调整】选项卡

图 5 - 33 尺寸标注样式设置(二)

4. A3 图幅的绘制

如图 5－34 所示，利用直线命令，按照要求绘制出 A3 图框。

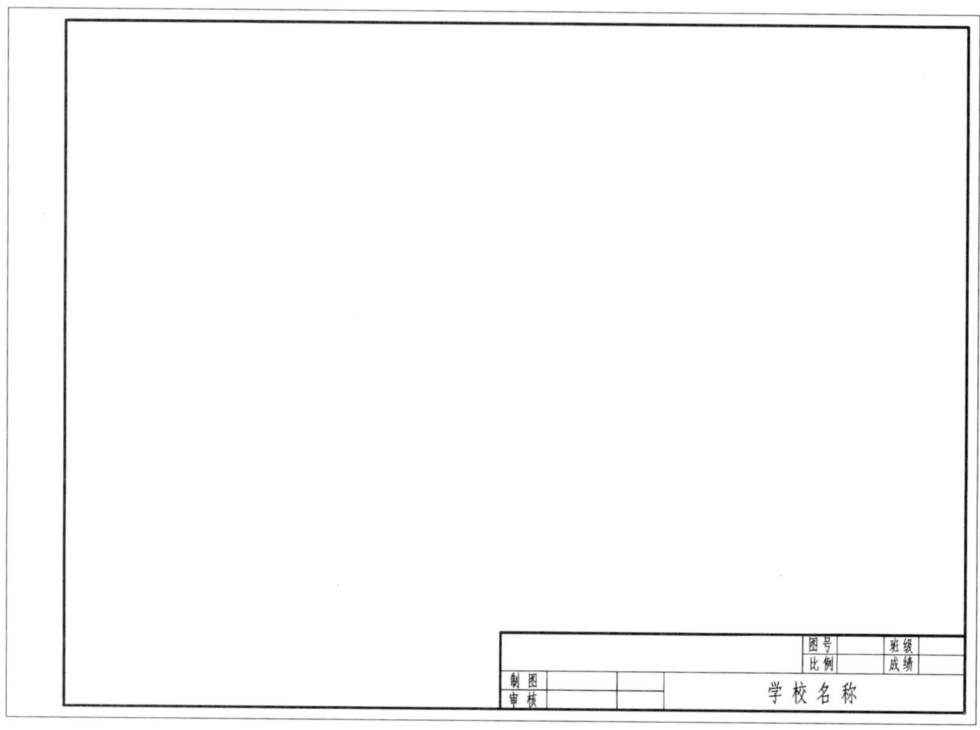

图 5－34　A3 图框

5. 保存为图形样板文件

如图 5－35 所示，将图形保存为图形样板文件。

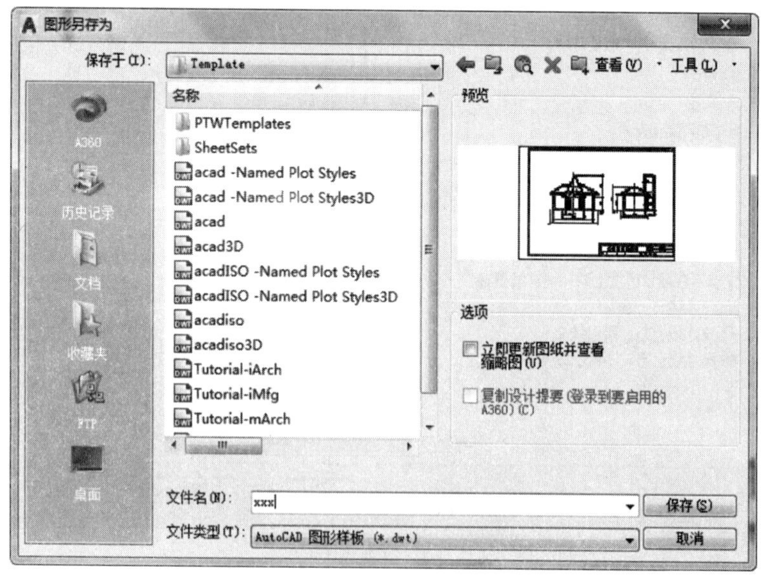

图 5－35　保存图形样板文件

任务三　CAD 绘制房屋两面投影图

绘制房屋正面投影

一、任务提出

在 AutoCAD 中绘制如图 5－36 所示的房屋两面投影图，比例 1：100。

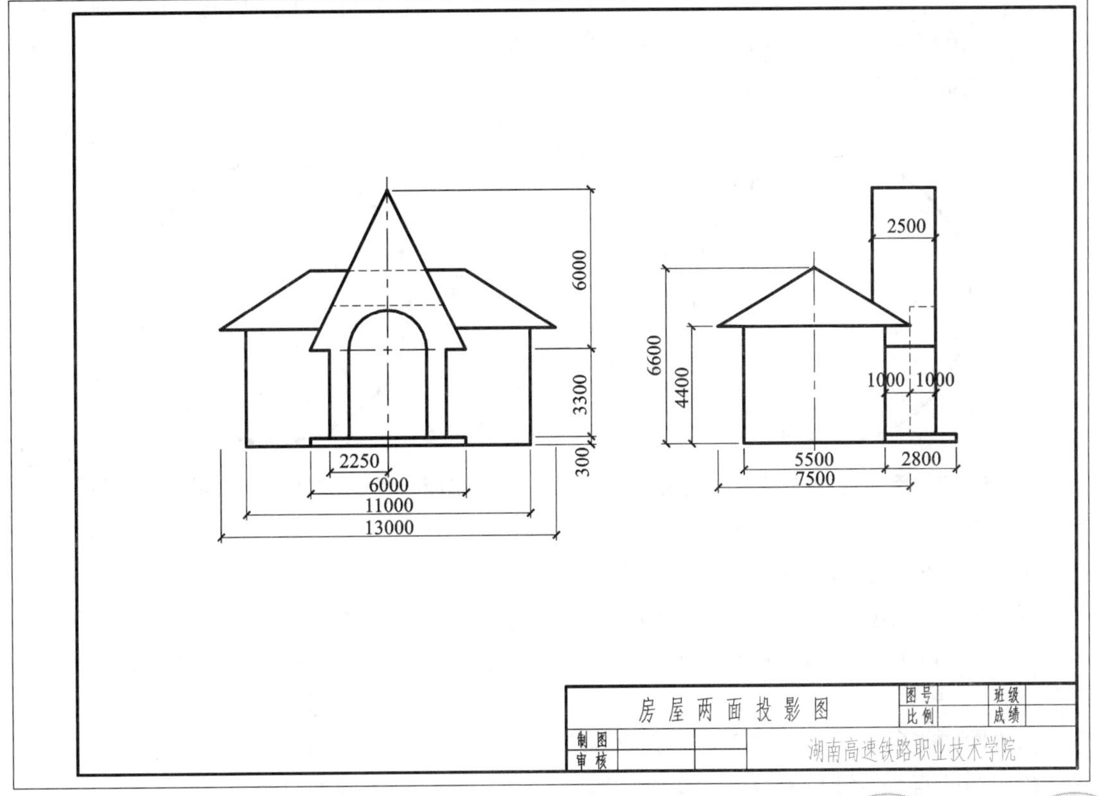

图 5－36　房屋两面投影图

绘制房屋侧面投影

标注尺寸

二、任务分析

如图 5－36 所示为房屋两面投影图。要运用 CAD 软件正确绘制该图样，除了掌握前面 AutoCAD 中有关知识，还应学习一些绘图、编辑、比例缩放、尺寸标注的相关命令。

三、必备知识

1. 圆

圆是绘图过程中使用最多的基本图形元素之一，常用来画构造柱、定位轴线等。执行【圆】绘制命令的方法有：

- 下拉菜单：【绘图】→【圆】
- 工具栏按钮：

- 命令行：Circle
- 快捷键：C

选择【绘图】→【圆】菜单。

用“圆心和半径” 方式画圆

点击下拉菜单【绘图】→【圆】→【圆心、半径】，命令行提示如下：

命令：_circle 指定圆的圆心或［三点(3P)/两点(2P)/切点、切点、半径(T)］：

//单击鼠标左键，指定圆的圆心

指定圆的半径或［直径(D)］ < 50.0000 >：30　　//输入圆的半径

则画出如图 13 -7 所示的圆。

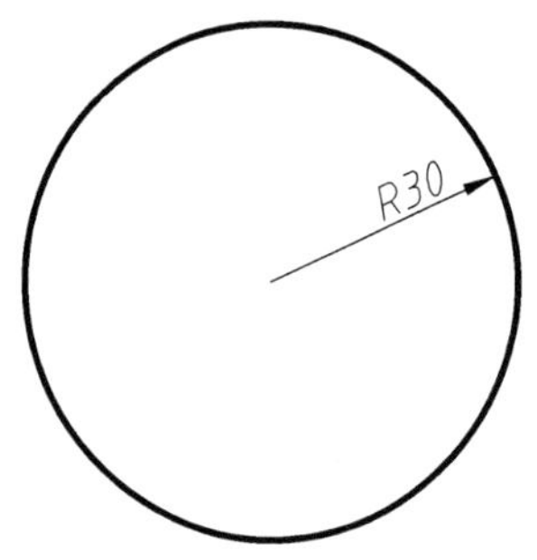

图 5 -37　用“圆心和半径” 方式画圆

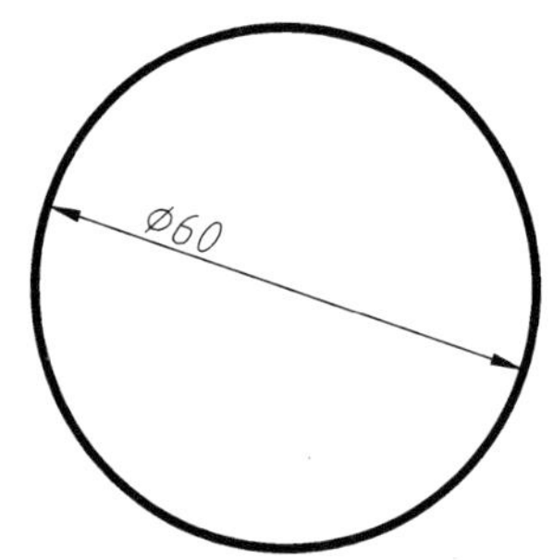

图 5 -38　用“圆心和直径”方式画圆

用“圆心和直径”方式画圆

点击下拉菜单【绘图】→【圆】→【圆心、直径】，命令行提示如下：

命令：_circle 指定圆的圆心或［三点(3P)/两点(2P)/切点、切点、半径(T)］：

//单击鼠标左键，指定圆的圆心

指定圆的半径或［直径(D)］ < 15.0000 >：_d　　//输入 d，选择“直径”选项

指定圆的直径 < 30.0000 >：60　　//输入圆的直径

则画出如图 1 -30 所示的圆。

2. 图形编辑命令

1)偏移

利用【偏移】命令对直线、圆或矩形等对象进行偏移，可以绘制一组平行线、同心圆或同心矩形等图形。启动【偏移】命令的方法有：

- 下拉菜单：【修改】→【偏移】
- 标准工具栏按钮：
- 命令行：Offset
- 快捷键：O

【例 5 -2】　已知直线 AB，利用【偏移】命令在直线 AB 下方绘制一条直线 C 与直线 AB 间距 5。

点击下拉菜单【修改】→【偏移】，命令行提示如下：

命令：offset　　//启动【偏移】命令

当前设置：删除源 = 否　图层 = 源　OFFSETGAPTYPE = 0

指定偏移距离或［通过(T)/删除(E)/图层(L)］：5　　　　//输入偏移值

选择要偏移的对象，或［退出(E)/放弃(U)］<退出>：选直线 AB
//选择要偏移的对象

指定要偏移的那一侧上的点，或［退出(E)/多个(M)/放弃(U)］<退出>：单击 C 点一侧　　　　//选择偏移方向

选择要偏移的对象，或［退出(E)/放弃(U)］<退出>：*取消*　//回车结束命令

2)修剪

【修剪】命令可以准确地剪切掉选定对象超出指定边界的部分，这个边界称为剪切边。

启动【移动】命令的方法有：

- 下拉菜单：【修改】→【修剪】
- 标准工具栏按钮：
- 命令行：Trim
- 快捷键：tr

【例 5－3】　如图 5－39 所示，将左边的图样修剪成右边的图样。

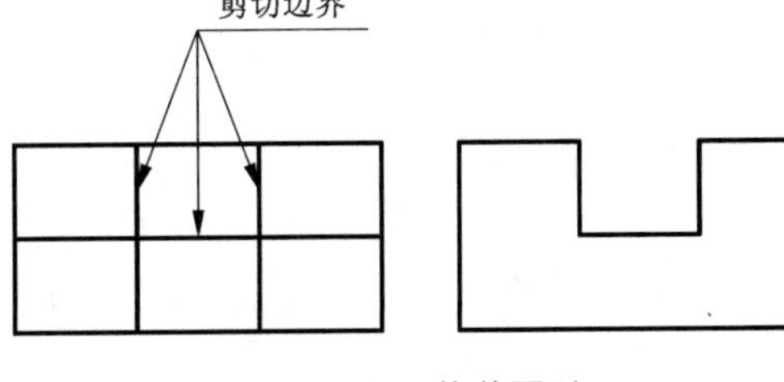

图 5－39　修剪图形

点击下拉菜单【修改】→【修剪】，命令行提示如下：

命令：Trim

当前设置：投影 = UCS，边 = 无

选择剪切边...

选择对象或 <全部选择>：找到 1 个

选择对象：找到 1 个，总计 2 个

选择对象：找到 1 个，总计 3 个

选择对象：

选择要修剪的对象，或按住 Shift 键选择要延伸的对象，或

［栏选(F)/窗交(C)/投影(P)/边(E)/删除(R)/放弃(U)］：

3)延伸

【延伸】命令可以将图形对象延长到指定的边界。

启动【移动】命令的方法有：

- 下拉菜单：【修改】→【延伸】
- 标准工具栏按钮：
- 命令行：Extend
- 快捷键：ex

【例 5－4】　如图 5－40 所示，将直线和圆弧延长到直线 AB。

点击下拉菜单【修改】→【修剪】，命令行提示如下：

命令：Extend

选择边界的边：选择 AB 直线

选择对象或 <全部选择>：

选择要延伸的对象，或按住 Shift 键选择要修剪的对象，或[栏选(F)/窗交(C)/投影(P)/边(E)/放弃(U)]：选定弧线与直线

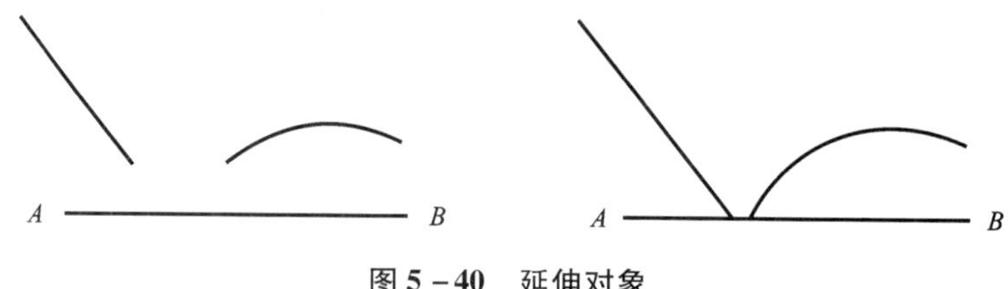

图 5－40　延伸对象

4)移动

在绘制图形的过程中，有时需要改变图形对象的位置，【移动】命令可以将选定的对象从一个位置移到另一个位置。

启动【移动】命令的方法有：

- 下拉菜单：【修改】→【移动】
- 标准工具栏按钮：
- 命令行：Move
- 快捷键：m

【例 5－5】 如图 5－41 所示，将正五边形以 A 为基点移动到圆心 O。

点击下拉菜单【修改】→【移动】，命令行提示如下：

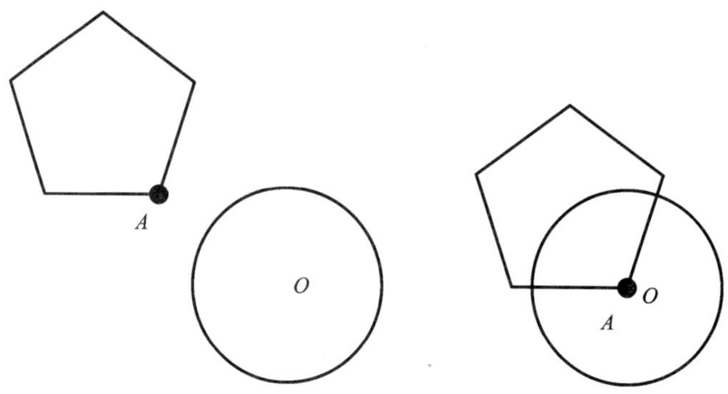

图 5－41　移动五边形

命令：Move

选择对象：选择五边形

指定基点或［位移(D)］ <位移>：单击 A 点

指定第二个点或 <使用第一个点作为位移>：单击圆心 O 点

5)缩放

【缩放】命令可以将选定的对象按给定的基点和比例因子放大或缩小。它只改变图形对象的大小而不改变图形的形状。

启动【缩放】命令的方法有：

- 下拉菜单：【修改】→【缩放】

- 标准工具栏按钮：
- 命令行：Scale
- 快捷键：sc

【例 5-6】 如图 5-42 所示，将(a)图所示的正五边形放大成(b)图所示的正五边形。

点击下拉菜单【修改】→【修剪】，命令行提示如下：

命令：Scale

选择对象：选定五边形

指定基点：指定左下角

指定比例因子或［复制(C)/参照(R)］<1.0000>：2

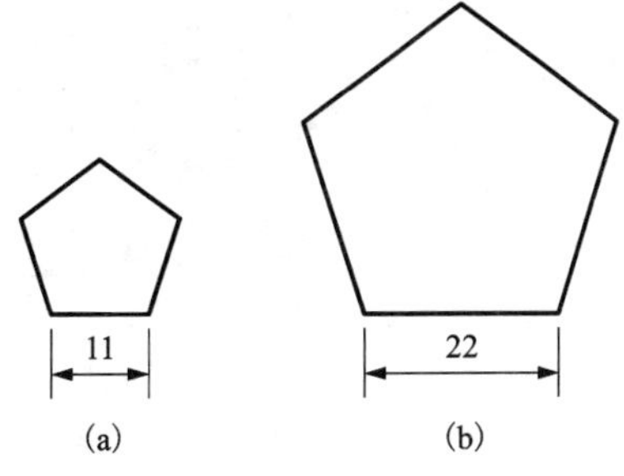

图 5-42　缩放图形

(a)缩放前；(b)缩放 2 倍后

6)分解

对于矩形、多边形、块等组合对象，有时需要对里面的单个对象进行编辑，这时可使用【分解】命令将其分解为多个对象。

启动【缩放】命令的方法有：

- 下拉菜单：【修改】→【分解】
- 标准工具栏按钮：
- 命令行：Explode
- 快捷键：x

【例 5-7】 如图 5-43 所示，将正五边形分解成单个对象，并删除右侧边。

点击下拉菜单【修改】→【分解】，命令行提示如下：

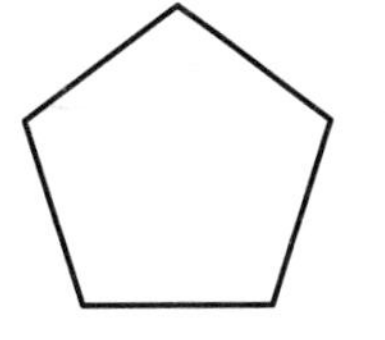
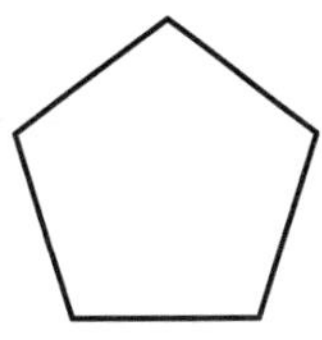

图 5-43　分解多边形

命令：Explode　　//启动【分解】命令

选择对象：选择五边形　　//选择正五边形，回车

命令：_erase　　//启动【删除】命令

选择对象：找到 1 个　　//单击右侧的边，回车

选择对象：

四、任务解析

(1) 如图 5-44 所示，在菜单栏中【文件】下点击【打开】，调用已设置好的 A3 图形样板文件。可以根据需要增加或者删减图层。

(2) 如图 5-45 所示，利用所学的绘图和编辑命令，绘制房屋两面投影图，注意利用高平齐的投影规律。可以参考如图所示的绘图步骤。绘图过程中注意图层的使用。

(3) 如图 5-46 所示，利用所学的绘图和编辑命令，将 A3 图框放大 100 倍，并把房屋两面投影图移动到图框中。

(4) 如图 5-47 所示，利用所学的尺寸标注知识，准确的对图形进行尺寸标注。

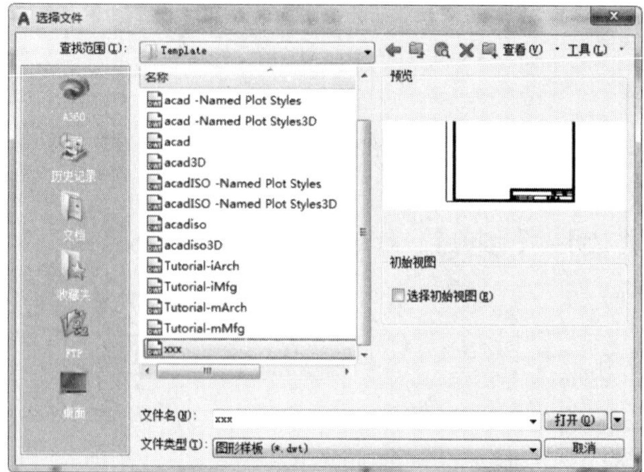

图 5－44　调用已设置的图形样板

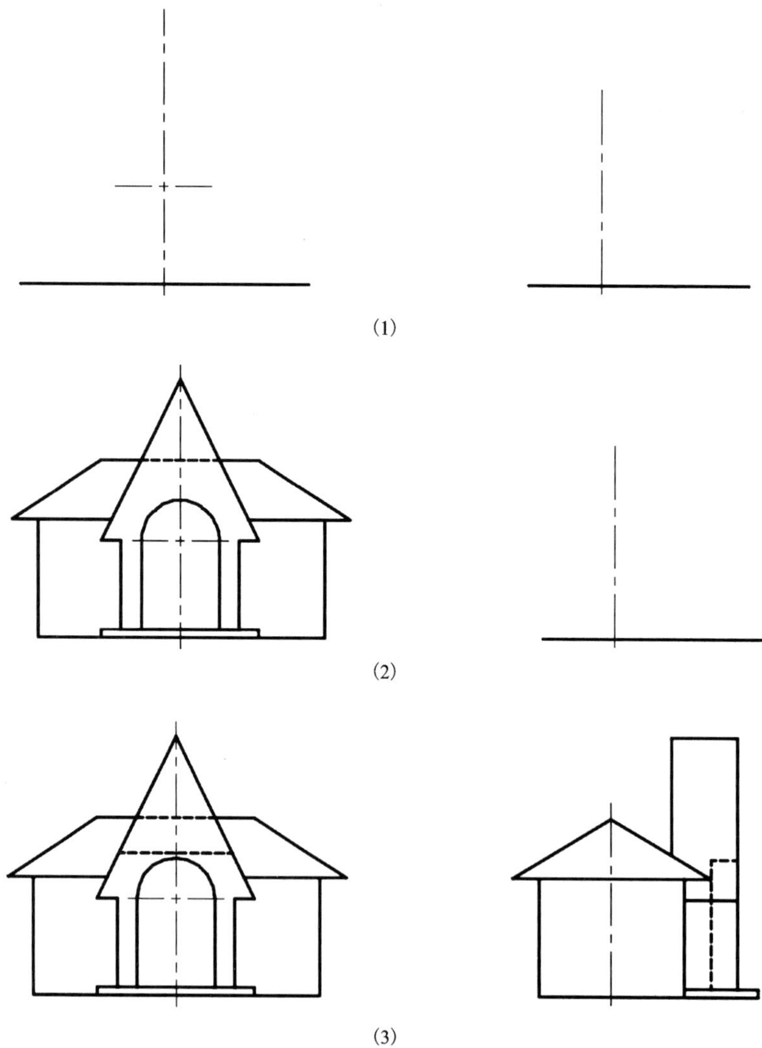

图 5－45　绘制房屋两面投影图

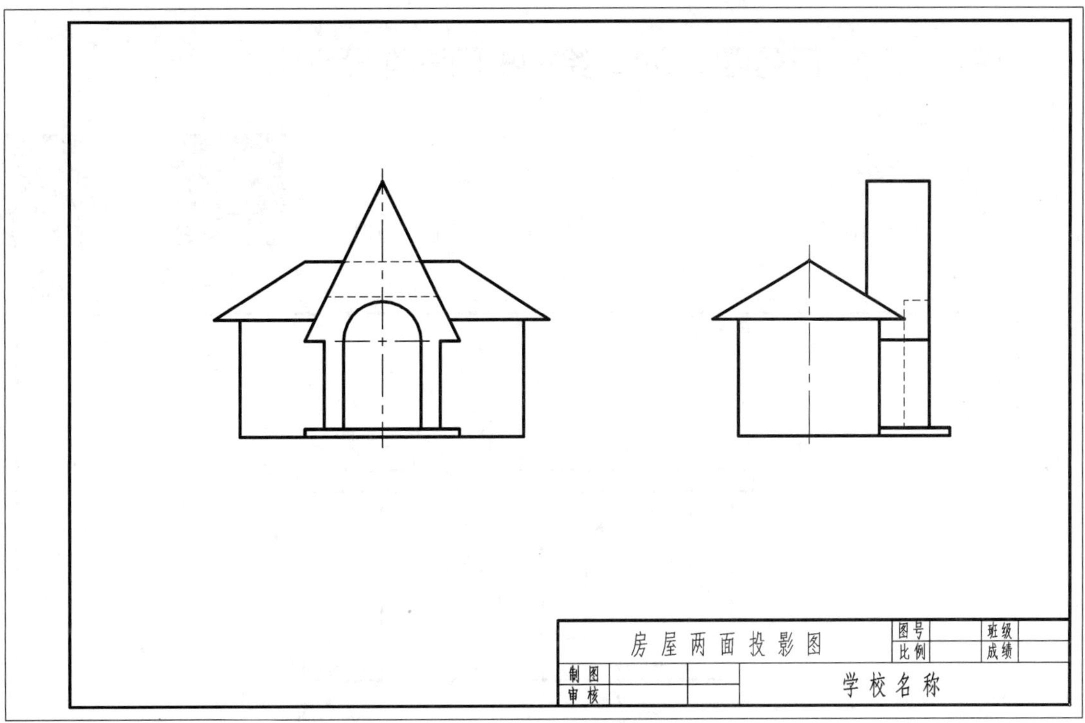

图 5－46　缩放和移动

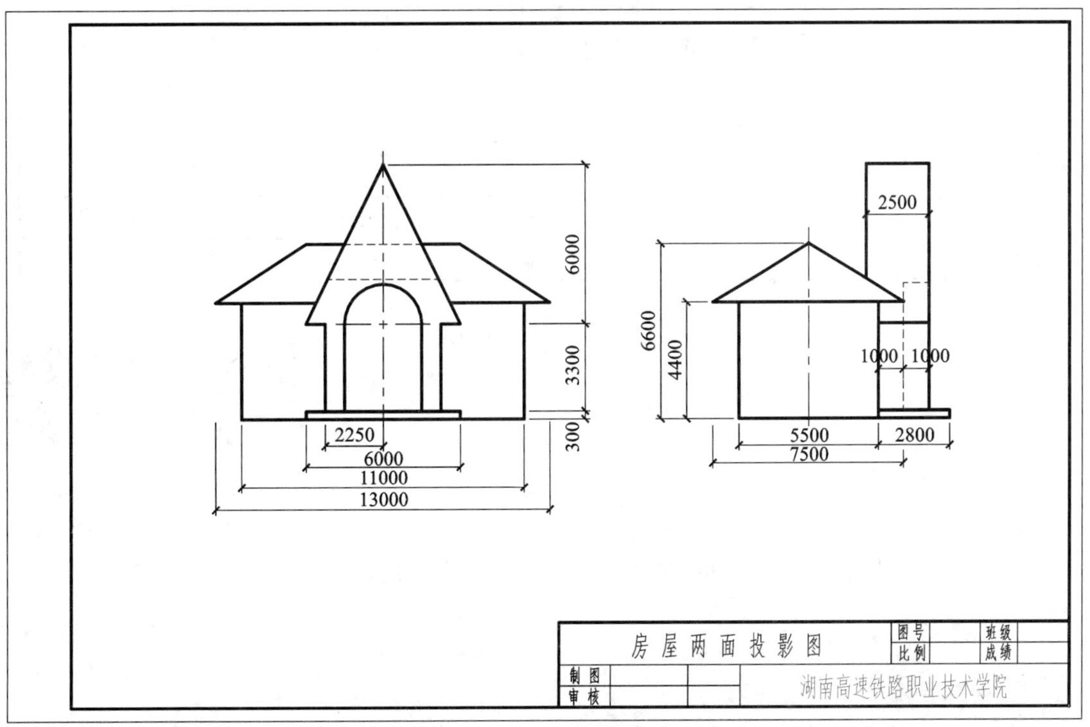

图 5－47　尺寸标注

任务四　CAD 绘制拱门三面投影图

一、任务提出

用 CAD 绘制如图 5－48 所示拱门三面投影图，比例 1∶100。

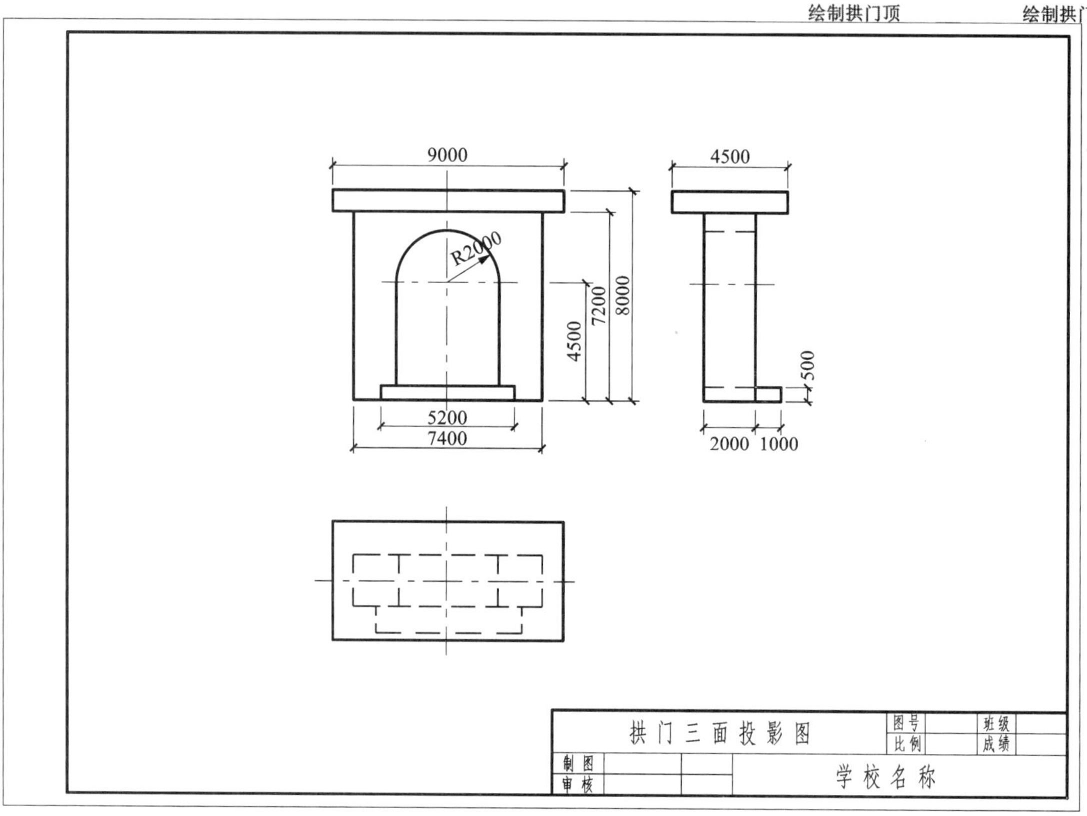

图 5－48　拱门三面投影图

二、任务分析

如图 5－48 所示为拱门三面投影图，要运用 CAD 软件正确绘制该图样，除了前面所学的知识，还应掌握用 CAD 绘制三面投影图的方法以及组合体的尺寸标注。

三、必备知识

1. 极轴追踪

使用极轴追踪的功能可以用指定的角度来绘制对象。用户在极轴追踪模式下确定目标点时，系统会在光标接近指定的角度方向上显示临时的对齐路径，并自动地在对齐路径上捕捉距离光标最近的点（即极轴角固定、极轴距离可变），同时给出该点的信息提示，用户可据此准确地确定目标点。注意当【极轴追踪】模式设置为打开时，用户仍可以用光标在非对齐方向上指定目标点，这与“捕捉”模式不同。当这两种模式均处于打开状态时，只能以捕捉模式(包括栅格捕捉和极轴捕捉)为准。

2. 对象捕捉

由于在绘图中需要频繁地使用对象捕捉功能，因此 AutoCAD2018 中允许用户将某些对象捕捉方式缺省设置为打开状态，这样当光标接近捕捉点时，系统会产生自动捕捉标记、捕捉提示供用户使用。

在【草图设置】对话框的【对象捕捉】选项卡中可以看到各种对象捕捉模式，如图 5 - 49 所示，图中被选中的对象捕捉模式将会在绘图中缺省使用。用户可以单击“全部选择”按钮选中全部捕捉模式，或单击“全部清除”按钮取消所有已选中的捕捉模式。

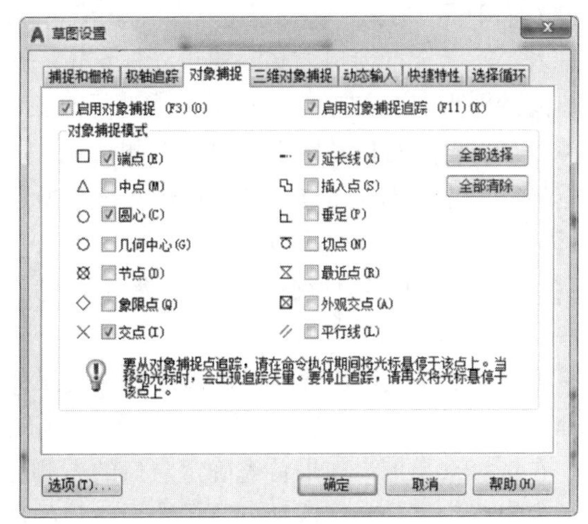

图 5 - 49　“对象捕捉”选项卡

建议尽量只打开几个常用的捕捉模式，如端点、交点等。在 AutoCAD2018 中还提供了“对象捕捉追踪”功能，该功能可以看作是“对象捕捉”和“极轴追踪”功能的联合应用。即用户先根据“对象捕捉”功能确定对象的某一特征点，然后以该点为基准点进行追踪，来得到准确的目标点。

注意对象捕捉追踪应与对象捕捉配合使用。使用对象捕捉追踪时必须打开一个或多个对象捕捉，同时启用对象捕捉。但极轴追踪的状态不影响对象捕捉追踪的使用，即使极轴追踪处于关闭状态，用户仍可在对象捕捉追踪中使用极轴角进行追踪。

3. 正交模式

在建筑绘图中需要绘制大量的水平线和垂直线，【正交】模式可以快速准确绘制水平线和垂直线。当打开【正交】模式时，无论光标怎样移动，在屏幕上只能绘制水平或垂直线。

可以用以下方式打开【正交】模式：

- 状态栏按钮：正交
- 命令行：ortho
- 快捷键：F8

如果知道水平线或垂直线的长度，在正交模式下，直接输入直线的长度，就可快速画出。

4. 图形的选择

在对图形进行编辑操作时首先要确定编辑的对象，即在图形中选择若干图形对象构成选择集。输入一个图形编辑命令后，命令行出现“选择对象”提示，这时可根据需要反复多次地进行选择，直至回车结束选择，转入下一步操作。为了提高选择的速度和准确性，AutoCAD2018 提供了多种不同形式的选择对象方式，常用的选择方式有以下几种。

(1)直接选择对象

这是默认的选择对象方式，此时光标变为一个小方框(称拾取框)，将拾取框移至待选图形对象上单击鼠标左键，则该对象被选中。重复上述操作，可依次选取多个对象。被选中的图形对象以虚线高亮显示，以区别其他图形。利用该方式每次只能选取一个对象，且在图形密集的地方选取对象时，往往容易选错或多选。

(2)窗口(W)方式

键入“W”，选择窗口方式。通过光标给定一个矩形窗口，所有部分均位于这个矩形窗口内的图形对象被选中。窗口方式选择对象常用下述方法：在选择对象时首先确定窗口的左侧角点，再向右拖动定义窗口的右侧角点，则定义的窗口为选择窗口，此时只有完全包含在选择窗口中的对象才被选中，如图5－50所示。

(3)多边形窗口(WP)方式

键入“WP”，用多边形窗口方式选择对象，完全包含在窗口中的图形被选中。

(4)交叉(C、CP)窗口方式

该方式与用W、WP窗口方式选择对象的操作方法类似，不同点在于，在交叉窗口方式下，所有位于矩形(或多边形)窗口之内或者与窗口边界相交的对象都将被选中。如图5－51所示。在选择对象时，如果首先确定窗口的右侧角点，再向左拖动定义窗口的左侧角点，则定义的窗口为交叉窗口，这种方法是选择对象的通常方法。

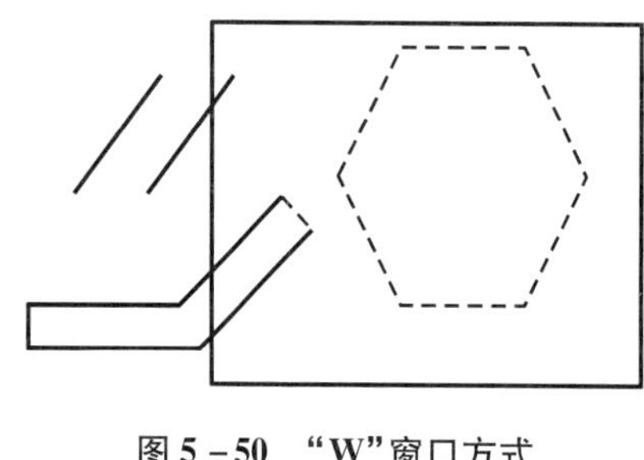

图5－50 “W”窗口方式

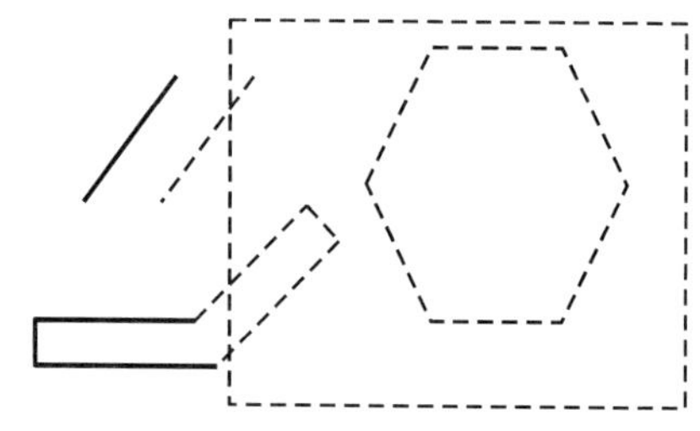

图5－51 “C”交叉窗口方式

(5)全部(All)方式

键入“ALL”，选取屏幕上全部图形对象。

5. 图形的删除

AutoCAD2018有三种常用的删除方式：

(1)选择“修改”工具栏上的 按钮，或键入ERASE命令，十字光标变为拾取框后选择要删除的图形，选择完后单击右键形；

(2)直接失去所要删除的图形，按键盘上Delete键删除；

(3)直接失去所要删除的图形，单击右键，在弹出的菜单中选择“删除”，即可删除图形。

通常，当发出“删除”命令后，用户需要选择要删除的对象，然后按回车或空格键结束对象选择，同时删除已选择的对象。

使用OOPS命令，可以恢复最后一次使用“删除”命令删除的对象。

6. 点的坐标输入

AutoCAD的坐标输入方法通常采用绝对直角坐标、相对直角坐标、绝对极坐标和相对极坐标四种。下面分别介绍这四种坐标输入。

绝对直角坐标

在绝对直角坐标系中，左下方坐标轴的交点称为原点，绝对坐标是指相对于当前坐标原点的坐标。在 AutoCAD 中，默认原点的位置在图形的左下角。

当输入点的绝对直角坐标(X、Y、Z)时，其中 X、Y、Z 的值就是输入点相对于原点的坐标距离。通常，在二维平面的绘图中，Z 坐标值默认等于 0，所以用户可以只输入 X 的坐标值。当确切知道了某点的绝对直角坐标系时，在命令行窗口用键盘直接输入 X、Y 坐标值来确定点的位置非常快捷。

【例 5-8】　已知 A(100，100)、B(300，200)、C(400，50)三点的坐标，绘图如图 5-52 所示的三角形。

点击【绘图】→【直线】，根据命令行提示，进行如下程序操作完成三角形的绘制：

命令：_line 指定第一点：100，100

指定下一点或［放弃(U)］：300，200

指定下一点或［放弃(U)］：400，50

指定下一点或［闭合(C)/放弃(U)］：C

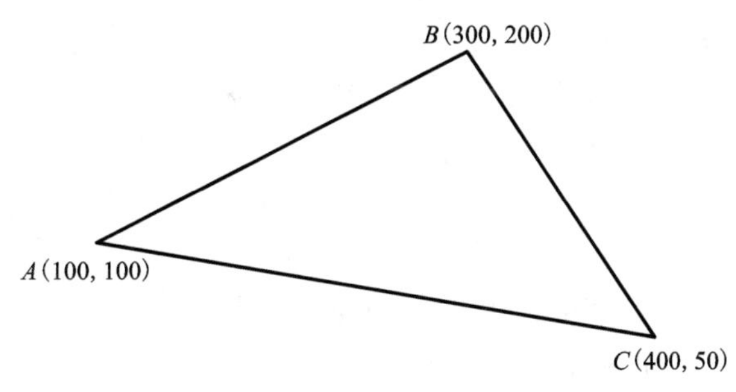

图 5-52　三角形

相对直角坐标

相对直角坐标就是用相对于上一个点的坐标来确定当前点，也就是说用上一个点的坐标加上一个偏移量来确定当前点的坐标，即直接通过点与点的相对位移来绘制图形。相对直角坐标输入与绝对直角坐标输入的方法基本相同，只是 X、Y 坐标值表示的是相对于前一个点的坐标差，并且要在输入的坐标值的前面加上“@”符号。在后面的绘图中将经常用到相对直角坐标。

【例 5-9】　用直线命令绘制如图 5-53 所示的矩形。

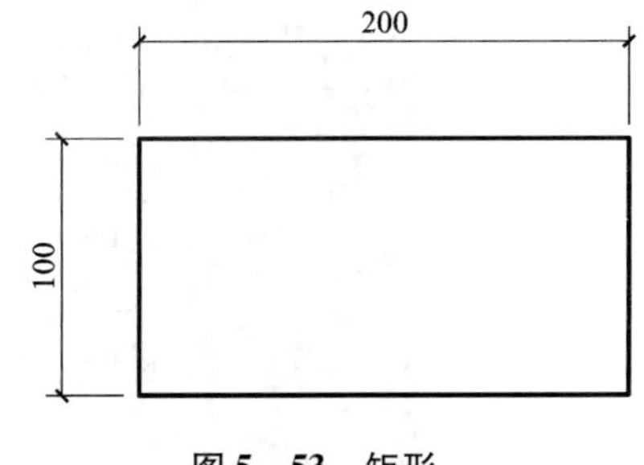

图 5-53　矩形

点击【绘图】→【直线】，命令行提示如下：

命令：_line 指定第一点：

指定下一点或［放弃(U)］：@200，0

指定下一点或［放弃(U)］：@0，100

指定下一点或［闭合(C)/放弃(U)］：@ -200，0

指定下一点或［闭合(C)/放弃(U)］：@0，-100

指定下一点或［闭合(C)/放弃(U)］：

绝对极坐标

极坐标是一种以极径 R 和极角 & 来表示点的坐标。绝对极坐标是从点(0, 0)或(0, 0, 0)出发的位移，但给定的是距离或角度。其中距离和角度用 < 分开，如“R < &”。计算方法是从 X 轴正向转向两点连线的角度，以逆时针方向为正，如 X 轴正向为0°，Y 轴正向为90°。绝对极坐标在 AutoCAD 中较少采用。

相对极坐标

相对极坐标中 R 为输入点相对前一点的距离长度，& 为这两点的连线与 X 轴正向之间的夹角。在 AutoCAD 中，系统默认角度测量值以逆时针为正，反之为负值。输入格式为“@ R < &”。

【例 5－10】 绘制如图 5－54 所示的五角星。

点击【绘图】→【直线】，命令行提示如下：

命令：_line 指定第一点：

指定下一点或［放弃(U)］：@ 100 <0

指定下一点或［放弃(U)］：@ －100 <36

指定下一点或［闭合(C)/放弃(U)］：@ 100 <72

指定下一点或［闭合(C)/放弃(U)］：@ －100 <108

指定下一点或［闭合(C)/放弃(U)］：c

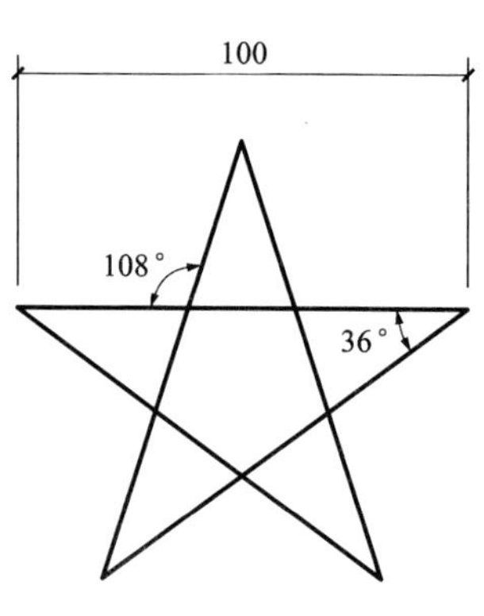

图 5－54　五角星

四、任务解析

(1) 如图 5－55 所示，在菜单栏中【文件】下点击【打开】，调用已设置好的 A3 图形样板文件。可以根据需要增加或者删减图层。

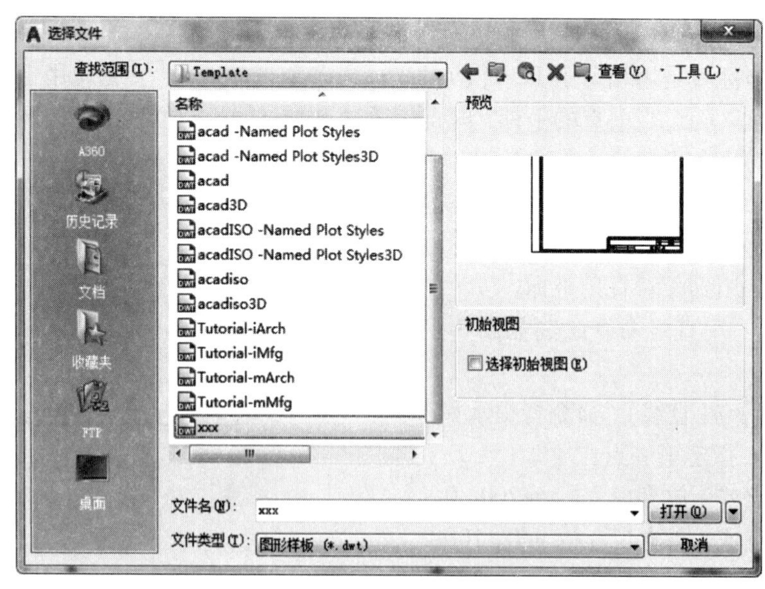

图 5－55　调用已设置的图形样板

（2）如图 5－56 所示，利用所学的绘图和编辑命令，绘制拱门投影图，为了让同学加深理解形体分析法的概念，可以参考如图所示的绘图步骤。绘图过程中注意图层的使用。

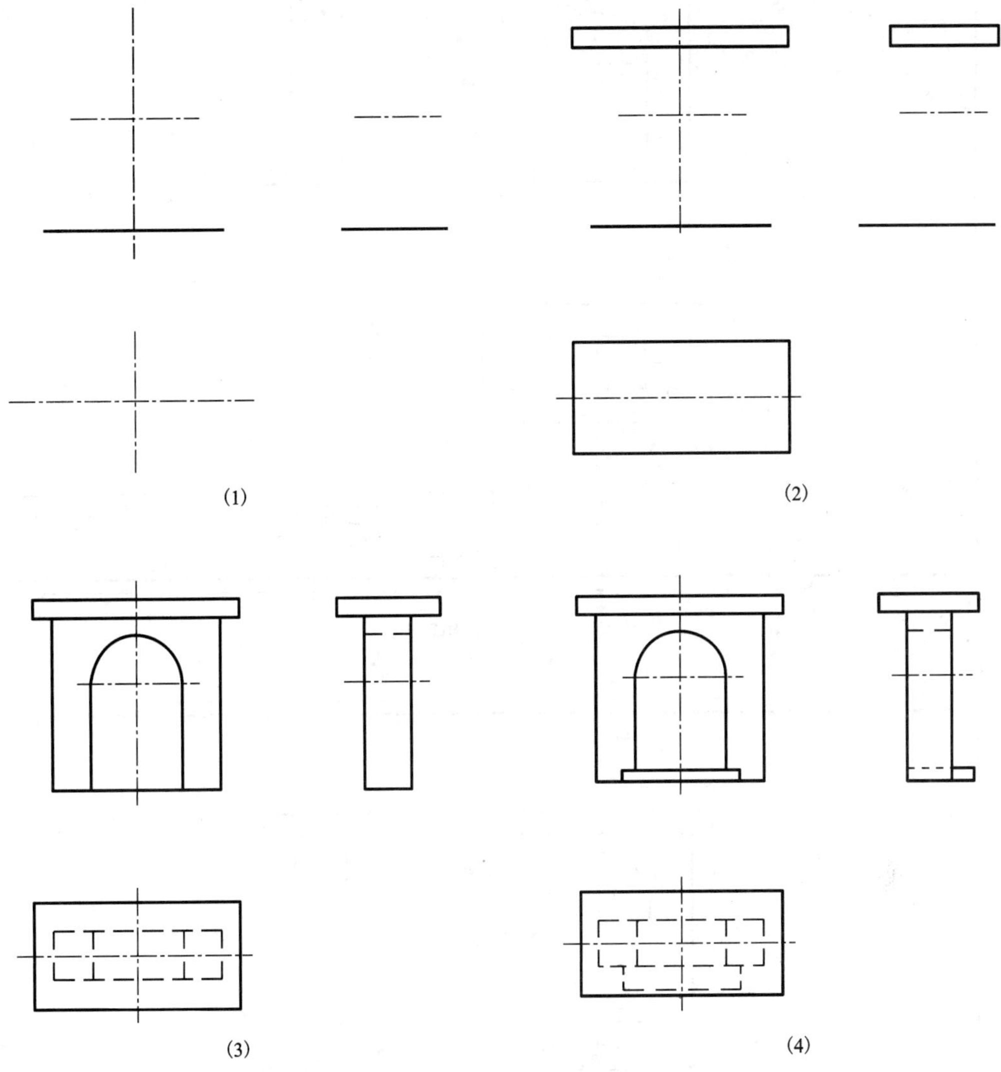

图 5－56　绘制拱门三面投影图

（3）如图 5－57 所示，利用所学的缩放命令，将 A3 图框扩大 100 倍，并把拱门三面投影图移动到图框中。

（4）如图 5－58 所示，利用所学的尺寸标注知识，准确地对图形进行尺寸标注。

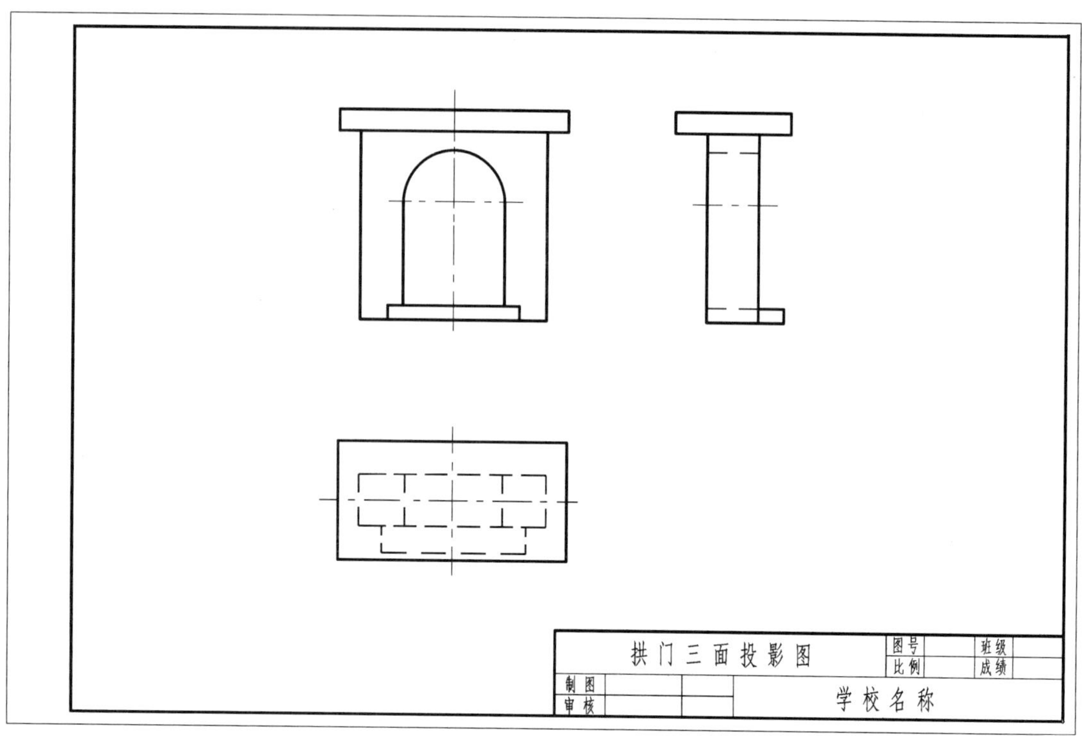

图 5－57　缩放和移动

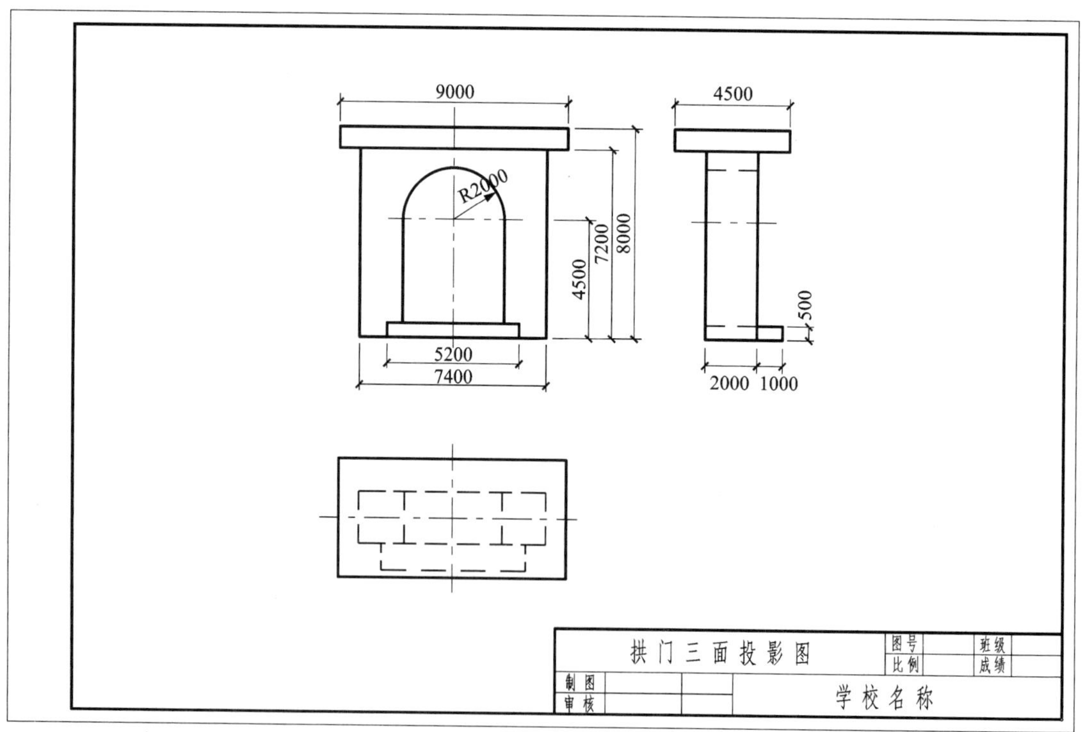

图 5－58　尺寸标注

任务五　CAD 制作建筑构件三维模型

一、任务提出

用 CAD 制作如图 5－59 所示台阶立体模型图。

绘制台阶三维立体模型

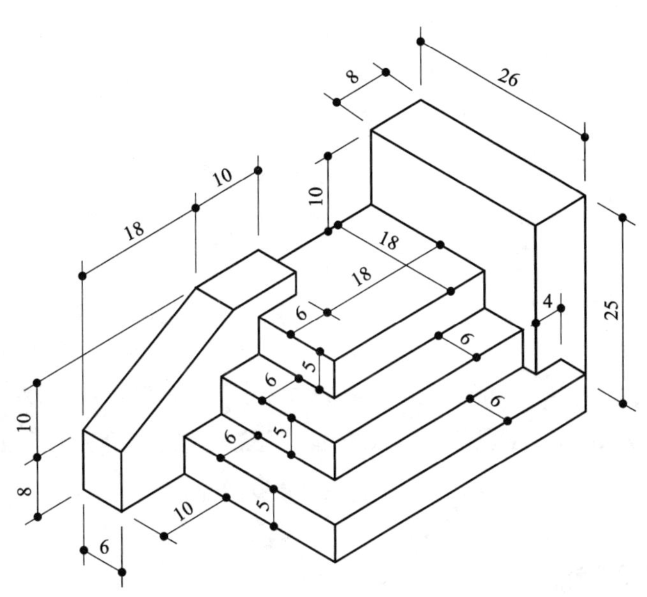

图 5－59　台阶立体图

二、任务分析

如图 5－59 所示为台阶立体图。该构件可以看成由几个棱柱体叠加而成的，要用 CAD 软件制作台阶三维模型，首先要熟悉 CAD 软件三维建模界面，学会在绘制过程中观察模型，能用基本三维命令绘制三维实体，还可以对其进行布尔运算等编辑操作。

三、必备知识

1. 三维建模界面

在 AutoCAD2018 中绘制三维实体之前，首先要进入三维建模界面。点击【工作空间】工具栏中的下拉按钮，选择【三维建模】，或者从下拉菜单【工具】→【工作空间】→【三维建模】，就会出现如图 5－60 所示的【三维建模】界面。

2. 三维动态观察

三维导航工具允许用户从不同的角度、高度和距离查看图形中的对象。使用下拉菜单【视图】→【动态观察】或【三维导航】工具栏，可以对三维图形进行动态观察、回旋、调整距离、缩放和平移，如图 5－61 所示。

(1)受约束的动态观察：沿 XY 平面或 Z 轴约束三维动态观察。启动方法：

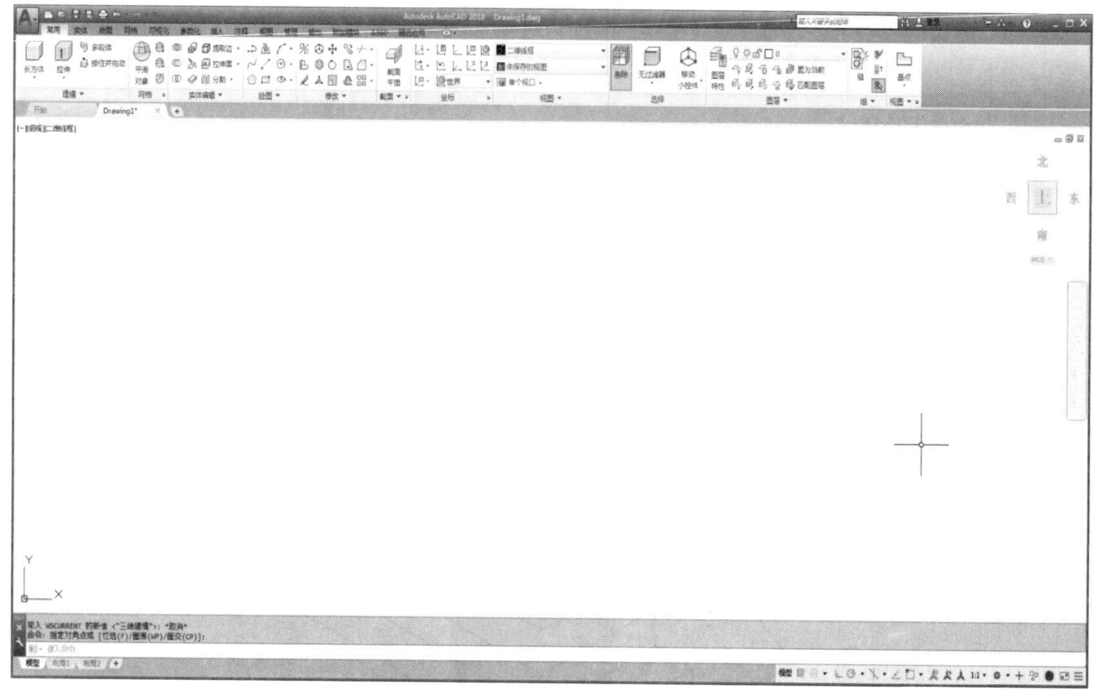

图 5－60 【三维建模】界面

图 5－61 【三维导航】工具栏

- 下拉菜单：【视图】→【动态观察】→【受约束的动态观察】
- 工具条：【三维导航】→【受约束的动态观察】按钮
- 命令行：3DORBIT

（2）自由动态观察：不参照平面，在任意方向上进行动态观察。沿 XY 平面和 Z 轴进行动态观察时，视点不受约束。启动方法：

- 下拉菜单：【视图】→【动态观察】→【自由动态观察】
- 命令行：3DFORBIT

（3）连续动态观察：连续地进行动态观察。在要使连续动态观察移动的方向上单击并拖动，然后释放鼠标按钮，轨道沿该方向继续移动。启动方法：

- 下拉菜单：【视图】→【动态观察】→【连续动态观察】
- 命令行：3DCORBIT

3．创建基本实体

三维实体造型的方法有以下三种：

- 利用 AutoCAD2018 提供的基本实体命令（例如长方体、圆锥体、球体等）创建简单实体。

- 沿路径将二维对象拉伸，或者将二维对象绕轴旋转。
- 将利用前两种方法创建的实体进行布尔运算，生成更复杂的实体。

三维实体的显示形式有三维线框、二维线框、三维隐藏、真实和概念五种，可以在【视觉样式】工具栏或面板选项的【视觉样式】中进行切换。在该章中我们采用【概念】视觉样式。

(1)长方体

长方体由底面和高度定义。长方体的底面总与当前 UCS 的 XY 平面平行。可以用一下几种方法创建长方体：

- 【建模】工具栏或【三维制作】面板：
- 下拉菜单：【绘图】→【建模】→【长方体】
- 命令行：BOX

【例 5－11】 创建一个长 40 mm，宽 20 mm，高 25 mm 的长方体，如图 5－62 所示。

图 5－62　长方体

点击下拉菜单：【绘图】→【建模】→【长方体】，命令行提示如下：

```
命令：_box                                    //启动【长方体】命令
指定第一个角点或［中心(C)］：                  //鼠标点击一个角点
指定其他角点或［立方体(C)/长度(L)］：L         //输入 L，选择长度
指定长度：<正交 开> 40                         //输入矩形长度
指定宽度：20                                   //输入矩形宽度
指定高度或［两点(2P)］：25                     //输入矩形高度
```

(2)圆柱体

圆柱体或椭圆柱体是以圆或椭圆作底面来创建，圆柱的底面位于当前 UCS 的 XY 平面上。创建圆柱体的方法有：

- 【建模】工具栏或【三维制作】面板：
- 下拉菜单：【绘图】→【建模】→【圆柱体】
- 命令行：CYLINDER

【例 5－12】 创建一个底面半径为 20，高 50 的圆柱体，如图 5－63 所示。

点击下拉菜单：【绘图】→【建模】→【圆柱体】，命令行提示如下：

命令：_cylinder

指定底面的中心点或［三点(3P)/两点(2P)/切点、切点、半径(T)/椭圆(E)］：

指定底面半径或［直径(D)］：20

指定高度或［两点(2P)/轴端点(A)］<25.0000>：50

图5－63　圆柱体

(3)圆锥体

圆锥体由圆或椭圆底面以及垂足在其底面上的锥顶点定义，在默认情况下，圆锥体的底面位于当前UCS的XY平面上。圆锥体的高可以是正的也可以是负的，且平行于Z轴。顶点决定了圆锥体的高和方向。创建圆锥体的方法有：

- 【建模】工具栏或【三维制作】面板：
- 下拉菜单：【绘图】→【建模】→【圆锥体】
- 命令行：CONE

【例5－13】　创建一个底面半径为20，高50的圆锥体，如图5－64所示。

点击下拉菜单：【绘图】→【建模】→【圆锥体】，命令行提示如下：

命令：_cone

指定底面的中心点或［三点(3P)/两点(2P)/切点、切点、半径(T)/椭圆(E)］：

指定底面半径或［直径(D)］<20.0000>：20

指定高度或［两点(2P)/轴端点(A)/顶面半径(T)］<50.0000>：

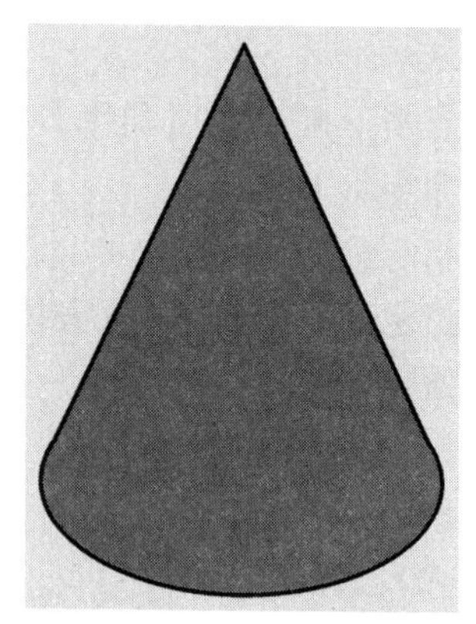

图5－64　圆锥体

(4)球体

球体由中心点和半径或直径定义，球体的纬线平行于XY平面，中心轴与当前UCS的Z轴方向一致。启动球体命令的方法有：

- 【建模】工具栏或【三维制作】面板：
- 下拉菜单：【绘图】→【建模】→【球体】

- 命令行：SPHERE

【例 5－14】　创建一个半径为 20 的球体，如图 5－65 所示。

点击下拉菜单：【绘图】→【建模】→【球体】，命令行提示如下：

命令：_sphere

指定中心点或［三点(3P)/两点(2P)/切点、切点、半径(T)］：

指定半径或［直径(D)］ <20.0000>：20

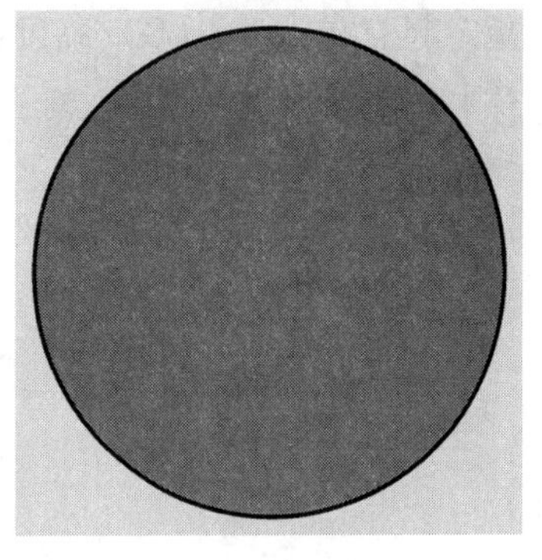

图 5－65　球体

(5) 楔体

楔体的底面平行于当前 UCS 的 XY 平面，其倾斜面正对第一个角。它的高可以是正数也可以是负数，并与 Z 轴平行。启动楔体命令的方法有：

- 【建模】工具栏或【三维制作】面板：
- 下拉菜单：下拉菜单【绘图】→【建模】→【楔体】
- 命令行：wedge

【例 5－15】　创建一个长 40，宽 25，高 15 的楔体，如图 5－66 所示

点击下拉菜单：【绘图】→【建模】→【楔体】，命令行提示如下：

命令：_wedge

指定第一个角点或［中心(C)］：

指定其他角点或［立方体(C)/长度(L)］：L

指定长度 <40.0000>：40

指定宽度 <20.0000>：25

指定高度或［两点(2P)］ <50.0000>：15

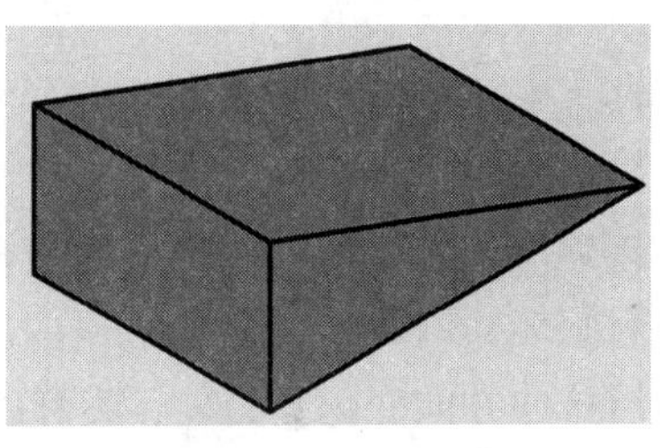

图 5－66　楔体

(6) 多段体

多段体的底面平行于当前 UCS 的 XY 平面，它的高可以是正数也可以是负数，并于 Z 轴平行，在默认情况下，多段体始终具有矩形截面轮廓。启动多段体命令的方法有：

- 【建模】工具栏或【三维制作】面板：
- 下拉菜单：下拉菜单【绘图】→【建模】→【多段体】
- 命令行：polysolid

【例 5－16】　创建一段高度为 60，宽度为 6 的多段体，如图 5－67 所示。

点击下拉菜单：【绘图】→【建模】→【多段体】，命令行提示如下：

命令：_Polysolid 高度 = 80.0000，宽度 = 5.0000，对正 = 居中

指定起点或［对象(O)/高度(H)/宽度(W)/对正(J)］ <对象>：h

指定高度 <80.0000>：60

高度 = 60.0000，宽度 = 5.0000，对正 = 居中

指定起点或［对象(O)/高度(H)/宽度(W)/对正(J)］ <对象>：w

指定宽度 <5.0000>：6

高度 = 60.0000，宽度 = 6.0000，对正 = 居中

指定起点或［对象(O)/高度(H)/宽度(W)/对正(J)］<对象>：

指定下一个点或［圆弧(A)/放弃(U)］：

指定下一个点或［圆弧(A)/放弃(U)］：

指定下一个点或［圆弧(A)/闭合(C)/放弃(U)］：

图 5－67　多段体

4. 拉伸和旋转创建实体

(1)创建拉伸实体

创建拉伸实体就是将二维的闭合对象(如多段线、多边形、矩形、圆、椭圆、闭合的样条曲线和圆环)拉伸成三维对象。在拉伸过程中，不但可以指定拉伸的高度，还可以使实体的截面沿拉伸方向变化。另外，还可以将一些二维对象沿指定的路径拉伸。路径可以是圆、椭圆，也可以由圆弧、椭圆弧、多线段、样条曲线等组成。路径可以封闭，也可以不封闭。

如果用直线或圆弧绘制拉伸用的二维对象，则需要将它们转换成面域或用 PEDIT【连接】将它们转换为单条多线段，然后再利用【拉伸】命令进行拉伸。

启动拉伸命令的方法有：

- 【建模】工具栏或【三维制作】面板：
- 下拉菜单：下拉菜单【绘图】→【建模】→【拉伸】
- 命令行：extrude

【例 5－17】 将如图 5－68 左图所示矩形拉伸成右图所示的棱台体。

点击下拉菜单：【绘图】→【建模】→【拉伸】，命令行提示如下：

命令：_extrude

当前线框密度：ISOLINES＝4

选择要拉伸的对象：找到 1 个

选择要拉伸的对象：

指定拉伸的高度或［方向(D)/路径(P)/倾斜角(T)］<15.0000>：t

指定拉伸的倾斜角度 <0>：15

指定拉伸的高度或［方向(D)/路径(P)/倾斜角(T)］<15.0000>：80

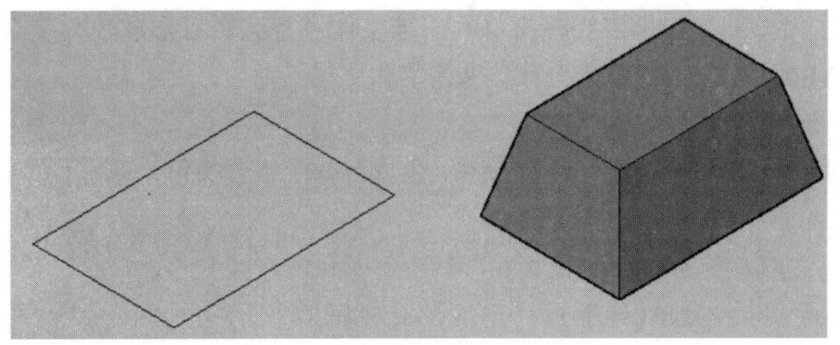

图 5－68　棱台体

(2)创建旋转实体

创建旋转实体即是将一个二维封闭对象(例如圆、椭圆、多段线、样条曲线)绕当前 UCS 坐标系的 X 轴或 Y 轴并按一定的角度旋转成实体。也可以绕直线、多段线或两个指定的点旋转对象。启动旋转命令的方法有：

- 【建模】工具栏或【三维制作】面板：
- 下拉菜单：下拉菜单【绘图】→【建模】→【旋转】
- 命令行：revolve

【例 5－18】　将如图 5－69 左图所示图形旋转生成右图所示的圆墩。

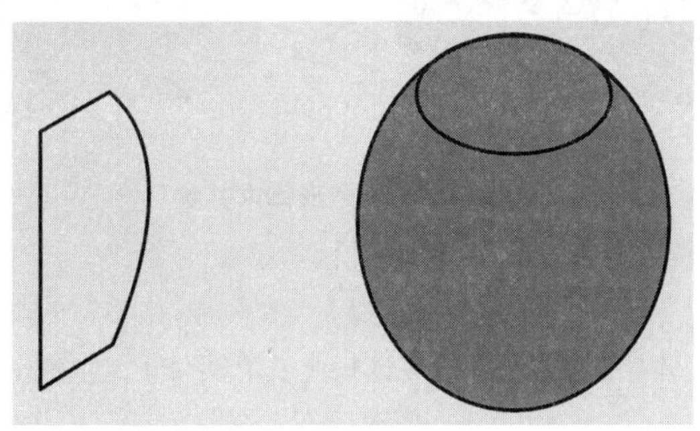

图 5－69　圆墩

点击下拉菜单：【绘图】→【建模】→【旋转】，命令行提示如下：

命令：_revolve　　//启动【旋转】命令

当前线框密度：ISOLINES =4

选择要旋转的对象：找到 1 个　　//选择要旋转地对象

选择要旋转的对象：

指定轴起点或根据以下选项之一定义轴［对象(O)/X/Y/Z］<对象>：

//点击轴起点

指定轴端点：　　//点击轴端点

指定旋转角度或［起点角度(ST)］<360>：　　//输入旋转角度

5．三维实体布尔运算与编辑

在实际操作中，我们经常需要将简单的三维实体进行编辑以形成较为复杂的三维实体。布尔运算是常用的编辑方法，有求并集、求差集和交集三种。

（1）求并集

求并集，即将两个或多个实体进行合并，生成有一个组合实体，实际上就是实体的相加。可以有以下几种途径来启动并求集命令：

- 【建模】工具栏【三维制作】面板：
- 下拉菜单：下拉菜单【绘图】→【建模】→【并集】
- 命令行：union

【例 5－19】 将如图 5－70 左图所示两个形体求并集。

点击下拉菜单：【绘图】→【建模】→【并集】，命令行提示如下：

命令：_union　　　　　　　　　　　　　　//启动【并集】命令

选择对象：找到 1 个　　　　　　　　　　　//选中圆柱体

选择对象：找到 1 个，总计 2 个　　　　　　//选中长方体

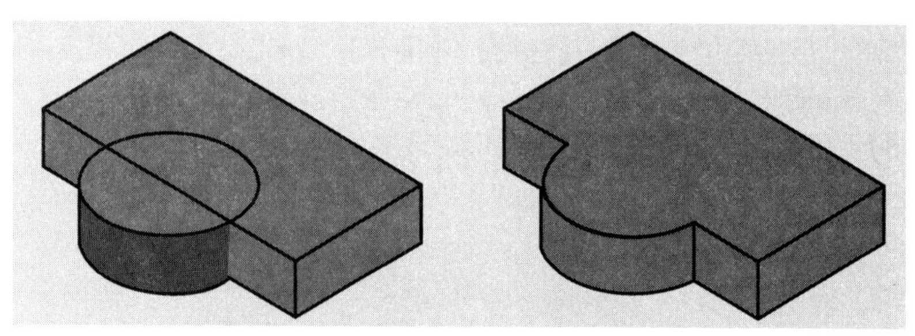

图 5－70　两个形体求并集

（2）求差集

求差集，即从一个实体中减去另一个实体（或多个实体）。生成一个新的实体。其执行途径如下：

- 【建模】工具栏【三维制作】面板：
- 下拉菜单：下拉菜单【绘图】→【建模】→【差集】
- 命令行：subtract

【例】 将如图 5－71 左图所示两个形体求差集。

点击下拉菜单：【绘图】→【建模】→【差集】，命令行提示如下：

命令：_subtract 选择要从中减去的实体、曲面和面域...　//启动【差集】命令

选择对象：找到 1 个　　　　　　　　　　　　　//选择被减对象

选择对象：

选择要减去的实体、曲面和面域...　　　　　　　//选择要减对象

选择对象：找到 1 个

如果先选择长方体作为被减，再选择圆柱体作为要减去的实体，结果如图 5－71 中间图

形所示；如果先选择圆柱体作为被减，再选择长方体作为要减去的实体，结果如图 5 – 71 右图所示。

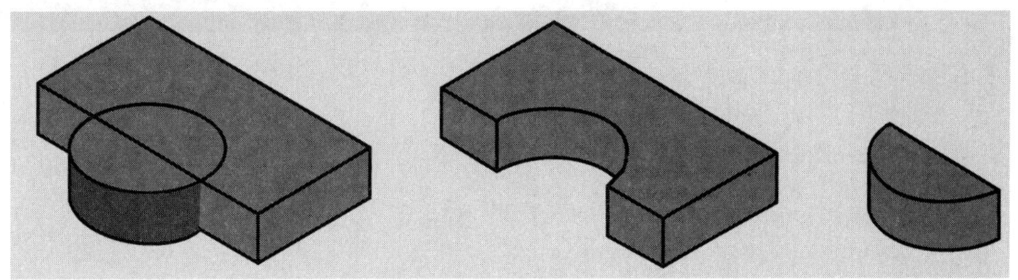

图 5 –71　两个形体求差集

(3)求交集

求交集，是将两个或多个实体的公共部分构造成一个新的实体。其执行方法有：

- 【建模】工具栏或【三维制作】面板：
- 下拉菜单：下拉菜单【绘图】→【建模】→【交集】
- 命令行：intersect

【例 5 –20】 将如 5 – 72 左图所示两个形体求交集。

点击下拉菜单：【绘图】→【建模】→【交集】，命令行提示如下：

命令：_intersect　　//启动【交集】命令
选择对象：找到 1 个　　//选择圆柱体
选择对象：找到 1 个，总计 2 个　　//选择长方体，回车

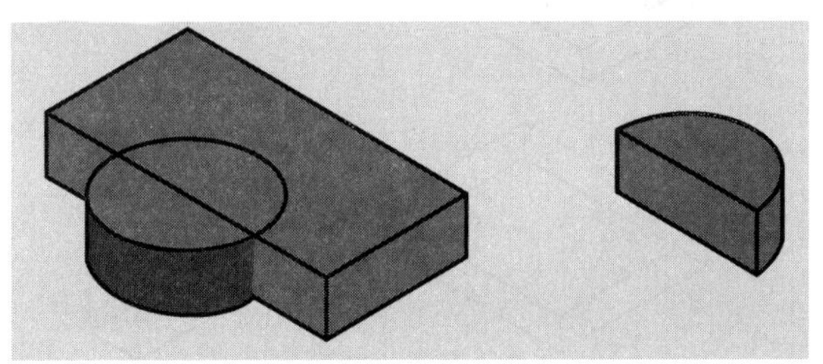

图 5 –72　两个形体求交集

四、任务解析

(1) 如图 5 – 73 所示，进入三维建模界面。点击【工作空间】工具栏中的下拉按钮，选择【三维建模】。并点击【可视化】中【视图】里面的【西南等轴测】，切换坐标为三维坐标。

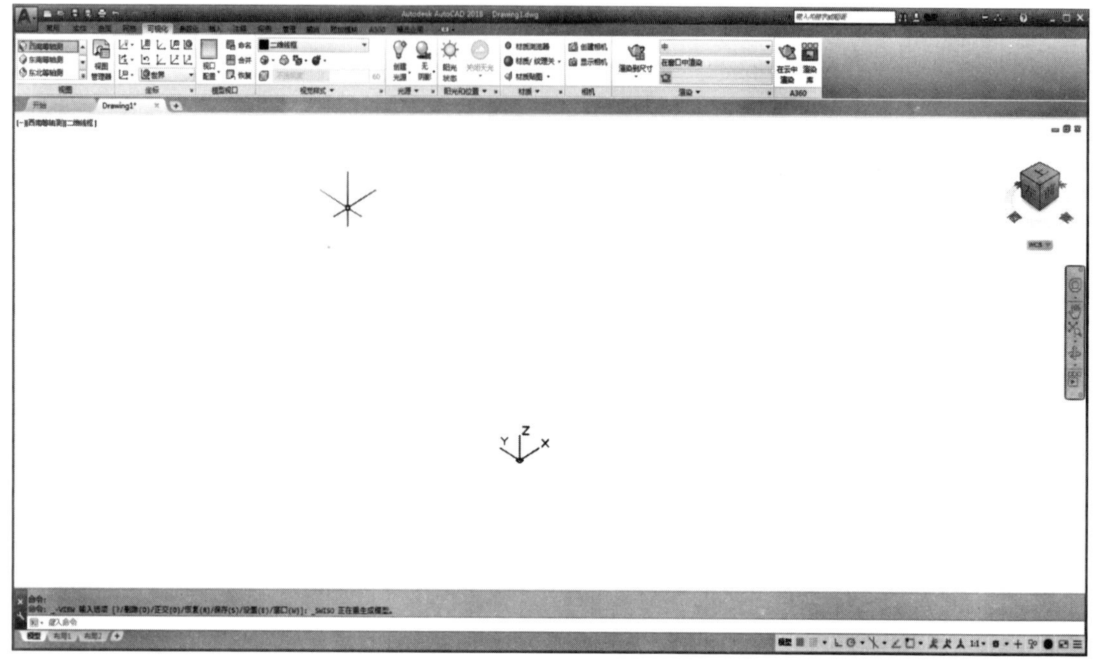

图 5－73 【三维建模】界面

（2）如图 5－74 所示，利用【长方体】命令，将台阶中的长方体模型绘制出来。

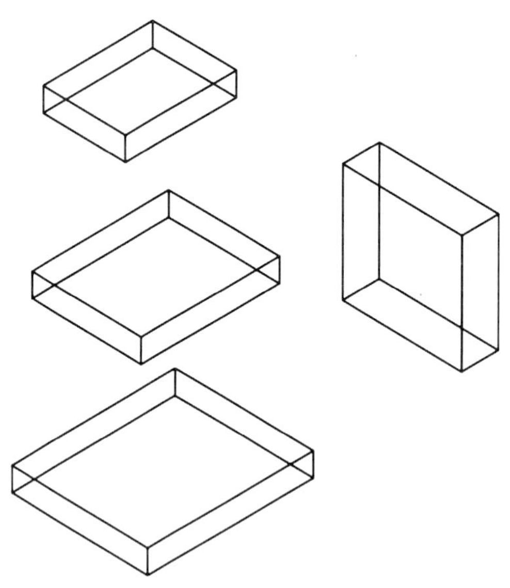

图 5－74 绘制长方体

(3) 如图 5－75 所示，将上一步中的各个长方体模型，按照尺寸要求进行移动，然后利用【并集】成为一个整体。

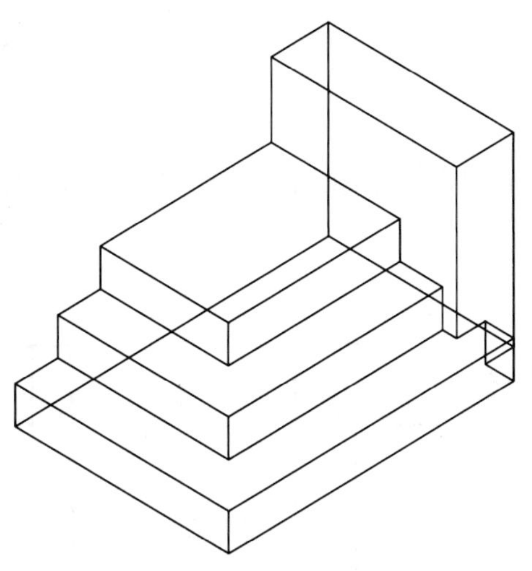

图 5－75　利用并集合并模型

(4) 如图 5－76 所示，将视图切换至前视，按照尺寸绘制出图形，然后利用【面域】命令将多边形变为一个面域，再使用【拉伸】命令，绘制出模型。

(5) 如图 5－77 所示，将前几步中的各个模型，按照尺寸要求进行移动，然后利用【并集】成为一个整体。

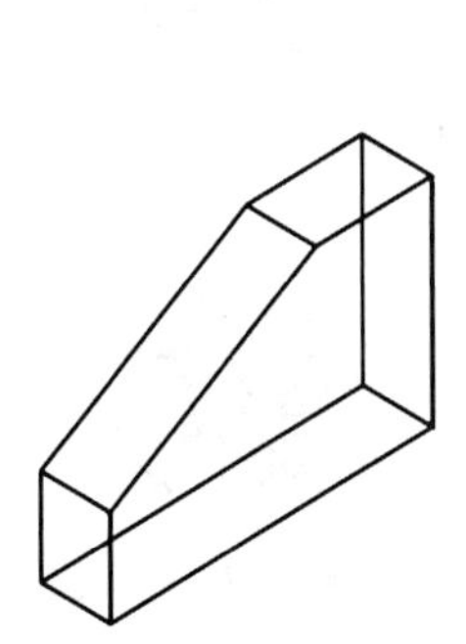

图 5－76　利用【面域】和【拉伸】建模

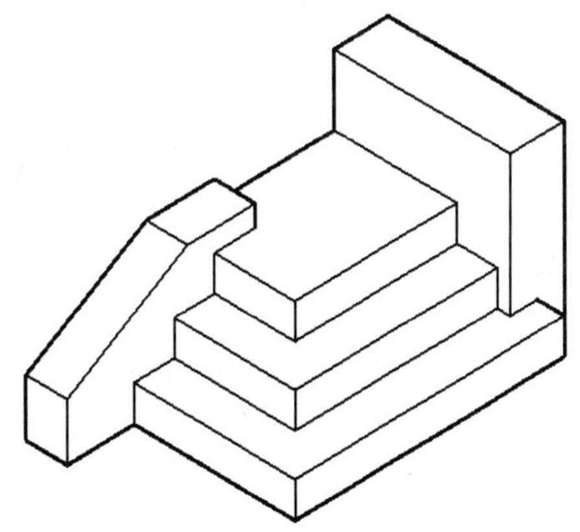

图 5－77　绘制台阶模型

任务六　CAD 绘制检查井剖面图

一、任务提出

识读如图 5 -78 所示检查井三面投影图，在 CAD 中按 1∶1 比例在 A3 图纸上绘制检查井水平面投影图、正面全剖面图和侧面半剖面图。要求在水平投影图上正确标注剖切符号并编号，合理进行图纸布局并尺寸标注。

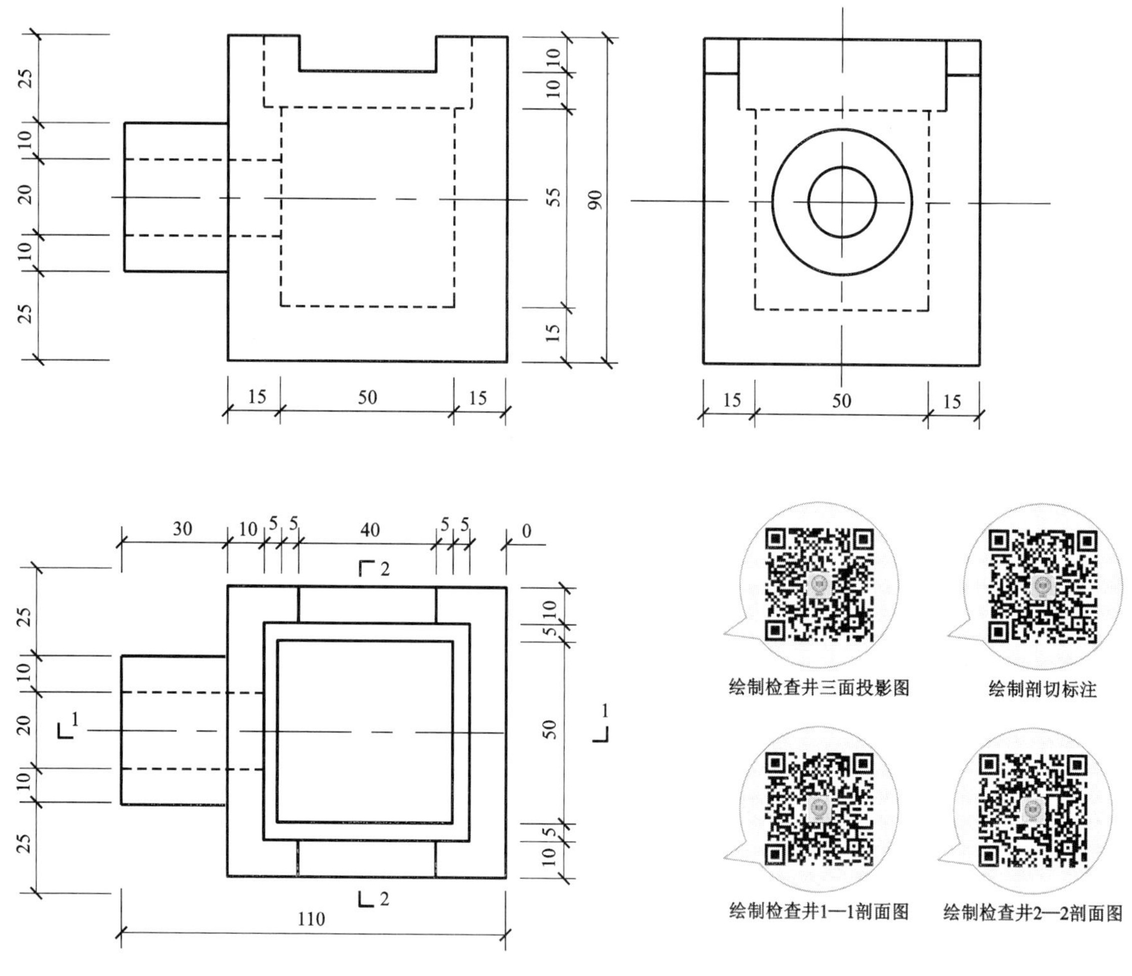

图 5 -78　检查井三视图

二、任务分析

如图 5 -78 所示，该检查井为一结构复杂的混合式组合体，绘制该检查井剖面图，首先，要进行组合体投影图分析，能根据三面投影图识读出形体；其次，必须了解剖断面图的概念，采取合理的剖切方式；然后，必须掌握形体剖面图的标注方式、剖面图的绘制方法和表达规则；用 CAD 绘制该剖面图，掌握绘图、修改命令中相关知识的应用。

三、必备知识

1. 图案填充

在绘制构件的断面图时，经常需要在断面区域绘制构建的材料图例符号。【图案填充】可以帮助用户将选择的图案填充到指定的区域。

执行【图案填充】命令的方式有：

- 下拉菜单：【绘图】→【图案填充】
- 工具栏【绘图】→按钮：
- 命令行：bhatch
- 快捷命令：h

执行上述命令后，会弹出如图 5－79 所示的【图案填充和渐变色】对话框。该对话框有【图案填充】、【渐变色】两个选项卡。如果要填充渐变色，【渐变色】选项卡可以用来对渐变色样式及配色进行设置。

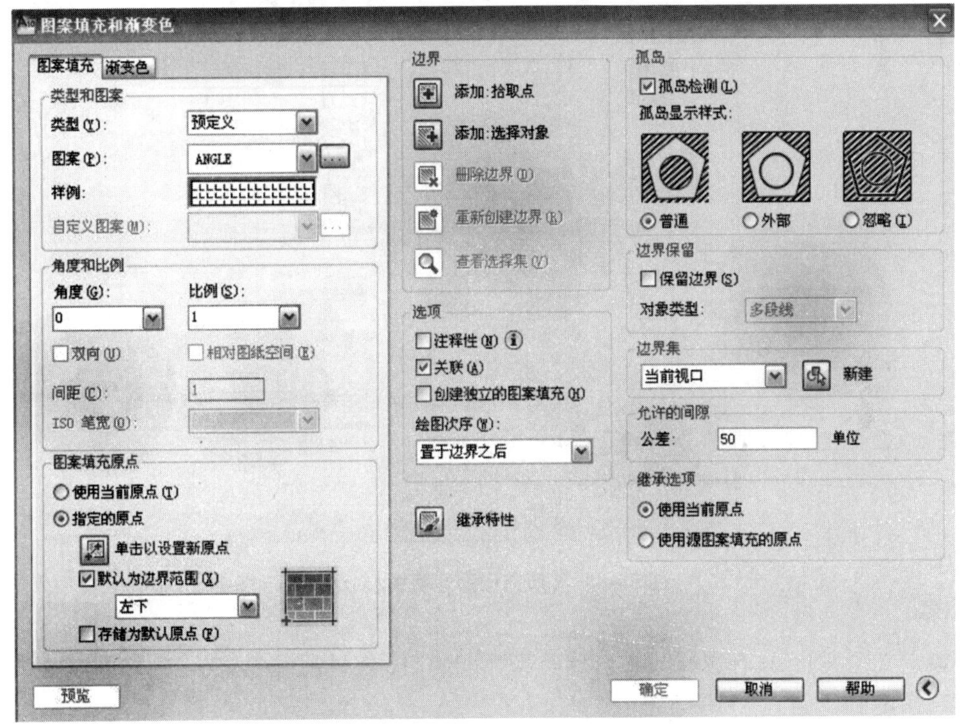

图 5－79　【图案填充和渐变色】对话框

【图案填充】选项卡是用来设置填充图案的类型、图案、角度、比例等特性。对话框中各功能选项的含义为：

（1）类型和图案

【类型】：单击【类型】下拉列表，有“预定义”、“用户定义”、“自定义”三种图案填充类型。

- 预定义：AutoCAD 已经定义的填充图案。
- 用户定义：基于图形的当前线型创建直线图案。
- 自定义：按照填充图案的定义格式定义自己需要的图案，文件的扩展名为“. PAT”。

【图案】：单击图案下拉列表，罗列 了 AutoCAD 已经定义的填充图案的名称于初学者来说，这些英文名称不易记忆与区别。这时，可以单据后面的按钮，会弹出图 5 – 78 所示的【填充图案选项板】对话框。对话框将填充图案分成四类，分别列于四个选项卡当中。其中，【ANSI】是美国国家标准学会建议使用的填充图案；【ISO】是国际标准化组织建议使用的填充图案；【其他预定义】是世界许多国家通用的或传统的符合多种行业标准的填充图案；【自定义】是由用户自己绘制定义的填充图案。【ANSI】、【ISO】和【其他预定义】三类填充图案，在选择“预定义”类型时才能使用。

【样例】：【样例】显示框用来显示选定图案的图样，它是一个图样预览效果。在显示框中单击一下，也可以调用如图 5 – 80 所示的【填充图案选项板】对话框。

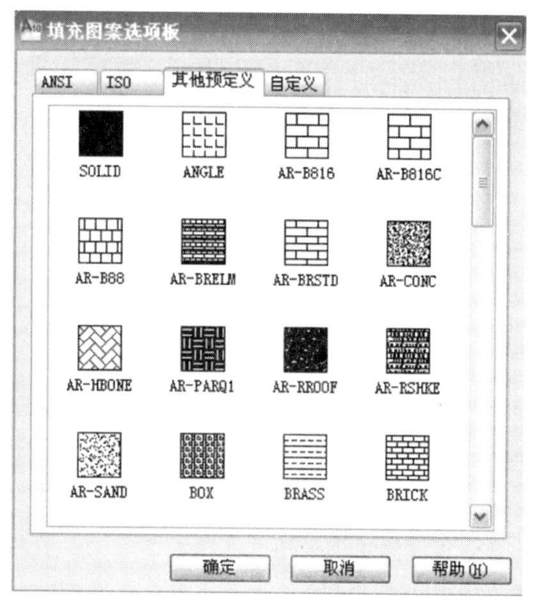

图 5 – 80 【填充图案选项板】对话框

【自定义图案】：只有选择“自定义”类型才能使用，在显示框中显示自定义图案的图样。

（2）角度和比例

【角度】：该项是用来设置图案的填充角度。在【角度】下拉列表中选择需要的角度或填写任意角度。

【比例】：该项是用来设置图案的填充比例。在【比例】下拉列表中选择需要的比例或填写任意数值。比例值大于 1，填充的图案将放大，反之则缩小。

（3）图案填充原点

可以设置图案填充原点的位置，因为许多图案填充需要对齐边界上的某一个点。

【使用当前原点】：可以是当前的原点（0，0）作为图案填充原点。

【指定的原点】：可以通过指定点作为图案填充原点。

(4)边界

在边界区域，有【拾取点】、【选择对象】等按钮。

【拾取点】：通过光标在填充区域内任意位置单击来使 AutoCAD 系统自动搜索并自动填充边界。方法为单击【拾取点】左侧的 按钮，根据命令行提示在图案填充区域内的任意位置单击来确定填充边界。

【选择对象】：通过拾取框选择对象并将其作为图案填充的边界。方法为单击【选择对象】左侧的 按钮，根据命令行提示选择对象来确定填充边界。

【删除边界】：该项可以对封闭边界内检验到的孤岛执行忽略样式。方法为在使用【拾取点】确定填充边界后，单击删除边界 按钮，【边界图案填充】对话框暂时消失，在绘图区域选择孤岛边界，回车后又会出现【边界图案填充】对话框，然后单击 确定 按钮，则孤岛予以忽略。

【查看选择集】：单击【查看选择集】按钮，【边界图案填充】对话框暂时消失，在绘图区域显示已选择的图案填充边界，如果检查所选边界无误，回车后又会出现【边界图案填充】对话框，然后单击 确定 按钮进行图案填充。

四、任务解析

(1) 如图 5－81 所示，先用 CAD 绘制出检查井三视图。

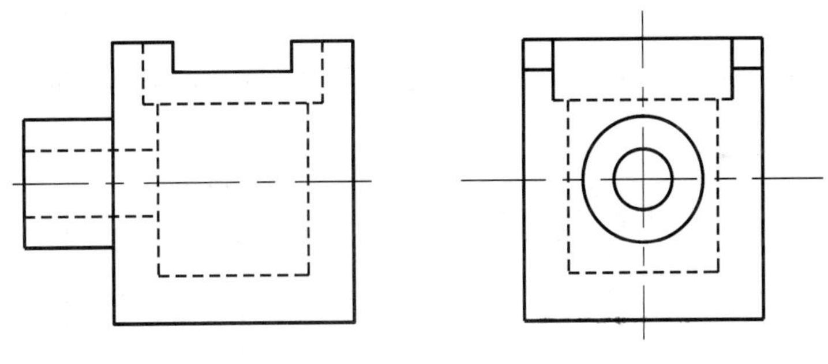

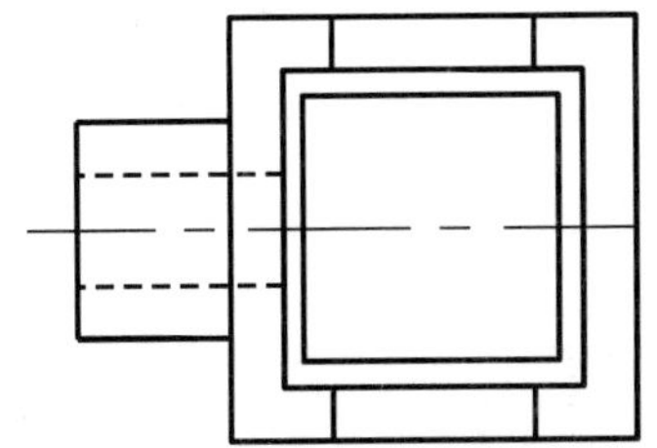

图 5－81　检查井三视图

（2）如图 5 - 82 所示，在水平投影图上正确标注剖切符号并编号。

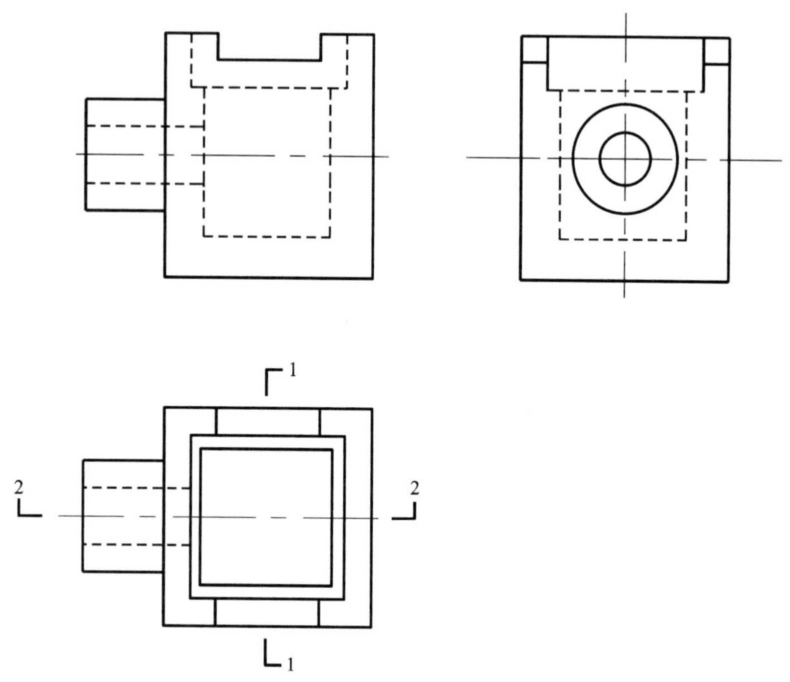

图 5 - 82　标注剖切符号并编号

（3）如图 5 - 83 所示，根据所学剖面图知识，绘制出正立面全剖图和侧立面半剖图。

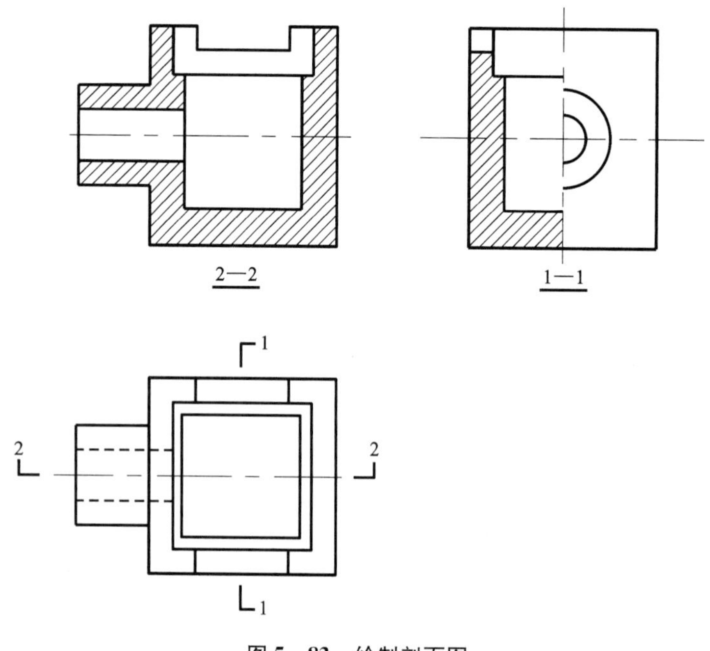

图 5 - 83　绘制剖面图

（4）如图 5－84 所示，利用所学的尺寸标注知识，准确地对图形进行尺寸标注。并放入 A3 图框中。

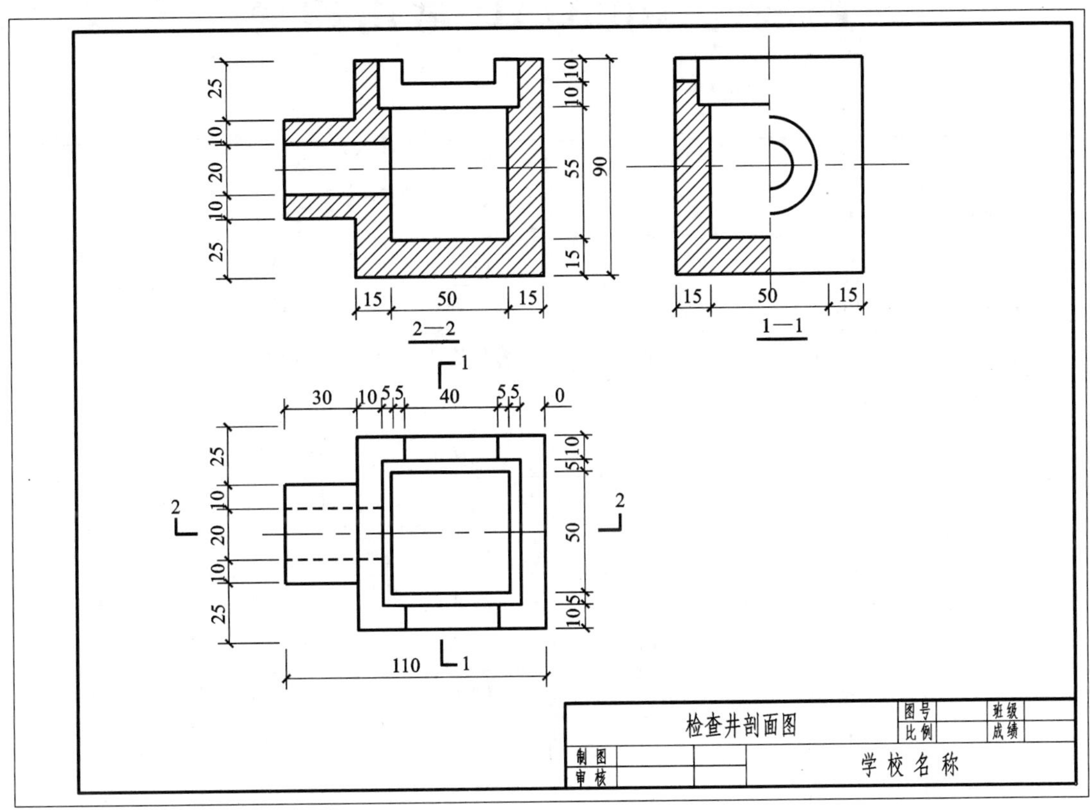

图 5－84　检查井剖面图

附表　AutoCAD 常用命令

功能	命令	快捷键	功能	命令	快捷键
直线	LINE	L	偏移	OFFSET	O
射线	XLINE	XL	阵列	ARRAY	AR
多段线	PLINE	PL	移动	MOVE	M
多线	MLINE	ML	多线修改	MLEDIT	
正多边形	POLYGON	POL	旋转	ROTATE	RO
矩形	RECTANG	REC	比例	SCALE	SC
圆弧	ARC	A	拉伸	STRETCH	S
圆	CIRCLE	C	修剪	TRIM	TR
样条曲线	SPLINE	SPL	延伸	EXTEND	EX
椭圆	ELLIPSE	EL	合并	JOIN	J
插入块	INSERT	I	倒角	CHAMFER	CHA
创建块	BLOCK	B	圆角	FILLET	F
图案填充	BHATCH	BH	分解	EXPLODE	X
多行文字	MTEXT	MT	图层	LAYER	LA
单行文字	DTEXT	DT	特性匹配	MATCHPROP	MA
线性尺寸	DLI				
连续尺寸	DCO				

参考文献

[1] 徐寅岚. 建筑制图与 CAD. 武汉：武汉大学出版社，2019
[2] 唐新. 建筑装饰制图. 北京：化学工业出版社，2010
[3] 曲玉凤. 建筑制图与识图. 北京：科学出版社，2018
[4] 王丽红. 建筑制图与识图. 北京：北京理工大学出版社，2015
[5] 罗敏雪. 建筑制图. 北京：高等教育出版社，2014
[6] 吴运华. 建筑制图与识图. 武汉：武汉理工大学出版社，2017
[7] 南山一樵工作室. AutoCAD2018 中文版从入门到精通. 北京：人民邮电出版社，2018
[8] 龙马高新教育. AutoCAD2019 中文版实战从入门到精通. 北京：人民邮电出版社，2018
[9] 天工在线. AutoCAD2018 建筑设计从入门到精通. 北京：水利水电出版社，2018

图书在版编目(CIP)数据

建筑制图基础与 CAD / 朱平, 刘靖主编. —长沙: 中南大学出版社, 2021.1

ISBN 978 -7 -5487 -3709 -4

Ⅰ.①建… Ⅱ.①朱… ②刘… Ⅲ.①建筑制图—计算机辅助设计—AutoCAD 软件—高等职业教育—教材 Ⅳ.①TU204

中国版本图书馆 CIP 数据核字(2019)第 173877 号

建筑制图基础与 CAD

朱 平 刘 靖 主编

□**责任编辑** 周兴武
□**责任印制** 周 颖
□**出版发行** 中南大学出版社
社址:长沙市麓山南路 邮编:410083
发行科电话:0731 -88876770 传真:0731 -88710482
□**印 装** 湖南省汇昌印务有限公司

□**开 本** 787 mm×1092 mm 1/16 □**印张** 11 □**字数** 278 千字
□**版 次** 2021 年 1 月第 1 版 □2021 年 1 月第 1 次印刷
□**书 号** ISBN 978 -7 -5487 -3709 -4
□**定 价** 38.00 元

图书出现印装问题, 请与经销商调换